Mike Wittmer navega con mucha sabiduría a través de las agitadas aguas del extremismo cristiano ~~~~~~~~~~~~~~~ confesión cristiana (creencia) y ~~~~~~~~~~~~~ ja a Jesús (conducta) están destin ~~~~~~~~~~~~~

~~~~~~~~~~~~~~~~~~~~~~~~~~~~~~~vidjian
 Pastor de la Iglesia de ~~~~~~~~~, Coconout Creek, Florida,
 y autor de *¿Conozco a Dios?*

Los cristianos son presionados por todos lados para hacer falsas elecciones: doctrina o vida, ortodoxia u ortopráxis, convicción o humildad, fe u obras. En *Por qué vivir como Jesús no es suficiente*, Mike Wittmer desafía este tipo de pensamiento e inyecta una gran cantidad de sensatez en la vida de la iglesia contemporánea y el discipulado. Nadie que haya adoptado uno u otro lado de estas falsas opciones estará contento con este libro, y todos seremos desafiados, pero nadie se aburrirá. Mike trata con gran sabiduría, simplicidad y refrescante claridad algunos de los problemas más serios y de las oportunidades más maravillosas de la iglesia contemporánea.

- Dr. Michael Horton
 J. Greshman Machen Profesor de Teología Sistemática
 y Apologética del Seminario Westminster de California

Como un loco fanático de *vivir* como Jesús, estoy encantado de que Michael Wittmer nos haya recordado tan efectivamente que puedes correr hacia Jesús, pero no puedes esconderte de la importante estructura de creencias que sostiene el modo en que Jesús vivió. Esta es una lectura importante que todos nosotros debemos hacer, especialmente aquellos que queremos impactar nuestro mundo con el poder de la presencia de Jesús en nuestras vidas.

- Dr. Joseph M. Stowell
 Presidente de la Universidad Cornerstone

POR QUÉ
VIVIR COMO JESÚS
NO ES
SUFICIENTE

No dejes de creer | Michael E. Wittmer

POR QUÉ
VIVIR COMO JESÚS
NO ES
SUFICIENTE

La misión de Editorial Vida es ser la compañía líder en comunicación cristiana que satisfaga las necesidades de las personas, con recursos cuyo contenido glorifique a Jesucristo y promueva principios bíblicos.

POR QUÉ VIVIR COMO JESÚS NO ES SUFICIENTE
Edición en español publicada por
Editorial Vida – 2010
Miami, Florida

© **2010 por Michael E. Wittmer**

Originally published in the USA under the title:
   Don´t Stop Believing
   Copyright © 2008 by Michael E. Wittmer
Published by permission of Zondervan, Grand Rapids, Michigan.

Traducción, edición y diseño interior: *Grupo del Sur*
Diseño de cubierta: *Pablo Snyder*

ISBN: 978-0-8297-5216-8

CATEGORÍA: Teología cristiana / General

IMPRESO EN ESTADOS UNIDOS DE AMÉRICA
PRINTED IN THE UNITED STATES OF AMERICA

10 11 12 ❖ 6 5 4 3 2 1

Para Laverne y Mary Wittmer,
quienes aman a sus hijos más que nadie.
Nos transmitieron la disciplina del trabajo duro,
el deleite del juego y el deseo de seguir a Jesús.

CONTENIDO

LISTA DE ILUSTRACIONES

RECONOCIMIENTOS

Muchos amigos leyeron con diligencia y dieron una crítica constructiva a gran parte de este libro. Estoy en deuda con los aportes de Zach Bartels, Brian McLaughlin, Paul Engle, Ben Irwin, Jim Ruark, Jonathan Shelley, Sean Ryan, Kay Word, Chris Brewer, John Duff, Gary Meadors, Dave Conrado, Tom Lowe, Byard Bennett, Matt Laidlaw, y Steve Dye. Gracias por afilar mis ideas y sugerir mejores modos de comunicarlas.

Estoy sumamente agradecido a mi esposa, quien no solo me alentó a lo largo del proceso de escritura y leyó el manuscrito entero, sino que continúa creando un cariñoso hogar en el cual seguir a Jesús tiene perfecto sentido para nuestros tres hijos. Gracias, Julie, por traer tanto gozo a nuestro viaje.

INTRODUCCIÓN:
UNA ADVERTENCIA AMIGABLE

Estoy atrapado en el medio. A mi derecha hay algunos cristianos conservadores que demandan una afiliación absoluta a sus cerradas declaraciones doctrinales. El que yo esté de acuerdo con muchas de sus conclusiones no los satisface, a menos que adhiera a todas sus creencias con tenacidad y certeza. Interpretan las dudas, preguntas, y hasta apreciaciones del otro lado como los primeros signos de un largo deslizamiento hacia el liberalismo.

A mi izquierda hay algunos cristianos posmodernos que intentan abrir por la fuerza las mentes de los conservadores cuestionando muchas de las creencias tradicionalmente asumidas. Pero sus argumentos se desacreditan por el modo que tienen de hacerlo (mediante interpretaciones nuevas e inusuales de textos bíblicos claves, con críticas tenaces a los puntos de vista conservadores, en tanto apenas pueden insinuar vagamente sus posiciones, y sin responder las preguntas difíciles por tratarlas como indignas de su atención).

No sorprende que el diálogo entre estos dos grupos tienda a separarlos más. Cada uno sospecha que el otro no es suficientemente cristiano: los conservadores temen que los posmodernos no le dan a la doctrina la importancia que tiene y los posmodernos creen que los conservadores no se preocupan lo suficiente por las personas. Los conservadores dicen que debemos creer en Jesús, en tanto los posmodernos dicen que es más importante que vivamos como Jesús. Este libro intenta acercar ambos lados, eliminando los puntos de vista extremos de cada grupo y uniéndolos en derredor del centro bíblico.

Antes de abocarme a los asuntos que nos dividen, algunos lectores querrán saber qué quiero decir con «posmoderno» y «conservador». En beneficio de ambos grupos, aquí presento los principales diez signos para saber a cuál de ellos perteneces.

Eres un cristiano conservador si....

10. Has escuchado diez sermones titulados «Predica la Palabra», pronunciados por hombres que no lo han hecho.

9. Eres fanático de los Cleveland Cavaliers[a] porque son liderados por King James[b].

8. Tu iglesia apoya a más de doscientos misioneros con menos de veinticinco dólares al mes.

7. Programas una reunión de negocios después del servicio de la iglesia el domingo que se juega la gran final del campeonato de fútbol americano.

6. Sudas cuando predicas.

5. Las demás personas sudan cuando predicas.

4. Piensas que el himno «Tal como soy»[c] tiene veintisiete estrofas.

3. Tu reunión recordatoria por los caídos en las guerras («Memorial Day») cayó en domingo de Pentecostés, y nadie se enteró.

2. Tienes grabado el plan de salvación en tu contestador telefónico.

1. Crees que la tía María y el tío Juan están en yugo desigual porque ella es bautista y el nazareno.

Eres un cristiano posmoderno si...

10. Nunca has leído *Dejados atrás*, nunca has pronunciado la oración de Jabes, y nunca lideraste los Cuarenta días con propósito.

9. Crees haber visto una mega iglesia en el programa «*I love the 80's*», del canal VH1's.

8. No te sorprendería ver a Ghandi en el cielo, pero si quedarías pasmado de encontrar a Jerry Falwell[d].

7. En el debate con Jack Van Impe[e], te gustaría argumentar que el oso es América y el anticristo es Pat Robertson[f].

6. Tu predicador acaba de jurar, y a ti te pareció apropiado.

5. Honraste a tu pastor con una caja de finos cigarros y una ronda de cervezas.

4. Tu peinado a la moda se parece a una versión de medio - oriente de Ryan Seacrest[g].

---

a   N. del T.: Equipo estadounidense de básquetbol.
b   N. del T.: Aquí el autor hace un juego de palabras entre el nombre del jugador LeBron James (apodado King James), quien lidera el mencionado equipo de básquetbol y la versión Reina Valera (King James) de la Biblia, ya que en inglés ambos nombres se escriben igual.
c   N. del T.: Himno tradicional escrito por Charlotte Elliott en 1835, y que identifica a las campañas del evangelista Billy Graham.
d   N. del T.: Pastor evangélico bautista y tele-evangelista estadounidense, nacido el 11 de agosto de 1933 y fallecido el 15 de mayo de 2007.
e   N. del T.: Maestro con muchos años como exponente de la profecía bíblica y anfitrión del programa de televisión, «Jack Van Impe Presents».
f   N. del T.: Famoso tele-evangelista estadounidense, considerado por muchos observadores políticos como un influyente portavoz de los cristianos conservadores en Estados Unidos.
g   N. del T.: Conductor de televisión, locutor de radio, productor y empresario estadounidense. Seacrest es principalmente reconocido por ser el anfitrión del programa de televisión *American Idol*.

3. Usas la palabra *ritmo* como un verbo, y esto no te ridiculiza.

2. Compras suministros para la iglesia en una librería budista.

1. Tu Carson preferido es Johnny.[1]

Tal vez estas listas no hayan ayudado demasiado, así que para explicar mejor mis puntos de partida y como uso los vocablos «posmoderno» y «conservador», definiré dos pares de términos clave: *modernidad* y *posmodernidad* (que se refieren a variaciones en la cultura), y *liberalismo* y *conservadurismo* (que hablan de diferencias en teología). Esta discusión será un poco técnica. Si no te interesa, por favor, saltéala y pasa al capítulo 1.

DIFERENCIA CULTURAL: MODERNO Y POSMODERNO

La *modernidad*, sinónimo del Iluminismo o de la Era de la Razón, comenzó en el siglo diecisiete con Francis Bacon y René Descartes, y tuvo su auge en el siglo dieciocho con Isaac Newton y John Locke. Enfatizó la capacidad de cada individuo para estudiar la naturaleza fríamente y descubrir verdades objetivas, universales y absolutas. Libre de siglos de superstición religiosa y segura de que el método científico develaría los secretos del universo, la sociedad moderna prometía un progreso ilimitado en todas las áreas, especialmente en tecnología y ética. La humanidad construiría su propia utopía, creando un pequeño cielo en la tierra.[2]

La *posmodernidad* llegó en el siglo veinte con el pensamiento de los filósofos Michel Foucault, Jaques Derrida y Richard Rorty, y las tragedias del colonialismo, dos guerras mundiales y el holocausto.[3] La posmodernidad mantiene el énfasis moderno en la razón humana, pero es mucho más humilde en sus pretensiones respecto a lo que nuestras mentes pueden descubrir. Los posmodernos reconocen que mientras la modernidad ha hecho grandes aciertos tecnológicos (transportando astronautas al espacio exterior, descifrando nuestro código genético y creando el iPod), falló por completo en lo ético. La misma tecnología que perfecciona nuestro dominio sobre el mundo, nos da la posibilidad de dominar a otros (colonizando y hasta exterminando a aquellos que no llegan a alcanzar nuestros estándares).

Los posmodernos reaccionan poniendo de cabeza el paradigma moderno. La modernidad creía equivocadamente que el conocimiento objetivo produciría acciones correctas; los posmodernos ahora piensan que la buena conducta requiere que admitamos nuestra incapacidad de acceder al conocimiento universal y absoluto. Han aprendido de los horrores del siglo veinte que aquellos que creen poseer la verdad absoluta, probablemente la usarán para hacer daño a otros.

Su solución es resistir la violencia con compasión, la cual demuestran al tolerar con humildad otros puntos de vista. En lugar de abuchear perspectivas diferentes, abrazan la diversidad y permiten que todos tengan sus propias opiniones. La buena vida no demanda que todos estén de acuerdo, sino simplemente que se lleven bien. La ética, o el buen vivir, es ahora más importante que la epistemología o conocimiento correcto.[4]

DIFERENCIA TEOLÓGICA: LIBERAL Y CONSERVADOR

Liberal y *conservador* son términos tendenciosos y elusivos utilizados usualmente para describir nuestra postura política (¿Eres demócrata o republicano?), moral (¿Tu lema es «Pruébalo, puede que te guste» o «Las reglas existen por una razón»?) y religiosa (¿Tu fe está abierta a nuevas interpretaciones, o te aferras al pasado con conformidad?). Aquí estoy utilizando estos términos de manera más limitada para explicar el modo en que entendemos y practicamos la teología.

Esta distinción es importante. Muchos conservadores teológicos, incluido yo, son avergonzados con frecuencia por la derecha religiosa y no creen que Dio votaría a los republicanos, demonizaría a los homosexuales, o trataría por todos los medios de convertir a Estados Unidos en una nación «cristiana». Desearíamos que Dios dejara de hablarle a Pat Robertson y que Anne Coulter directamente dejara de hablar.

De modo que me di cuenta de que los vocablos liberal y conservador vienen cargados de un gran bagaje cultural. Aún así, no existen mejores palabras para explicar las batallas teológicas del último siglo o la orientación teológica de un individuo en la actualidad. Para aquellos que añoran alguna tercera modalidad, lamento decirles que todos ponen al mundo y la Palabra juntos, ya sea inclinándose hacia el lado de la razón (liberalismo) o de la revelación (conservadurismo).[5]

El *liberalismo* teológico comenzó en el siglo diecinueve con Friedrich Schleiermacher, quien argumentó que los credos religiosos son una mera expresión de nuestro «sentimiento de dependencia absoluta». Él quiso decir que nuestras creencias acerca de Dios, en lugar de comenzar con una revelación trascendente, son generadas desde abajo, levantándose desde nuestra propia mente, perspectiva cultural, o experiencia religiosa.

El método teológico centrado en el «sí mismo» guió a Schleiermacher y a sus sucesores a reinterpretar muchas de las creencias tradicionales de la fe cristiana. Desde que la cultura moderna ya no pudo creer en lo sobrenatural, los liberales comprometidos negaron la deidad de Jesús, su nacimiento virginal, numerosos milagros, la muerte sustitutiva, la resurrección corporal y el inminente regreso. Algunos hasta encontraron imposible de creer que Dios es un ser definido, separado de su creación.

Incapaces de reconciliar las creencias cristianas tradicionales con la cultura moderna, los liberales redujeron la fe cristiana a la ética. No creyeron que la fe cristiana sea literalmente verdad (por ejemplo, el sepulcro de Jesús no quedó vacío), pero aún así nos enseña la mejor manera de vivir. Tal vez Jesús no sea el Hijo divino que cargó con nuestros pecados, pero su muerte en la cruz sí nos enseña como amar a los demás. Si seguimos su ejemplo y servimos a otros con sacrificio, entonces también seremos hijos de Dios, luminares en un mundo en tinieblas.[6]

El *conservadurismo* teológico se opuso a este reduccionismo liberal y reclamó la vigencia del credo tradicional de la iglesia. Liderados por los teólogos de Princton (Charles Hodge en el siglo diecinueve, B. B. Warfield en el cambio de siglo, y J. Gresham Machen en la década de 1920), los conservadores defendieron lo que llamaban «los fundamentos de la fe». Insistían en que amar al prójimo no era suficiente, los cristianos también debían creer en la veracidad de las Escrituras, el nacimiento virginal y la deidad de Cristo, su expiación sustitutiva, su resurrección literal, física, y su regreso. Estos «fundamentalistas» continuarían creyendo la «muy vieja historia» del evangelio, a pesar de lo insostenible que esto resultara para el mundo naturalista moderno. A diferencia de su contraparte liberal, los conservadores se rehusaban a acomodar el evangelio a la cultura contemporánea.[7]

MI ENFOQUE: POSMODERNO Y LIBERAL

Al referirse a diferentes asuntos, las categorías de moderno/posmoderno y liberal/conservador pueden mezclarse y combinarse (ver figura 0.1). Un cristiano moderno puede a su vez ser un teológico liberal, como lo fue Schleiermacher, o conservador, como Hodge y Warfield. De igual modo, un cristiano posmoderno puede ser teológicamente conservador. Yo me ubico en esta categoría, porque en tanto soy conservador en lo que a creencias cristianas tradicionales se refiere, soy posmoderno hasta el punto de enfatizar la importancia de las presuposiciones (perspectivas iniciales sobre la verdad), la Biblia como narrativa, y la necesidad de que la iglesia sea una comunidad misionera que sirva a otros con humildad y compasión.

No todos los posmodernos son teológicos liberales. En lo absoluto. Pero hay algo en la posmodernidad que se inclina hacia el liberalismo. Ambas corrientes tienden a favorecer una buena conducta más que una creencia correcta; la posmodernidad debido a que la búsqueda moderna del pensamiento «correcto» llevó a la violencia y la opresión, el liberalismo porque los modernos científicamente informados ya no podían creer lo que leyeron en las Escrituras. Los posmodernos enfatizan la buena conducta como un antídoto de la agresión moderna; los liberales enfatizan la buena conducta porque, por dejar de creer en lo sobrenatural, es todo lo que les queda.

Este giro posmoderno hacia el liberalismo está invadiendo a la iglesia evangélica. Como explicaré en este libro, un número creciente de cristianos posmodernos practica un método liberal: acomodar el evangelio a la cultura contemporánea y expresar más preocupación por la ética cristiana que sus doctrinas tradicionales.

Estos cristianos posmodernos se autodenominan «evangélicos más jóvenes», «post-conservadores», y la «iglesia emergente». Evitaré usar esos términos en este libro debido a que esos grandes nombres «paraguas» abarcan más que el grupo delimitado que tengo en mente. Por ejemplo, Kevin Vanhoozer se describe a sí mismo como post-conservador, y Dan Kimball, Mark Driscoll y John Burke pertenecen a la iglesia emergente, aunque hasta donde yo sé, ninguno de ellos se orienta hacia el lado liberal.

Preferiré evitar nombres, ya que mi propósito no es definir un determinado segmento del cristianismo, sino examinar los cuestionamientos específicos que muchos cristianos posmodernos se preguntan. Estoy interesado en sus inquietudes, no en cómo etiquetar a las personas que las plantean. Aún así, creo prudente denominar a este grupo de alguna manera para distinguirlo de otros cristianos posmodernos, por lo que utilizaré el término neutral *innovadores posmodernos*. Este nombre me parece apropiado, porque ellos dicen que su deseo es crear «un nuevo tipo de cristiano» que trascenderá la iglesia tradicional y los límites teológicos. En resumen, usaré la denominación *innovadores posmodernos* para representar lo que percibo como el ala izquierda de la iglesia emergente, post-conservadora o evangélica más joven.[8]

Figura 0.1. Perspectivas contemporáneas sobre doctrina y ética

A pesar de las similitudes entre los innovadores posmodernos y el liberalismo, también hay una importante diferencia. Como ya señalé, la razón por la cual estos posmodernos valoran la ética más que la doctrina difiere de manera significativa del liberalismo clásico. Los innovadores posmodernos refutan la violencia de la modernidad con una inclusión compasiva; y en tanto nada divide a la gente más rápido que las disputas doctrinales, ellos desean minimizar las creencias tradicionales de la iglesia en nombre del amor cristiano.[9] Esta es una razón mucho mejor que aquella que dan los liberales modernos, quienes, a pesar de su acuerdo de que «la doctrina divide; el amor une», desechan las doctrinas convencionales porque niegan lo sobrenatural.

Más importante aún, a pesar de que los innovadores posmodernos tienen una tendencia liberal, la mayoría de ellos no han llegado todavía a las conclusiones del liberalismo. Aún creen en la Trinidad, la deidad de Cristo, su resurrección y segunda venida, y muchas otras creencias cristianas que los liberales han negado históricamente.

El intento de este libro, entonces, es ser una amigable advertencia. Muchos de los líderes citados en este libro son mis amigos, a quienes amo y respeto. Por esta razón, solo cito con su nombre aquello que ellos han puesto por escrito, eligiendo mantener en el anonimato cualquier comentario controversial que haya escuchado en entornos más informales, como conferencias y sermones. Agradezco su énfasis en la vida cristiana auténtica. Su visión de la iglesia y de lo que ella puede llegar a ser, es estimulante y desafiante a la vez.

Mi única inquietud, y el punto sobre el que insistiré en este libro, es que su búsqueda por corregir los abusos de la generación anterior no los lleve a equivocarse hacia el extremo opuesto. Quizás nuestros padres enfatizaron la creencia correcta por sobre la buena conducta, pero eso no debe convertirse en una excusa para enseñar buena conducta a expensas de la creencia correcta. Si seguimos ese camino, no pasará mucho tiempo hasta que nuestro método liberal nos lleve a conclusiones liberales.

El cristianismo auténtico demanda nuestra cabeza, corazón y manos. Nuestra labor por Cristo fluye de nuestro amor hacia él, que solo puede surgir cuando conocemos y pensamos correctamente acerca de él. Los cristianos genuinos nunca dejan de servir, porque nunca dejan de amar; y nunca dejan de amar, porque nunca dejan de creer.

CAPÍTULO 1

UN NUEVO TIPO DE CRISTIANO

Se reduce a esto: «¿Qué tipo de fe transmitimos a nuestros hijos?» Mi amigo estaba explicando por qué su familia había dejado su iglesia tradicional para empezar una iglesia en su casa, y yo lo entendía a la perfección.

Hemos sido criados en familias tradicionales que asistían a la iglesia tres veces por semana y creían que aquellos que asistían menos apenas eran salvos, y quienes ni siquiera asistían probablemente irían al infierno.

Pero los tiempos han cambiado. Hoy ir a la iglesia aún es importante, pero ya no parece suficiente. No queremos que nuestros hijos consideren que la vida cristiana es mantenerse sentados para escuchar los sermones. Queremos que nuestras familias practiquen nuestro cristianismo: alimentar al pobre, traer justicia al oprimido, y vivir junto a una comunidad de compañeros de viaje que nos acepten tal como somos. Valoramos la vida cristiana tanto como la fe cristiana.

Pero no más que ella. La historia de la iglesia es una serie de movimientos pendulares, y justo ahora el impulso parece dirigirse hacia una práctica cristiana y alejarse de la creencia cristiana. Este libro es un argumento para ambos.[1]

Un profesor que tuve solía recordarme que el cristianismo es una fe viviente; y toda cosa viviente debe crecer. Como un niño que llega a la adolescencia y luego madura hasta alcanzar la adultez, del mismo modo nuestro entendimiento de Dios se desarrolla a través del tiempo. Así como hay continuidad al mismo tiempo que cambio, cuando un niño crece hasta ser un hombre, de igual manera nuestra proclama actual del evangelio debe estar arraigada en la tradición de la iglesia, incluso al superar lo que la precedía.

Mi profesor advirtió que si nuestro crecimiento se detiene (si meramente repetimos lo que hemos dicho en el pasado), finalmente perderemos el evangelio. No entendí lo que quiso decir, porque yo era muy joven y conocía solo un tipo de mundo. La fe que había aprendido de mis padres aún me parecía plenamente relevante.

¿Por qué tenía que cambiar?

Debo estar poniéndome viejo, porque ahora estoy experimentando el primer gran cambio cultural de mi vida. Mis alumnos están haciendo preguntas nuevas e interesantes. Los credos que se solían asumir ahora están abiertos a discusión. Las conversaciones en las aulas son apasionadas e importantes. Ser profesor jamás había sido más interesante.

Pero también es un poco atemorizante. En tanto disfruto nuestros diálogos y admiro el entusiasmo de mis estudiantes, me preocupa adónde los pueden llevar sus cuestionamientos. Está bien que rechacen el estrecho fundamentalismo de la generación de sus padres, en el cual las creencias acerca del bautismo, el beber socialmente y el regreso de Cristo previo al milenio y a la tribulación solían parecer tan importantes como las doctrinas de la Trinidad y la deidad de Cristo.

Pero a veces, el espíritu generoso de mis alumnos parece exagerado. Una cosa es desechar las adiciones de la generación precedente a la tradición cristiana; otra muy diferente es cuestionar los elementos fundacionales de esa tradición. Debemos hacer lo primero para adueñarnos y encarnar el evangelio para nuestros días. Debemos evitar lo último, o perderemos el mismo evangelio que estamos intentando aplicar.

MIENTRAS MÁS CAMBIAN LAS COSAS, MÁS PERMANECEN IGUALES

En defensa de mis alumnos, la mayoría apenas aplica la regla teológica de mi mentor: para mantenernos fieles al evangelio debemos actualizar con regularidad nuestro entendimiento de él. No podemos simplemente repetir la vieja historia del mismo viejo modo. Decir lo mismo que siempre hemos dicho no es ser fiel al evangelio; es fosilizarlo.[2]

Una forma de actualizar nuestro entendimiento del evangelio es incorporando nociones importantes de la cultura. Mientras más aprendamos acerca del mundo de Dios, podremos interpretar con mayor acierto su Palabra. Consideremos cómo los siguientes avances culturales han enriquecido nuestra perspectiva en la fe cristiana.

Ciencia. El descubrimiento copernicano de que la tierra gira alrededor del sol nos permite interpretar correctamente el Salmo 93:1: «Ha establecido el mundo con firmeza; jamás será removido».

En los días de Copérnico, la mayoría de los cristianos tomaba este versículo como prueba de que la tierra era el centro fijo del universo. Incluso Martín Lutero criticó a este astrónomo por permitir que su novedoso punto de vista sobre el mundo contradiga las Escrituras.[3] Aunque todavía existen algunos «dinosaurios» como éste, la mayoría de los cristianos hoy lee correctamente el Salmo 93:1, no como una descripción científica de la inmovilidad de la tierra, sino como una promesa poética de la provisión de Dios para su creación (revelación total: mi proyecto de séptimo grado para el concurso de ciencias argumentaba a favor de la geocentricidad sobre la base de las Escrituras y unos pocos alegatos del extremo fundamentalista de la ciencia: ¡Un embarazoso montón de charlatanería que de algún modo ganó el premio mayor!)

Política. Muchos estadounidenses del siglo diecinueve usaban los mandamientos de Pablo de que los esclavos debían obedecer a sus amos como un aval bíblico de la esclavitud.[4] Pero ahora, en parte debido al énfasis de nuestro país en la democracia y los derechos humanos, nadie, salvo algún blanco supremacista usa la Biblia para condonar la esclavitud.

Historia. Hasta hace poco, la mayoría de los teólogos creía que Dios es impasible, entendiendo con esto que él no experimenta emociones (un signo de debilidad para un Dios omnipotente y extremadamente racional). Un ejemplo típico es Anselmo quien, en una oración a Dios del siglo once, escribió que podíamos «sentir el efecto de tu misericordia, pero tú no experimentas el sentimiento… Tú no experimentas ningún sentimiento de compasión por la miseria».[5] ¡Intenta predicar eso hoy! En parte debido a que acabamos de atravesar el siglo más sangriento de la historia (del holocausto a Hiroshima, a *Hotel Ruanda*), los cristianos están redescubriendo el primer (por ser el más corto) versículo que alguna vez memorizaron: «Jesús lloró».[6] Aprendimos por dolorosa experiencia que no solo necesitamos a un Dios que es fuerte, sino también a un Dios que llora y sufre con nosotros.

Sociedad. Hasta no hace tanto tiempo, y aún hoy de vez en cuando, varios conservadores citaban Génesis 1:28 en la versión Reina Valera para justificar su derecho de «dominar» al resto de la creación. Afortunadamente, la creciente preocupación de la sociedad por el medio ambiente lleva a la mayoría de los cristianos a interpretar el mandato de Dios de «sojuzgadla, y señoread» como su llamado a una administración responsable, más que a un derroche abusivo del mundo.[7]

COMUNICAR SIN COMPROMISO

Entonces debemos leer las Escrituras sosteniéndolas con una mano, y con el periódico, libro de texto o telescopio en la otra. Mientras más aprendemos acerca del mundo de Dios, mejor podemos entender la Palabra de Dios, y relacionar ambos con mayor facilidad. Esto es algo que debemos hacer.

Pero es un trabajo peligroso. Cada cultura es caída, y cada aspecto de nuestro mundo es defectuoso (incluyendo nuestra interpretación de las Escrituras). La misma cultura que reparte frescos vistazos del evangelio puede ocultar aspectos claves de él. El propio intento de comunicar el evangelio a nuestra cultura puede llevar a comprometerlo. Siempre ha sido así.

1. Iglesia Primitiva

La iglesia primitiva se benefició al integrarse con la cultura griega. Los primeros cristianos no solo escribieron su Nuevo Testamento en griego, sino que también usaron términos de ese idioma como *logos*, *ousia* e *hypostasis* para entender mejor la naturaleza de Jesús y la Trinidad. Desde que estas útiles palabras formaron parte de nuestros credos ecuménicos, permanecen como una pieza esencial de nuestra ortodoxia actual.[8] La iglesia primitiva también dependía muchísimo de la filosofía griega (especialmente las versiones de Platón) para guiar a muchos griegos a Cristo (Jesús es el cumplimiento de su pensamiento platónico), leer pasajes difíciles de las Escrituras (alegoriza las partes fuertes), y escribir prosa poderosa («nos hiciste, Señor, para ti, y nuestro corazón está inquieto, hasta que descanse en ti»).[9]

Pero se pagó un alto precio por esta inmersión en el pensamiento griego, ya que a veces, la iglesia primitiva parecía más platónica que cristiana. Era común malinterpretar a Dios como si fuera un mero ser trascendente, una fuerza inmutable impasible incapaz de disfrutar relaciones genuinas con sus criaturas.[10] Ellos entendían mal lo que significa ser humano, implicando que somos en esencia almas atrapadas dentro de cuerpos hasta que la muerte nos libera de este mundo decadente y nuestros espíritus vuelan a nuestro verdadero hogar más allá del cielo.

Esta pobre visión del mundo físico, abarató la creación y rebajó el plan de salvación divino, de una real redención cósmica a una mera evacuación de las almas justas del planeta Tierra; esto produjo como conclusión un evangelio anémico, truncado, que aún aflige a la iglesia.[11] También proveyó un fundamento para perseguir herejes, ya que matar el cuerpo para salvar el alma era hacerles un favor.[12] Ni qué decir de la interpretación alegórica de las Escrituras de la iglesia primitiva, por la cual cualquier pasaje bíblico podía ser manipulado para significar casi cualquier cosa, en tanto pareciera ortodoxa.

2. Iglesia medieval

El prometedor y riesgoso «baile» de la iglesia con la cultura continuó en la Edad Media. La primera mitad de este período se lo suele llamar la Edad Oscura, porque entre los años 500 y 1000 d.C., la mayoría de los europeos eran siervos feudales luchando por mantenerse con vida. En la última mitad, cuando la mayoría de las necesidades básicas fueron satisfechas y estos cristianos orientaron su atención hacia la cultura en desarrollo, pronto se dieron cuenta de que los superaban las avanzadas sociedades musulmanas en España y África del Norte, las cuales habían desarrollado su cultura sobre la base de la sabiduría aristotélica. Hacia mediados del siglo trece, los más grandes teólogos europeos se dieron cuenta que iban a tener que conocer profundamente a Aristóteles si querían permanecer relevantes.[13]

Estos teólogos fueron liderados por Tomás de Aquino, cuyos tratados *Suma contra los gentiles* y *Suma teológica* no solo restauraron la cristiandad a la respetabilidad intelectual, sino que en el proceso usaron categorías aristotélicas para profundizar el entendimiento de la existencia y atributos de Dios. Hasta hoy, cada discusión registrada sobre la naturaleza de Dios supera a Tomás (inclinando la balanza unos 150 kilos, pocas discusiones son trascendentes). Los teólogos pueden no estar de acuerdo con algunas de sus conclusiones, pero Aquino continúa siendo demasiado importante para ser ignorado.

Sin embargo, el dicho «quien se casa con la cultura de hoy se convierte en viudo en la siguiente» nunca fue más acertado que en el caso de Tomás de Aquino. Su apoyatura en Aristóteles, una fuerza inmensa cuando Aristóteles era furor, devino en una debilidad insuperable cuando el mundo moderno avanzó más allá de esta filosofía. El descubrimiento copernicano de que el sol era el centro fijo del universo y la visión de Kepler de que los cuerpos celestiales de mueven elípticamente y cambian velocidades, desafiaron el punto de vista de Aristóteles de que la tierra es el punto focal, rodeado por una serie de esferas concéntricas perfectamente circulares controladas por un hipotético *Primer motor* o *Acto puro* (el término de Aristóteles para Dios). Esta filosofía caducó con la aparición de William de Ockham, quien aseguró que las aclamadas formas aristotélicas no existían; Descartes, quien dijo que no hay individuos para actualizar estas formas; y Galileo, quien argumentó que la inercia explicaba la causa del movimiento mejor que las cosas buscando expresar sus formas. Incluso el brillante trabajo de Tomás de Aquino, tan esencial para la supervivencia de la iglesia en sus días, devino ampliamente irrelevante por la siguiente.[14]

3. Iglesia moderna

La tendencia de beneficiarse y quemarse con la cultura continuó en el mundo moderno. El siglo dieciséis fue testigo del levantamiento del individuo. Políticamente los príncipes germanos desafiaron a la autoridad de la iglesia romana extranjera; teológicamente, los individuos cristianos siguieron su guía y comenzaron a cuestionar algunas creencias de la iglesia. La prensa escrita dispersó sus ideas a lo largo de Europa, infundiendo a más individuos a defenderse a sí mismos.

Esta nueva actitud le dio poder a un monje tembloroso para anunciar delante del emperador: «Mi conciencia es cautiva a la Palabra de Dios. Enfrentarse a la conciencia no es correcto, ni seguro. Heme aquí. No puedo hacer otra cosa. ¡Que Dios me ayude! Amén».[15] La postura audaz de Martín Lutero inició la Reforma, un movimiento cuya hora había llegado y que preservó la integridad del evangelio frente a los abusos medievales del mismo.

Aún así, el principio de Lutero sobre la libertad individual del alma por lo general se lo lleva más allá de lo que él pretendía. Los cristianos evangélicos tienden a convertir el aclamado *sola scriptura* [solo las Escrituras] en *nuda scriptura* [las Escrituras desnudas], de modo que las Escrituras devienen en nuestra *única* autoridad, en lugar de ser la autoridad *final*.[16] En lugar de leerlas a través de la lente de la tradición de la iglesia, desechamos la tradición y alegamos que aprendemos toda nuestra doctrina solo de las Escrituras. «Mi fe ha hallado un lugar de reposo», cantamos, «no en método ni credo». (¿Por qué no cambiar este gran himno a «Mi fe ha hallado un lugar de reposo, es en el credo apostólico»?)

Descartar nuestra tradición es el camino más rápido a la herejía.[17] ¿Alguna vez te has sentado en un estudio bíblico en el cual ocho personas ofrecían diez interpretaciones diferentes de un pasaje, y ninguno podía decir cuál era correcta y cuál no? Todos leemos las Escrituras a través de algún lente. Es mejor interpretarla a través de lo mejor de nuestra herencia que a través de nosotros mismos. Como una vez me enseñara un sabio profesor: «Los barcos pequeños deberían permanecer cerca de la costa».[18]

Otra forma más siniestra del individualismo moderno surgió de la filosofía. Guiados por Descartes, los pensadores modernos intentaron desechar siglos de superstición eligiendo sostener solo aquellas creencias que podían probar sin lugar a dudas. Descartarían cualquier creencia de la que podrían siquiera dudar. Este método podía llevarlos a creer menos, pero lo que sí creían lo sabrían con certeza.

La gran palabra para este nuevo acercamiento al conocimiento es *autonomía*, un término griego que deriva de *nomos*, que significa ley, y *auto*, que significa automóvil. En realidad, *auto* significa sí mismo, pero de allí proviene el término para automóvil, ya que éste es una vehículo que conduces por ti mismo (quien quiera que haya inventado este término probablemente no estaba casado).

Por lo tanto, autonomía significa «ley de uno mismo» (o propia ley). Los filósofos autónomos usaban sus *propias* mentes para determinar qué era verdadero y qué falso, en lugar de tomar la palabra de otro para determinarlo (especialmente si ese otro era la iglesia o las Escrituras). Esta necesidad de probar todo ayudó a producir el método científico, el cual, a pesar de ser muy beneficioso para nuestro mundo, fue letal para la fe cristiana.

Los lectores autónomos de las Escrituras se mofaron de sus partes sobrenaturales. Era más fácil creer que Jesús era simplemente un buen hombre beatificado tras su muerte por sus seguidores, que pensar que él en verdad era Dios, quien caminó sobre las aguas, alimentó a miles con el almuerzo de un niño y se levantó de la muerte. El resultado fue el cristianismo liberal, una fe neutra que seguía las lecciones morales de las Escrituras, al mismo tiempo que desechaba sus historias de milagros.

Los conservadores olieron herejía e insistieron en la completa veracidad de las Escrituras, pero de un modo que también se rendía a la mente moderna. Tratamos a Dios como si fuese un objeto de la ciencia, reduciéndolo a una serie de hechos; también reducimos nuestros servicios de alabanza a un depósito de información y aprendizaje; y el evangelio a cuatro leyes espirituales (ideadas para corresponder con las leyes naturales de la ciencia). Teníamos las respuestas y no estábamos muy interesados en luchar con las preguntas. Si la ciencia moderna podía tener certeza de sus hechos, entonces nosotros también debíamos estar seguros de lo que creíamos. Muchos crecimos en iglesias donde «más allá de la sombra de duda» era dicho como una sola palabra, como en «sé que soy salvo, ¡más allá de la sombra de duda!»

No solo estábamos seguros de lo que creíamos, sino que también pensábamos que podíamos comprobar esa fe a otros. Teníamos argumentos (evidencia que demanda un veredicto) que fácilmente establecían la existencia de Dios, que Jesús era su Hijo, y que la Biblia era su revelación. Disponiendo de unos pocos minutos podíamos demostrarle a cualquiera que Jesús se levantó de la sepultura. Apegándonos a las cuatro leyes espirituales, nuestro amigo sintiéndose desbordado terminaría diciendo la oración del pecador para aceptar a Jesús en su corazón, otro convertido a nuestra forma moderna de cristianismo. Pero como Aquino con Aristóteles, justo cuando estábamos afilando nuestra fe moderna, el mundo cambió.

4. Iglesia posmoderna

Ahora estamos viviendo en una nueva era, tan joven que ni siquiera sabemos aún cómo llamarla, así que simplemente la denominamos posmoderna; la era que viene después, y es de algún modo crítica, del período moderno.

Nos damos cuenta ahora de que era un poco ingenuo el intento actual por descubrir sin apasionamiento hechos objetivos que todos aceptaran. Cada búsqueda de conocimiento está coloreada por la perspectiva de la persona que está haciendo la investigación. ¿Es buena medicina la acupuntura? ¿Debería Irán usar armas nucleares? ¿Cómo debería bajar mi colesterol? Mientras la mayoría de nosotros posiblemente responda de manera rápida y fácil cada pregunta (¡No, de ninguna manera! y Lipitor), también somos conscientes de que otros, como por ejemplo inmigrantes chinos viviendo en Irán, tal vez contesten de modo diferente (Sí, sí, y arroz rojo de levadura). Nuestra asunción de la verdad está influenciada, entre otros aspectos, por nuestra personalidad, dónde y cómo fuimos criados, y a qué comunidad pertenecemos.

Pero el mundo moderno no solo era ingenuo; también era malvado. Mucha gente moderna creía que había encontrado la verdad y que podía demostrársela a otros. A aquellos que se rehusaban a ser educados y a ver las cosas del modo correcto se los debía castigar. Después de todo, no puedes permitir que unos pocos tontos retardados retracen a todos los demás, ¿verdad? Entonces, la gente blanca usó su supuesta superioridad para oprimir a los negros, los hombres dominaron a las mujeres, y el mundo occidental rico colonizó y expropió los recursos de los (supuestos) nativos incultos del mundo en desarrollo.

Avergonzada por esta historia de abusos, la juventud posmoderna luchó por incluir a todos, especialmente a aquellos que son diferentes o a quienes se les coartan sus derechos. Si el reclamo de conocimiento de sus padres les dio poder para lastimar a otros, entonces el modo más acertado de detener el abuso es cuestionando el acceso de cualquier persona a los hechos objetivos y universales. En lugar de argumentar una supremacía sobre el conocimiento del bien y el mal, de lo verdadero y lo falso, debemos aceptar e incluso celebrar nuestras diferencias. ¡Que florezcan miles de flores! Cada voz debe tener sus opiniones, mientras más diversas mejor, porque escuchando perspectivas diferentes apreciaremos de dónde vienen y aprenderemos a no criticar. El versículo de la Biblia que hoy todos parecen citar (o citar erróneamente) es Mateo 7:1: «No juzguen a nadie, para que nadie los juzgue a ustedes».

De igual manera que en las eras anteriores nuestra edad posmoderna presenta una gran oportunidad y un grave peligro para la iglesia (véase fig. 1.1). En el lado positivo, coincidimos con nuestra cultura en que la perspectiva personal determina en gran parte cómo interpretamos la realidad. Por eso es que necesitamos al Espíritu Santo, porque solo él puede transformar nuestras predisposiciones hasta conformarlas a la Palabra de Dios y así poder interpretar su mundo adecuadamente. Hasta que no reciban este obrar de Dios, no podemos pretender que otros vean todo igual que nosotros.

¿Y quién puede discutir con la crítica posmoderna de que aquellos «en el conocimiento» han utilizado muchas veces su posición para oprimir al débil? Los cristianos deberíamos estar liderando las acusaciones contra este abuso de poder, porque alegamos seguir a un Salvador quien humildemente se hizo amigo de los excluidos, ya sean mujeres, leprosos o recaudadores de impuestos. La Trinidad misma provee el modelo de amor inclusivo (tres personas que sacrifican sus propios deseos para que las otras puedan florecer —véase el capítulo 3).[19] Y es difícil leer mucho de lo escrito por los profetas del Antiguo Testamento sin escuchar la repetida advertencia de Dios de cuidar a aquellos que no pueden cuidarse por sí mismos. Hasta aquí vamos bien. Pero la prioridad de tolerancia de nuestra cultura puede exagerarse. Si vamos a amar o incluir gente que es diferente, continuando con este pensamiento, deberíamos también aprender a tolerar sus creencias. ¿Cómo puedo decir que te acepto si rechazo aquellas cosas, como la religión, que yacen en el centro de la esencia de lo que tú eres? ¿Quién soy yo para decir que debes creer lo que yo creo para que Dios te acepte?

	Iglesia primitiva	Iglesia medieval	Iglesia moderna	Iglesia posmoderna
Comunicación	Usó el idioma griego y la filosofía para el Nuevo Testamento, la Trinidad y el evangelismo	Usó la filosofía aristotélica para competir con el Islam	Usó el individualismo en ascenso para desafiar a la autoridad y encender la Reforma	Admitir con humildad nuestra dependencia del Espíritu Santo para saber la verdad y amar a aquellos que son diferentes y sin derechos
Compromiso	Produjo una visión platónica de la Biblia, Dios, la humanidad, el mundo y la salvación	Desacreditada cuando la cosmovisión de Aristóteles fue desaprobada por Copérnico, Kepler, William de Ockham, Descartes y Galileo	Guió a los liberales a negar lo sobrenatural, y a los conservadores a ignorar la tradición y reducir el evangelio a una serie de hechos	Demasiado del tipo equivocado de tolerancia elimina todo alegato a la verdad

Fig. 1.1. Desafíos de la cultura

¿Y por qué debemos pensar que las creencias tienen tanta relevancia? Los posmodernos argumentan que si el mundo moderno (y el 11/09/2001) nos enseñó algo, es que aquellos que alegan saber la verdad son típicamente una amenaza para los demás. Mejor enfocarnos en cómo vivimos más que en lo que creemos. Después de todo, no es como si en el día del juicio final Dios vaya a abrir nuestros cerebros para chequear si podemos verbalizar los datos correctos acerca de él.[20] Pero sí nos juzgará conforme a nuestras acciones: ¿amamos a nuestro prójimo como a nosotros mismos? En tanto estemos haciendo eso, ¿importa de veras cómo llegamos allí... sea siguiendo a Jesús, Mahoma o el Dalai Lama?

¿CUÁNTA TOLERANCIA?

No es que esté en contra de la tolerancia. Es una virtud necesaria en cada faceta de la vida. De hecho, las ruedas de un automóvil tienen tolerancia de grasa. Cuando los mecánicos ajustan la tuerca en un rodamiento aflojan la misma un cuarto de vuelta para permitir que la grasa lo lubrique.[21] El mecánico que olvida aflojar la tuerca para permitir la afluencia de grasa necesaria, es como algunos cristianos conservadores que insisten en que cada creencia es importante y no dan espacio a otros para que respiren, para diferir, aunque sea en asuntos menores. No teniendo gracia suficiente para lubricar sus vidas, es como el metal que roza con metal hasta que los rodamientos recalientan y finalmente se traban, lo mismo sucede con la fe y esta se daña.

Hace poco iba por la ruta manejando mi automóvil detrás de otro marca Buick que tenía en el parachoques trasero una calcomanía con un dibujo de una cruz y la frase: «Verdad, no tolerancia». Luego de doblar en una esquina ambos pasamos a un joven vestido con atavíos góticos y peinado puntiagudo que estaba arrodillado en la acera intentando encender su cigarrillo en contra del viento. Observé al robusto conductor del Buick quien miró al joven por el espejo retrovisor e hizo un comentario al parecer sarcástico a sus compañeros de viaje, quienes viraron y se rieron del pobre «degenerado» de afuera. En ese momento capté un destello del horrible «bajo vientre» del cristianismo conservador, el aire de superioridad intolerante que me lleva a preguntarme si Jesús se siente más cercano al prójimo de afuera que a sus supuestos seguidores del interior del auto.

Si los cristianos conservadores a veces carecen de la tolerancia suficiente, algunos cristianos posmodernos se asemejan al mecánico que afloja demasiado la tuerca de la rueda. Estos innovadores posmodernos parecen tan tolerantes que lo que están conduciendo ya no se asemeja al cristianismo histórico. Permiten tanto juego que sus ruedas se sacuden desde el comienzo y, cuando se topan con un bache, pueden caer pronto y lisiar su fe.

Este libro pretende evitar las formas más extremistas de ambos cristianismos, conservador y posmoderno, y dar justo en el centro de la tolerancia apropiada. En contra del pensamiento de algunos conservadores, no toda creencia es igualmente esencial, y el solo hecho de que alguien no concuerde contigo no significa que él o ella ha dejado de creer la Biblia. Recuerda, muchos de nuestros evangélicos más jóvenes reaccionan contra ti. Se criaron en tus iglesias y no están impresionados con la experiencia. Has sobrevendido algunas de tus creencias, y puedes aprender de su perspectiva.

Contrario al pensamiento de algunos innovadores posmodernos, ser un hijo de Dios implica más que simplemente ser una buena persona. Percibes que las acciones amorosas son esenciales, pero ¿qué hay acerca de las específicas doctrinas históricas de la fe cristiana? ¿No debes también creer algo para entrar al reino de Dios?

Este libro examina los asuntos en disputa entre los cristianos conservadores y los innovadores posmodernos: ¿Qué significa ser cristiano y cómo te conviertes en uno? ¿Qué somos capaces de saber? ¿En qué sentido es verdad la Biblia? ¿La gente es buena o mala? ¿Cuáles son los principales pecados de nuestros días? ¿Cómo funciona la penitencia? ¿Pueden las personas pertenecer a la iglesia antes de creer? ¿Participan del reino de Dios otras religiones? ¿Y qué debemos pensar del infierno?

Cada capítulo presenta un extremo conservador común y una sobrecorrección posmoderna, para luego cerrar con lo que yo creo que es el punto de vista correcto, bíblico. Encontraré terreno común siempre que sea posible, porque por lo general aquello en lo que coincidimos es más importante que aquello en lo que no. Si mi perspectiva pudiera caber en una calcomanía para autos (no es un buen presagio para el punto de vista de algunos), no diría «Verdad, *no* tolerancia», sino «Verdad, *y* tolerancia». O, como el clásico lema cristiano lo expresa: «En lo esencial, unidad; en lo secundario, libertad; pero en todo reine el amor».

CAPÍTULO 2

¿DEBES CREER ALGO PARA SER SALVO?

La semana pasada mis hijos, Avery y Landon, oraron arrepintiéndose de sus pecados y aceptando a Cristo en sus corazones. Esta ocasión trascendental vino inmediatamente después del campamento de escuela bíblica, una semana de advertencias sobre el pecado, el juicio venidero y la necesidad de que Cristo los salve. Landon parecía un poco menos preocupado, porque luego de observar a su hermano mayor arrodillado en oración, dijo que quería hacer lo mismo… tan pronto como termine de jugar con sus Legos.

Lo que siento acerca de las oraciones de mis hijos es ambivalente. Estoy complacido, porque este acto representa otro paso en el camino de la fe. Ya se han sentado a escuchar historias bíblicas, recitado versículos bíblicos, orado antes de acostarse y compartido sus juguetes. El hecho de haberle pedido a Dios que perdone sus pecados por medio de la obra de Cristo significa que continúan recibiendo, en lugar de rechazar, la gracia de Dios. ¿Qué más podría querer un padre?

No obstante, tampoco quiero darle demasiada trascendencia. Durante mi infancia, oré para recibir a Cristo cientos de veces, especialmente cuando escuchaba a Jack Van Ipe y sus profecías acerca de alguna fatalidad. Recuerdo estar volviendo del colegio en mi segundo grado, y recibir una invitación a la cruzada de Jack Van Ipe. Entré en pánico cuando llegué a casa y no encontré a mi madre de inmediato. Corrí frenéticamente a la casa de nuestros vecinos cristianos, no para que me protejan, sino para estar seguro de que, si aún estaban allí, no me había perdido el arrebatamiento. Del mismo modo, si mis hijos son la mitad de neuróticos de lo que es su padre, se arrepentirán de sus pecados y aceptaran a Cristo muchas veces antes de que su infancia finalice.

También he visto el abuso que se hace de la oración del pecador. Algunas iglesias conservadoras tratan esta oración como un encantamiento mágico que garantiza la salvación del individuo. Efusivos predicadores me instaron desde el púlpito a escribir la fecha de mi conversión en las primeras páginas de mi Biblia (¿Cuál de ellas? ¿La primera oración que hice o la cuadragésimo segunda vez que casi quedo fuera del arrebatamiento?), de manera que si alguna vez me pregunto si soy salvo, todo lo que debo hacer es abrir mi Biblia, leer la fecha y saber, *más allá de la sombra de duda,* que iré al cielo.

Esta posesión de certeza suele producir carnalidad. No llevó mucho tiempo deducir que si hacer la oración del pecador nos salva sin importar lo que hagamos, entonces, en última instancia no importa lo que hagamos. Aceptamos a Jesús como Salvador al decir esta oración; seguirlo después como Señor depende de nosotros. Incluso el fácilmente probable acto de bautismo se redujo a un «paso de obediencia» opcional, algo que deberíamos considerar, pero no es vital para nuestra salvación (¿sabría alguno de nuestros antepasados cristianos qué hacer con nuestros creyentes no bautizados?).

Los predicadores respondieron al desastre que habían hecho, con violentos discursos contra los cristianos carnales (los cuales, para mi mente joven tenían un gustito «acaramelado» y lo único que lograban era que no me pudiera concentrar en el sermón). Los cristianos carnales habían dicho su oración, y eso parecía ser suficiente. Su despreocupado cristianismo generaba más dudas que certezas acerca de su salud espiritual. ¿Simplemente estaban retrocediendo o eran impostores dirigiéndose al infierno? Una madre habló por muchas cuando preguntó: «Mi hijo mayor no está viviendo para el Señor, pero sí oró cuando niño para recibir a Cristo. ¿Usted cree que él es cristiano?»

Los innovadores posmodernos quedan consternados, y con mucha razón, por esta confianza ciega en la oración del pecador. Se quejan de que las iglesias conservadoras suelen implicar que el convertirse a Cristo es sencillamente cuestión de creer las cosas correctas. Infórmate bien acerca de los hechos, aprende qué dirás cuando Dios te pregunte por qué debería dejarte entrar al cielo, y acepta el perdón de Dios por lo que hayas o no hayas hecho. ¿Pero qué tal si el estar enfocados en *creer* las cosas correctas oscurece la necesidad de *hacer* las cosas correctas?

Los innovadores posmodernos también alegan que el método de la oración del pecador contribuye a provocar una buena cantidad de condescendencia. Aquellos que han hecho esta oración suelen sentir, con petulancia, que son superiores a los «paganos», «idólatras», o «mundanos incrédulos» que no la han pronunciado. Otra vez, tienen algo de razón. Es extraño pensar que la diferencia eterna entre el hombre de al lado y yo es una oración de veinte segundos que yo pronuncié y él no. ¿Convertirse en cristiano es sencillamente cuestión de recitar las palabras adecuadas, y la evangelización un simple intento de poner estas palabras dentro de las cabezas de otros? ¿No debería nuestra forma de vivir importar tanto o más que lo que creemos? ¿Es posible aceptar que un asesino despiadado que entregó su corazón a Cristo vaya al cielo y su víctima no cristiana no?

El método de la oración suele darle más valor a *conocer los hechos* correctos que a *hacer los actos* correctos. Los cristianos conservadores pueden no admitirlo (¿quién vence la mala conducta a sabiendas?), pero su resultado final (cree en Jesús y todo es perdonado) suele comunicar este pensamiento. Algunos innovadores posmodernos han reaccionado de manera exagerada a este desequilibrio al ubicarse en el extremo opuesto, insinuando que la vida cristiana se trata de *hacer* y no tanto, o en lo absoluto, acerca de *creer* las doctrinas específicas e históricas de la fe cristiana.

LA CURA PUEDE SER PEOR QUE LA ENFERMEDAD

Brian McLaren es un destacado innovador posmoderno.[1] Nos cuenta su encuentro con Sam, un vecino judío que se ofreció a regar unos árboles pequeños de la iglesia. Cuando Brian se acercó para agradecerle, Sam expresó que no estaba interesado en el cristianismo porque había escuchado a un predicador televisivo decir que si Hitler tan solo hubiera invitado a Jesús a su corazón, Dios lo habría perdonado y llevado directo al cielo. Sam luego le contó acerca de su hijo, un soldado israelí que fue arrestado por haber evitado con valentía que otros soldados humillen a un palestino en un puesto de control de la frontera. Sam quería saber: «¿Tu Dios enviaría a mi muchacho al infierno porque nunca dijo "Jesús, sálvame", pero dejaría que Hitler vaya al cielo por decir las palabras mágicas? ¿Crees tú lo mismo que dijo el predicador televisivo?»

Brian, una de las personas más amables que yo haya conocido, dijo que no contestó esta pregunta porque «no sabía cómo hacerlo». Solo atinó a asegurarle a Sam que su hijo «actuó como Cristo lo hubiera hecho», que podía «ver por qué está tan orgulloso de él», y que «Dios también debía estar orgulloso de su hijo. De cualquier modo… muchas gracias por regar nuestros árboles».[2]

Si bien hay que reconocer que la sensibilidad de Brian es loable, ¿por qué no supo como responderle a su vecino? «Decir las palabras mágicas» no salva, ¿pero no es necesario creer algo? En su libro *The Last Word and the Word after That* [La última palabra, y la palabra después de eso], Mc Laren hace que su pastor de la ficción resuma el papel de Cristo en el evangelio: «No era "aferrarse a las creencias correctas", "afirmar las doctrinas correctas", ni nada por el estilo. En lugar de esto, Jesús estaba claramente interesado en las acciones, en lo que hacemos, en especial en cómo tratamos a los demás, y si confiamos en él lo suficiente como para seguir sus enseñanzas, incluso si esto significa tener dificultades y sufrir persecuciones».[3] Markus, el personaje más sabio del libro, expone que algunos conservadores creen equivocadamente que «en el día del juicio, Dios solo se preocupará por abrir nuestros cráneos y chequear nuestros cerebros… para ver si por allí, en algún lado, tenemos las nociones correctas acerca de la salvación por gracia a través de la fe».[4] McLaren refuta esta visión extrema, alegando que Dios juzga a las personas en función de sus actos más que en función de lo que creen.[5] Entonces el pastor Dan exclama: «¿Cómo se supone que crea que después de todo lo que sufrió el padre de Shirley (durante el holocausto), arderá por siempre en el infierno, torturado eternamente, porque no creyó en Jesús? ¿Qué clase de Dios agregaría su propia tortura eterna a la obscena tortura humana que sufrió su padre?... Si las vidas humanas terminan en una tortura sin fin, si cada buena acción que hayan hecho es barrida hacia la insignificancia porque no eran uno de los elegidos o no fueron lo suficientemente afortunados para creer lo correcto, ¿cómo puedo estar calmado?»[6] Estas ideas se explican en detalle de forma más explícita en el libro *A Heretic's Guide to Eternity* [7] [La guía de un hereje a la eternidad], de Spencer Burke. El autor declara con toda confianza que las creencias correctas no son necesarias para la salvación: «A lo largo de mi vida cristiana he escuchado a las personas decir que no es suficiente hacer buenas obras o tener consideración por el mundo. Tiene que haber fe en Jesús (lo que suele significar asentir a un conjunto de proposiciones). Pero en realidad, el apóstol Pablo dijo que las buenas obras sin amor, no las buenas obras sin un sistema de creencias, son vacías y carentes de valor».[8]

Burke sostiene que no necesitamos creer en Jesús, porque todos comenzamos la vida siendo aceptados por Dios, y permanecemos en su gracia a menos que optemos por salir de ella.

> La religión declara que estamos separados de Dios, que somos «forasteros». La gracia nos dice lo opuesto; que ya estamos adentro, a menos que queramos estar fuera. Éste es el verdadero escándalo de Jesús. Su mensaje erradicó la necesidad de religión. Puede parecer sorprendente, pero Jesús nunca estuvo en el negocio de la religión. Él está en el negocio de la gracia, y la gracia nos dice que no hay nada que necesitemos hacer para tener una relación con lo divino. Esa relación ya está ahí, sólo necesitamos alimentarla.[9]

Burke cree que comenzamos con Dios porque en realidad somos parte de él. Se profesa panteísta (todo está en Dios), lo que «es como decir que Dios es el océano y nosotros, los peces que nadan en él».[10] Como ya estamos en Dios, no necesitamos «convertirnos a ninguna religión en particular para encontrar a Dios. Yo considero que es Dios quien nos encuentra, y eso no tiene nada que ver con suscribir al punto de vista de ninguna religión en particular».[11]

¿Pero que sucede con la afirmación de Cristo «Yo soy el camino, la verdad y la vida ... Nadie llega al Padre sino por mí»?[12] McLaren advierte que no debemos leer esta declaración de manera exclusiva. Jesús no quiso dar a entender que «"Yo soy el camino para las personas que buscan la verdad y la vida. No dejaré que nadie llegue a Dios, a menos que lo haga a través mío". El nombre de Jesús, cuya vida y mensaje resonaban con aceptación, bienvenida e inclusión, ha devenido con demasiada frecuencia en un símbolo de elitismo, exclusión y agresión».[13] McLaren teme que «para algunas personas pareciera que Jesús no es el camino a Dios, más bien está *en* el camino a Dios, como si estuviera diciendo, "¡No, tú no! ¡Tú no puedes venir a Dios a menos que me alcances a mí primero!"»[14]

Burke agrega que en lugar de ordenar a las personas a creer en él, Jesús simplemente quiso decir que otros deberían seguir su camino. Deberían vivir como él, esforzándose por ser espirituales en lugar de conformarse a cualquier religión o sistema de creencias. Burke escribe: «Cuando Jesús se describió a sí mismo como "el camino", parecía estar diciéndole a sus seguidores que la violencia o el conformarse a otros sistemas y estructuras no es el camino a Dios. En lugar de esto, el camino es encontrado en la senda que él trazó». Esta senda «no significa competir con otras tradiciones de fe. Se trata de vivir en un camino de gracia, amor, perdón y paz».[15]

Estos escritores son líderes influyentes, y su punto de vista es el mismo de muchos otros en la iglesia evangélica. He escuchado a un pastor prominente decir en una conferencia nacional que debemos actualizar nuestra teología para permanecer relevantes para nuestra cultura, dando a entender que debemos estar dispuestos a reconsiderar, con la posibilidad de desechar, cada creencia cristiana. Al preguntarle si eso incluía las creencias básicas como la de distinción entre Creador y criatura, y la deidad de Cristo, este pastor respondió que, afirmativamente, todo está sujeto a revisión. Otro conocido pastor coincidió: «Nuestra fe es en Dios, no en lo que decimos acerca de él. He escuchado a personas decir que los absolutos no son discutibles. Pero el único absoluto real es Dios, y todo el resto está disponible para ser discutido, ¿no es así?»

Dos pastores amigos míos se preguntaban si Dios aceptaría la fe de los mormones y los testigos de Jehová. Aunque estos grupos niegan que Jesús es totalmente Dios y totalmente humano, aún así lo siguen a su manera, y eso debe tenerse en cuenta para algo, ¿verdad? Preocupado por este desliz doctrinal, durante un seminario evangélico consulté a un líder paraeclesiástico y al Decano de la facultad (en momentos separados), si las personas debían creer algo para ser salvas. Ambos respondieron que no lo sabían. A pesar de que aprecio su franqueza, esta respuesta revela lo poco importante que han devenido las creencias en ciertos segmentos del cristianismo posmoderno.[16]

SÉ UN CREYENTE DE LA PALABRA Y NO SOLO UN HACEDOR

Los conservadores suelen dar la impresión de que sólo importa lo que se cree, y algunos innovadores posmodernos reaccionan argumentando que no importa lo que creas, en tanto estés viviendo bien (véase figura 2.1). ¿Pero por qué debemos elegir? ¿No demanda Dios ambas cosas? El apóstol Juan escribe que Dios nos da ambos mandamientos «... que *creamos* en el nombre de su Hijo Jesucristo, y que nos *amemos* los unos a los otros, pues así lo ha dispuesto».[17] El próximo capítulo examinará cómo la sana doctrina y la buena conducta se combinan para una vida cristiana floreciente. Pero ahora quiero indagar acerca de por qué Juan dice que no es suficiente sólo con amar a otros, sino que también es necesario creer.

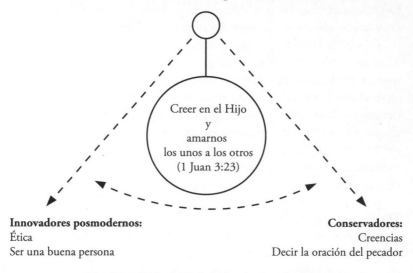

Innovadores posmodernos:
Ética
Ser una buena persona

Conservadores:
Creencias
Decir la oración del pecador

Fig. 2.1. El péndulo de la creencia y la ética

El evangelio de Juan describe el encuentro de Jesús con Nicodemo, un hombre extremadamente religioso, justo y poderoso, quien usaba sus influencias para el bien. Juan dice que Nicodemo luego utilizó su lugar en el Consejo judío para defender a Jesús y, tras la crucifixión, ayudó a dar sepultura a su cuerpo.[18] Nicodemo fue el prototipo del buen judío, el hombre que, como el padre judío de Shirley en la historia de McLaren, no debería «arder por siempre en el infierno, torturado eternamente, porque no creyó en Jesús».

Y aún así, contrario a las expectativas de muchos innovadores posmodernos, Jesús le dijo a Nicodemo que su buen vivir no era suficiente. Nicodemo fue un pecador como todos los demás y, como todos los demás, debía recibir el regalo de la regeneración. «De veras te aseguro», dijo Jesús, «que quien no nazca de nuevo no puede ver el reino de Dios».[19]

Sorprendido, Nicodemo preguntó cómo era posible un nuevo nacimiento. Jesús le respondió que la regeneración espiritual de la que estaba hablando solo sucede a través de la gracia purificadora del Espíritu Santo: «Yo te aseguro que quien no nazca de agua y del Espíritu, no puede entrar en el reino de Dios».[20]

«Nicodemo le replicó: «¿Cómo es posible que esto suceda?»[21] ¿Cómo hace el Espíritu para lavar nuestros pecados y regenerarnos? Jesús respondió con el versículo más famoso de las Escrituras (seguramente has visto su referencia —Juan 3.16— levantada con entusiasmo detrás de la portería durante la televisación de un partido de fútbol): «Porque tanto amó Dios al mundo, que dio a su Hijo unigénito, para que todo el que *cree en él* no se pierda, sino que tenga vida eterna». Jesús agregó que el creer en Cristo es la única diferencia entre aquellos que viven para siempre y aquellos condenados a la destrucción: «El que *cree en él* no es condenado, pero el que *no cree* ya está condenado por *no haber creído* en el nombre del Hijo unigénito de Dios». Otra vez, «El que *cree en el Hijo* tiene vida eterna; pero el que *rechaza al Hijo* no sabrá lo que es esa vida, sino que permanecerá bajo el castigo de Dios».[22]

No te pierdas el planteo de Jesús: no podemos entrar al reino de Dios a menos que hayamos nacido de nuevo, y nacemos de nuevo solo por un trabajo sobrenatural del Espíritu Santo, un trabajo que se efectúa al creer en la verdad acerca de Jesús. Pablo coincide: somos «salvos, mediante la *obra* santificadora *del Espíritu* y la *fe* que tenemos *en la verdad*».[23] Debemos creer en la verdad para ser salvos, porque es la verdad lo que usa el Espíritu para regenerarnos e introducirnos al reino de Dios.

Esta es la razón por la cual, inmediatamente después de anunciar que «todo el que invoque el nombre del Señor será salvo», Pablo enfatiza la necesidad de saber algo acerca de este Señor, para así poder invocarlo. Él escribe: «Ahora bien, ¿cómo invocarán a aquel en quien no han creído? ¿Y cómo creerán en aquel de quien no han oído? ¿Y cómo oirán si no hay quien les predique? ¿Y quién predicará sin ser enviado? Así está escrito: "¡Qué hermoso es recibir al mensajero que trae buenas nuevas!"»[24] No podemos invocar a alguien en quien no hemos creído, no podemos creer lo que no hemos escuchado, y no podemos escuchar a menos que alguien nos predique las buenas nuevas. El acto de regeneración comienza con la verdad.

Martín Lutero entendió este énfasis bíblico en la verdad y enseñó que el Espíritu Santo no salva a la persona sin ella (véase figura 2.2). El Espíritu Santo no es un rayo que cae directo del cielo, que elimina al azar pecadores insospechados. El Espíritu opera dentro de la persona mientras del exterior se le proclama la Palabra de Dios.

Lutero dice:

«Exteriormente [Dios] trata con nosotros a través de la Palabra oral, o evangelio y a través de signos visibles, como el bautismo y la cena del Señor. Interiormente, él nos trata a través del Espíritu Santo y la fe… pero siempre de esta manera y en este orden en el que los medios exteriores deben preceder a los interiores, los cuales vienen luego a través de los medios exteriores. Entonces, la voluntad de Dios ha sido no dar a cualquiera los regalos interiores (del Espíritu y la fe), excepto a través de los medios exteriores».[25]

De igual modo, Juan Calvino argumentó que el Espíritu y la verdad de la Palabra están inextricablemente unidos. Calvino escribió: «Por una especie de lazo mutuo, el Señor ha unido la certeza de su Palabra y de su Espíritu para que la religión perfecta de la Palabra pueda ser aceptada y tolerada en nuestras mentes cuando el Espíritu, quien provoca que contemplemos el rostro de Dios, brille; y que nosotros, a su tiempo, abracemos al Espíritu sin temor de ser decepcionados al reconocerlo en su propia imagen, es decir, en la Palabra».[26] Nuevamente, «Por lo tanto el Espíritu … no tiene la tarea de inventar nuevas revelaciones jamás escuchadas, o de forjar un nuevo tipo de doctrina … sino de sellar nuestras mentes con esa misma doctrina que encomienda el evangelio».[27]

Así, los apóstoles Juan y Pablo, Martín Lutero, Juan Calvino, y más importante, Jesús, coinciden en que el Espíritu Santo usa la verdad para regenerar a sus hijos, y en que sin la verdad es imposible ser salvo.[28] ¿Pero qué es esta verdad que debemos creer?

Fig. 2.2. Por qué debemos creer algo para ser salvos

LO QUE DEBEN CREER LOS CREYENTES
En una de las conversiones espectaculares de la historia, un tembloroso carcelero filipense gritaba a Pablo y a Silas:
—Señores, ¿qué tengo que *hacer* para ser salvo?
—*Cree* en el Señor Jesús; así tú y tu familia serán salvos —le contestaron.[29]

El Nuevo Testamento utiliza el término «creer» de dos modos diferentes. A veces, «creer» puede significar un asentimiento mental, como en la afirmación de Santiago de que incluso los demonios creen en Dios, pero la aceptación intelectual de su existencia no es suficiente para salvarlos.[30] Pablo y Silas usaron «creer» en un segundo sentido, más elevado. Más allá del mero asentimiento mental, instaron al carcelero de Filipo a actuar en función de su conocimiento; «creer» es la respuesta a lo que él debe *hacer*.

El Evangelio de Juan relata una historia que ilustra ambos significados de «creer». Juan cuenta que una vez, un grupo de personas vio los milagros que Jesús hacía y «creyeron en su nombre». Pero sabiendo lo que había en sus corazones, Jesús «no les creía» o no se confió a ellos.[31] La multitud tenía un conocimiento superficial de Jesús, pero carecía del compromiso que convertiría su conocimiento en fe genuina. Y por eso Jesús se negó a comprometerse o tener fe en ellos.[32]

La fe requiere conocimiento, porque no podemos creer en lo que no conocemos. Pero también requiere compromiso: debemos poner todo nuestro énfasis en lo que alegamos creer. Por ejemplo, entiendo que el paracaidismo es un deporte bastante seguro. Con un paracaídas de reserva, un compañero y un casco (¿qué tanto ayudará eso?), la probabilidad estadística de salir lastimado al saltar de un aeroplano es sorprendentemente mínima. Aun así, mi temor a las alturas me previene de poseer una fe genuina en el paracaidismo. Tengo suficiente conocimiento, pero carezco del compromiso necesario para actuar en función de ese conocimiento (de entrar al cielo azul dependiendo completamente de mi paracaídas). Cuando se trata de paracaidismo, solo aquellos que están en caída libre tienen fe.

Entonces Pablo y Silas instaron al carcelero a creer, a saber de y comprometerse totalmente con el Señor Jesús. Pero ¿qué es lo que Jesús tiene por lo cual debamos confiar?

En una de las conversiones fundamentales de la historia, Pedro le dice al gentil Cornelio «que todo el que cree en él [Jesús] recibe, por medio de su nombre, el perdón de los pecados».[33] Esto repite la prédica de Jesús que une el apartarse del pecado con recibir vida nueva en el reino: «El reino de Dios está cerca. ¡Arrepiéntanse y crean las buenas nuevas!»[34] Pablo también vio la conexión entre arrepentimiento y regeneración, diciéndole a los ancianos efesios que «a judíos y a griegos les he instado a convertirse a Dios y a creer en nuestro Señor Jesús».[35]

Además, estar comprometido con Jesús significa apartarse del pecado para poder recibir su perdón. Este cambio requiere, como mínimo, que creamos que somos pecadores y que Jesús nos salva de nuestro pecado. Este conocimiento yace en el centro del evangelio, sin el cual es imposible ser salvo. (Porque, ¿cómo podemos pasar del pecado que no sabemos que tenemos, a un Salvador que no sabemos que existe?)

En tanto el arrepentimiento por los pecados y la dependencia de Cristo son el corazón del evangelio, estas acciones apuntan a, y solo son entendidas correctamente dentro de la historia más amplia de Dios (véase figura 2.3). La revelación de Cristo nos dice algo acerca de Dios: que es trascendente y trino, un Dios que gobierna sobre todo como Padre, Hijo y Espíritu. Aprendemos de Cristo que Dios es perfecto (amoroso y libre a la vez), lo suficientemente amable para preocuparse por nuestra situación apremiante y con la fuerza suficiente como para hacer algo al respecto.

Cristo también revela algo acerca de nosotros mismos. Como nuestro creador, aprendemos de Jesús lo que significa ser la imagen de Dios: nobles criaturas responsables por administrar la creación en su nombre. Como nuestro redentor, aprendemos de Jesús que algo ha ido terriblemente mal con nuestro mundo. Somos rebeldes cuya oposición a Dios nos ha deshumanizado y ha destruido al resto de la creación.[36]

Pero Jesús actuó en gracia, salvándonos no solo sin merecerlo, sino siendo enemigos declarados de su reinado. Nos redimió al hacerse uno de nosotros (totalmente Dios y totalmente humano) y luego murió en la cruz en nuestro lugar, resucitó para conquistar al pecado y a la muerte, ascendió a la diestra del Padre para ser entronado como rey, envió su Espíritu para construir su iglesia y extender su reino en el mundo, y pronto regresará para terminar su trabajo: derrocar al pecado, restaurar la creación, y vivir por siempre con su pueblo en la nueva tierra.

¿Cuánto más de esta historia ampliada debemos creer para ser salvos? Solo Dios lo sabe con exactitud, y me alegra que la decisión final corra por cuenta de él. Pareciera posible ser salvo teniendo equivocadas grandes partes de la historia; o al menos, ojalá sea así, porque los cristianos suelen malinterpretar la bondad de la creación, la primacía y función de la iglesia corporativa, y nuestro destino final en una tierra restaurada. En tanto su confusión distorsiona la historia de Dios y oscurece su belleza y poder, pocos argumentarían que perderse en estas doctrinas pone en riesgo su salvación.

No sucede lo mismo con otras partes de la historia. Una importante confesión de los primeros siglos de la iglesia, el Credo Atanasiano, sostiene que entender correctamente la doctrina de la Trinidad y la persona de Cristo es esencial para la salvación. Esta oración comienza con las siguientes palabras: «Quien quiera ser salvo debe, por sobre todas las cosas, sostener la verdadera fe cristiana. Quien no la mantenga completa e inmaculada, sin lugar a dudas, perecerá eternamente». Luego, tras explicar qué creen los cristianos acerca de la Trinidad y de las dos naturalezas de Cristo, el credo finaliza con una solemne advertencia: «Esto es la verdadera fe cristiana. Quien no la crea fiel y firmemente, no podrá salvarse».[37]

La advertencia del credo puede ser considerada de dos maneras: que solo aquellos con una desarrollada doctrina de la Trinidad y la cristología pueden ser salvos o que solo serán salvos quienes, tras haber escuchado las creencias cristianas, las adoptan en lugar de rechazarlas. Prefiero esta última lectura, menos severa; de otro modo los niños, nuevos cristianos, y los mismos apóstoles no serían salvos. (Las doctrinas de la Trinidad y las dos naturalezas de Cristo, si bien tienen su raíz en el Nuevo Testamento, no fueron clarificadas oficialmente hasta los siglos cuarto o quinto.)

En ambos modos el Credo Atanasiano advierte que rechazar el entendimiento de la iglesia primitiva sobre la Trinidad (que Dios es una esencia y tres personas) o su punto de vista acerca de Jesús (que él es completamente divino y completamente humano) es una herejía que lo condena a uno al infierno. Quizás, la razón por la que el credo considera indispensable a estas doctrinas es porque sería imposible relatar la historia de la salvación sin ellas. Sin la Trinidad, no podemos explicar qué sucedió en la cruz (que el Hijo ofreció su vida al Padre) o en la resurrección (que el Padre reivindicó a su Hijo al levantarlo de la muerte a través del poder del Espíritu). Y sin una visión vigorosa acerca de las dos naturalezas de Jesús, no podemos explicar cómo nos sustituyó (que Jesús debe ser humano, porque teníamos una deuda, y debe ser Dios, porque solo una persona infinita y sin pecado podía pagarla).

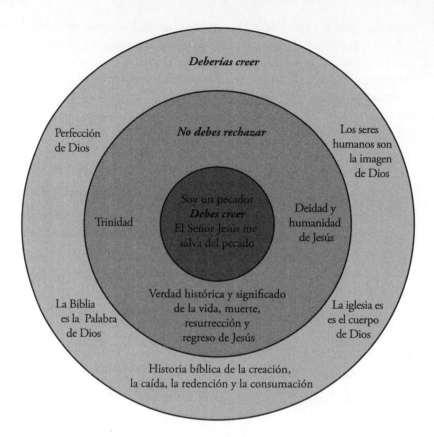

Fig. 2.3. Lo que creen los cristianos

Además, las creencias esenciales de la fe cristiana están agrupadas alrededor de la historia de la salvación: el trino Dios, una humanidad caída, el Dios-hombre quien murió en nuestro lugar, y nuestra necesidad de arrepentirnos del pecado que nos está matando y clamar por el perdón y la nueva vida ofrecidos en Cristo. Estas son las verdades que usa el Espíritu Santo para regenerarnos e introducirnos al reino de Dios. Algunas de éstas debemos saber: que somos pecadores perdonados en Jesús; y algunas al menos no debemos rechazarlas: que Dios es trino y que Jesús es el Dios-hombre.

Contrario a lo que creen algunos innovadores posmodernos, quienes rechazan estas doctrinas tradicionales de la fe cristiana no pueden ser salvos, sin importar lo fenomenales que son o lo bien que se comportan. Ser bueno no es suficiente. Debemos saber y creer algo (los hechos básicos acerca de la salvación) para ser salvos.

Sin embargo, incluso si aceptan que las creencias correctas son importantes, los innovadores posmodernos temen que demasiada atención al detalle doctrinal pueda estorbar nuestra vida cristiana. ¿Cómo podemos decir que amamos a los demás cuando los excluimos de nuestra comunidad por el simple hecho de que creen algo diferente? Nos abocaremos a esta pregunta a continuación.

¿LAS CREENCIAS CORRECTAS OBSTACULIZAN LAS BUENAS OBRAS?

Crecí en iglesias conservadoras que requerían poco de mí: sentarse a escuchar el sermón era todo lo que se necesitaba para ser considerado un fiel seguidor de Cristo. Si lo hacía tres veces a la semana (dos el domingo y una el miércoles por la noche), podía llegar a ser líder de jóvenes. Si me perdía el servicio del miércoles, era un cristiano de doble ánimo interesado en Dios, pero que también se enredaba en los asuntos de este mundo. Mis amigos que no asistían a los servicios nocturnos del domingo y de mitad de semana eran almas reincidentes, a quienes se les permitía jugar sóftbol (si eran útiles para el equipo) pero debían olvidarse de tener alguna posibilidad de enseñar en la Escuela Dominical o prestar algún servicio en la plataforma.

Los pastores usaban la vara y la zanahoria para alentarnos a participar de tantos servicios como nos fuera posible. «Vuelve esta noche por un obsequio», solían decir antes de la bendición final del domingo por la mañana. «No querrás perderte el servicio especial que hemos planeado para ti». Cuando el servicio siguiente era menos deslumbrante que lo esperado, a veces usaban las Escrituras para darnos una dosis de culpa. «"No dejemos de congregarnos, como acostumbran hacerlo algunos",[1] decían, "más bien comencemos y finalicemos nuestro día en la casa del Señor"».

Pero a pesar de este énfasis en asistir a la iglesia, no se esperaba que hiciéramos demasiado una vez allí. El eje principal de cada servicio de adoración era el sermón, pronunciado por un individuo solitario, dirigido a quienes estábamos pasivamente sentados, mirando fijo la nuca de la persona sentada delante nuestro. Los domingos por la mañana cantábamos himnos durante veinte minutos, saludábamos cordialmente a alguien los próximos treinta segundos, luego nos sentábamos y escuchábamos el sermón que duraba los cuarenta minutos finales. Los domingos por la noche eran iguales, aunque un poco menos formales. Incluso los servicios de los miércoles, a pesar de comunicarse como reuniones de oración, solían tener apenas unos diez minutos de oración para luego dar espacio a otro mensaje bíblico.

Aprecio el énfasis puesto por mi congregación en la Palabra de Dios. Conozco la Biblia mucho más que mis amigos que crecieron en otras tradiciones. Pero mi herencia también reduce la Biblia, con sutileza, a poco más que un depósito de información. Fuera de nuestras fiestas y almuerzos informales, y los proyectos de servicio ocasionales o viajes misioneros, el propósito de cada encuentro era aprender más información. Incluso nuestras reuniones especiales (semanas de evangelización, misiones o conferencias proféticas) eran oportunidades para escuchar más sermones. A pesar de que ahora entiendo mejor, aun tiendo a evaluar mi situación espiritual (y la de mis amigos) por la concurrencia a los servicios eclesiásticos y la cantidad de sermones escuchados.

En esta área he aprendido mucho de los innovadores posmodernos, y aún lo sigo haciendo. Nos recuerdan acertadamente que el cristianismo auténtico debe incluir más que acumular información. La iglesia no es un edificio o un servicio de adoración, sino la comunidad del pueblo de Dios que posee una misma clase de vida. No contentos con saludarse en los diez minutos previos y posteriores a cada servicio de adoración, muchos cristianos posmodernos buscan maneras creativas de abrir sus vidas a los demás. Para algunos, esto significa reemplazar un servicio de adoración por un pequeño grupo (una fraternidad de amigos encontrándose en las casas para estudiar la Palabra y servirse mutuamente). Otros han dado un paso más radical, creando un «nuevo monacato» en el cual las familias cristianas y las personas solteras viven, comen y luchan juntos por extender el reino de Dios en su vecindario.

Estos creyentes se apasionan por corregir lo equivocado de la sociedad. Parafraseando a Marx, el objetivo de su cristianismo no es simplemente aprender datos acerca del mundo, sino cambiarlo. ¿Qué bien puede hacer asimilar información acerca de Jesús y la salvación si eso no nos impulsa a destilar de su amor de modos reales y tangibles? Por esto, puede que los innovadores posmodernos pasen menos tiempo en la iglesia y más haciendo trabajo voluntario en comedores comunitarios, distribuyendo medicina entre quienes la necesitan o manifestándose en las calles para salvar el medio ambiente o frenar los genocidios.

El resultado es una fe atractiva que funciona. Como sabiamente observa Brian McLaren: «Nuestra fe ha devenido para nosotros, con mucha frecuencia, en otro rígido sistema de creencias en lugar de la única y gozosa manera de vivir, amando y sirviendo».[2] La solución, según McLaren, es «volver de las doctrinas a las prácticas», donde «la unidad se construye menos alrededor de una lista de lo que uno profesa creer, y más alrededor de cómo uno ejerce la verdad y pone las creencias en acción mediante modos prácticos. De esta manera, las iglesias… se ven a sí mismas como comunidades de acción».[3]

EXCLUSIVAMENTE INCLUSIVO

Aprecio este retorno *a* la práctica, pero me pregunto por qué debemos volvernos *de* la doctrina para llegar allí. Si las modernas iglesias conservadoras reemplazaron con la verdadera doctrina la inquietud por vivir correctamente, ¿no deberían los posmodernos tener cuidado de no caer en el otro extremo, el de reemplazar la doctrina correcta con un apropiado modo de vivir? Quizás el péndulo se mece con tanta rapidez porque estos jóvenes evangélicos creen que hay algo en la doctrina que dificulta la vida cristiana.

Con acierto perciben que la vida cristiana se trata de amar a Dios y al prójimo, pero como es típico del posmodernismo, suelen definir el amor en términos exclusivamente inclusivos. McLaren habla por muchos cuando dice, «la idea central del mensaje de Jesús es la inclusión, inclusión impactante y escandalosa».[4] En lugar de «crear un grupo de pertenencia que destierre a otros a un grupo de rechazo; Jesús quería crear un grupo de bienvenida, uno que busque y reciba a todos».[5]

En efecto, desde que el reino de Dios equivale a «*inclusión con propósito*», resulta que los únicos excluidos del reino son aquellos que excluyen a otros.[6] McLaren escribe, «para ser verdaderamente inclusivo, *el reino debe excluir a la gente exclusiva*; para ser de veras reconciliador, el reino no debe reconciliarse con aquellos que niegan la reconciliación; para alcanzar su propósito de reunir a las personas, no debe reunir a aquellos que desparraman».[7]

Y nada excluye de modo más rápido que las creencias. Éstas son mejores en levantar muros que en demolerlos. Las personas creen tantas cosas diferentes acerca de Dios, la religión y el camino de la salvación, que reclamar que tu punto de vista es el único correcto, seguramente evitará que otros se te unan (véase figura 3.1). Por esta razón McLaren advierte que «Jesús *no* vino a crear otra religión exclusiva. El judaísmo ha sido exclusivo basándose en la genética y el cristianismo es exclusivo basándose en el credo (¡el cual puede ser un requerimiento mucho más duro que la genética!)».[8]

Tony Jones concuerda. El coordinador nacional de *Emergent* (un referente destacado entre los innovadores posmodernos), declara que su organización «es una colección amorfa de amigos que hemos decidido vivir la vida juntos, sin tener en cuenta nuestras afiliaciones eclesiásticas y nuestros compromisos teológicos». Compara las declaraciones de fe con «trazar fronteras, lo que significa que debes alzarte en armas y posicionar soldados en esas fronteras. Vigilar esos límites se convierte en una obsesión. Ese sencillamente no es el ministerio de Jesús».[9]

Para apoyar esta postura, *Emergent* envió a sus miembros un correo electrónico con un manifiesto de LeRon Shults, un importante teólogo que dio tres razones por las cuales su grupo no debía escribir una declaración teológica. Además de ser innecesario e inapropiado, porque «Jesús no tenía una "declaración de fe"», y «la lucha por capturar a Dios en nuestras limitadas estructuras por silogismos es prácticamente una idolatría lingüística», Shults argumenta que estandarizar nuestras creencias sería un desastre. Le inquieta el hecho de que «una "declaración de fe" tiende a frenar la conversación. Tales declaraciones pueden convertirse con facilidad en herramientas

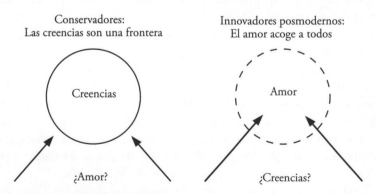

Fig. 3.1. Objeción posmoderna a las declaraciones doctrinales

para manipular o excluir gente de la comunidad. Con demasiada frecuencia crean un ambiente en el cual se evita la conversación real por temor a que la reflexión crítica de una o varias de las propuestas sagradas lleve a una excomunión de la comunidad».[10]

El resultado de esta «amorosa» negativa a comprometerse a una declaración de fe se ilustra en Ikon, un grupo emergente liderado por Peter Rollins. Rollins argumenta que Dios trasciende los límites de nuestra mente finita de tal manera que le es imposible revelarse a nosotros. Como Dios es incomprensible, tampoco puede conocerse.[11] Nuestra incapacidad para conocer a Dios elimina la posibilidad de llegar a conclusiones doctrinales, lo que guía a Rollins a reconocer que Ikon tiene un agujero en su centro. Él explica, «Así como una rosquilla no posee la parte del centro, sino que está hecha completamente de un exterior, de la misma manera Ikon no tiene una doctrina sustancial en su centro».[12]

Como no hay nada para conocer, Rollins centra su atención en la única parte de fe cristiana que queda: nuestra manera de vivir. Reemplaza «creencia correcta» por «creer en el modo correcto», lo que significa «creer en una manera amorosa, sacrificial y semejante a Cristo».[13] Sugiere que si bien nuestras creencias cristianas nunca describen «lo real o la realidad», de algún modo son capaces de transformarnos en amantes que siguen el camino de Jesús al incluir a otros.[14] Rollins explica que «en Ikon no estamos unidos en torno a un conjunto específico de doctrinas, sino en el deseo de que nuestras creencias, cualesquiera que sean, nos ayuden a ser más abiertos a lo divino y a los demás, demostrando un modo de ser en el mundo amoroso, solidario y similar a Jesús».[15]

Aunque podemos tener lindas conversaciones acerca de esta inquietud y la necesidad de incluir a los demás (y lo último que quiero es dividir a las personas de manera arrogante e innecesaria en grupos de inclusión y exclusión), la idea de que debamos incluir a otros sin importar lo que crean plantea varias preguntas.

¿El amor siempre debe ser inclusivo? Amar significa cuidar, comprometerse y buscar lo mejor para el otro, y en tanto esto generalmente implica aceptar más que juzgar, a veces el amor debe ser severo. Aquellos padres que aman a sus hijos adultos que regresan otra vez al hogar paterno, finalmente los arrojan fuera de la casa junto con su colección de *Viaje a las Estrellas*. Los entrenadores que desean que su jugador estrella entrene más, a veces lo relegan al banco de suplentes. Y las iglesias que toman conocimiento de que uno de los suyos peca sin remordimientos, con tristeza le quitan su membresía.[16] En cada caso, el amor excluye temporariamente al otro con la esperanza de que éste vea el error que está cometiendo y se una nuevamente a la comunidad como miembro activo.

Por lo tanto hay momentos en los que el amor excluye a aquellos que se están comportando mal. ¿Pero el amor alguna vez excluye a otros por lo que creen? No hace mucho tiempo atrás, ésta era la motivación detrás del evangelismo. Creíamos que nuestros amigos estaban excluidos del reino debido a sus concepciones equivocadas acerca de Dios, el pecado y la salvación. El amor nos compelía a advertirles acerca de su inminente destino en el infierno y a urgirlos a arrepentirse y creer en el evangelio.

Pero ahora, muchos están reconsiderando el significado del evangelismo, debido a interrogantes acerca del infierno y de otras religiones. Muchos innovadores posmodernos creen que debemos dialogar con otras creencias religiosas, buscando aprender tanto o más de ellas de lo que queremos que ellas aprendan de nosotros. Un líder comenta acerca de su interacción con otras religiones: «Para mí, en el evangelismo o la misión ya no se trata de persuadir a las personas de creer lo que creo… Tiene más que ver con participar experiencias y encuentros. Se trata de caminar juntos el camino de la vida y la fe, cada uno definido por su tradición y cultura, pero con la posibilidad de encontrar a Dios y a la verdad desde el otro».[17]

Peter Rollins sostiene que el evangelismo es una calle de dos sentidos. En lugar de llevar el conocimiento de Dios a gente «inalcanzable» en sitios «inalcanzables», él dice que los miembros de Ikon «buscan ser evangelizados», al aprender de otras religiones.[18] Explica: «Nosotros le quitamos énfasis a la idea de que los cristianos tienen a Dios y todos los demás no, tratando de entablar una conversación de dos vías. Esto no significa que nos hemos perdido en el relativismo, ya que seguimos creyendo en la singularidad de nuestra tradición, pero creemos que nos enseña a ser abiertos a todos. También estamos genuinamente abiertos a estar equivocados en parte y quizás en todas nuestras creencias; al mismo tiempo que estamos totalmente comprometidos con ellas».[19] Rollins resume la contribución de Ikon a la siguiente frase: «Cuando intentamos hablar acerca de Dios, no tenemos nada para decir a los demás, y reconocer esto no debe avergonzarnos».[20]

Recientemente, el líder de una organización cristiana anunció que su grupo no iba a romper la hermandad con un amigo que había publicado algunos puntos de vista poco ortodoxos sobre la fe cristiana. «Nuestra comunidad es de relaciones», dijo, «Y a pesar de que no estamos de acuerdo con algunas de sus creencias, siempre habrá un lugar para él en nuestra mesa». Cuando se le preguntó si podía pensar en alguna creencia heterodoxa que justificara quitar a· alguien de su organización, este líder hizo una pausa y, tras cinco segundos de un incómodo silencio, respondió: «No lo sé».

¿Cuánto tiempo pueden permanecer auténticamente cristianos aquellos comprometidos con semejante inclusivismo? Si, como aprendimos en el capítulo 2, a los cristianos se los define por cómo viven y qué creen, entonces esas comunidades que minimizan las doctrinas específicas e históricas de la fe cristiana con el fin de «compartir experiencias y encontrar a Dios en otras tradiciones», pronto se convertirán en una versión bautizada de los Clubes Rotary o Kiwanis. Puede que estén rodeados de buena gente, pero ya no serán inconfundiblemente cristianos.

LOS CRISTIANOS SON LOS QUE MEJOR PUEDEN AMAR

Si el amor se efectiviza a través de la inclusión, y nada excluye de forma más rápida y arbitraria que las creencias, entonces no se entiende por qué esta nueva generación cree que debe levantarse contra las doctrinas divisivas de la fe cristiana. ¿Pero qué si el amor es más amplio que la inclusión? ¿Qué si significa buscar lo mejor para el otro, entregarse uno mismo con sacrificio para que otros puedan prosperar? y ¿qué si los elementos singulares de la fe cristiana proveen tanto el modelo como el motivo para hacerlo? En ese caso, nuestras creencias distintivas ayudarían, más que estorbarían, a una vida de amor. A continuación explico la razón.

Los cristianos creen que el Dios verdadero no es una persona, como suponen los judíos y musulmanes, sino que es Padre, Hijo y Espíritu Santo, tres personas con una única esencia. Estas religiones monoteístas concuerdan en que Dios es uno, por lo que debe ser temido y adorado por sobre todos los dioses. Pero solo la fe cristiana, la que agrega que Dios también es tres, explica mejor por qué Dios es amor.

El Nuevo Testamento retrata al trino Dios como una fraternidad de amigos, una comunidad de personas que aman con autoentrega.[21] El Padre anuncia con orgullo en el bautismo de su Hijo: «Éste es mi Hijo amado; estoy muy complacido con él».[22] El Hijo también lo ama, como lo dice a sus discípulos: «que amo al Padre, y que hago exactamente lo que él me ha ordenado que haga».[23]

Su amor permanece fuerte aun cuando duele. En Getsemaní el Hijo deja de lado sus propios deseos cuando ora «Padre, si quieres, no me hagas beber este trago amargo; pero no se cumpla mi voluntad, sino la tuya».[24] A pesar de que prefería que los acontecimientos fueran de otra manera, el Hijo honró a su Padre al aceptar que lo crucificaran. Este momento debe haber sido aún más atroz e insoportable para el Padre. ¿Qué padre puede soportar el sufrimiento de su hijo? Lo que es aún peor, ¿qué padre puede blandir el puñal? Dios, el Padre, hizo ambos. Permitió que su Hijo vaya a la cruz y le dio la espalda allí mismo, para que el Hijo pueda ser exaltado como Redentor del mundo. De este modo, tanto el Padre como el Hijo dejaron de lado sus propios intereses para servir al otro. El Espíritu actúa de igual manera, obedeciendo cualquier tarea que el Padre y el Hijo le encomiendan.[25]

¿Puedes imaginarte a alguna de estas tres personas desertando de su compromiso? ¿Qué sucedería si el Hijo se quejara, «¿Por qué siempre me tocan a mí los trabajos difíciles? ¡Que crucifiquen a otro!» ¿O puedes escuchar al Espíritu replicando, «Al menos notan tu existencia. ¡Gracias a Dios por los pentecostales! Sin ellos, nadie me prestaría atención». Esto nunca pasaría, porque desde siempre, cada persona de la Trinidad ha estado comprometida con el crecimiento de las otras. El Padre glorifica al Hijo, el Hijo glorifica al Padre, el Espíritu honra a ambos y ellos le cuidan la retaguardia.[26] Jesús dijo que aquellos que pecan contra el Hijo pueden ser perdonados, «pero el que hable contra el Espíritu Santo no tendrá perdón ni en este mundo ni en el venidero».[27]

Cuando el Hijo oró «no se cumpla mi voluntad, sino la tuya», no estaba diciendo nada nuevo, sino simplemente repitiendo lo que siempre le ha dicho al Padre. Este patrón de amor de autoentrega, de dejar de lado los intereses propios para servir al otro, provee el modelo para nuestras relaciones.

Un himno de los principios del cristianismo dice que debemos adoptar esta actitud de Cristo:

Quien, siendo por naturaleza Dios,
  no consideró el ser igual a Dios como algo a qué aferrarse.
Por el contrario, se rebajó voluntariamente,
  tomando la naturaleza de siervo
  y haciéndose semejante a los seres humanos.
Y al manifestarse como hombre,
  se humilló a sí mismo
  y se hizo obediente hasta la muerte,
  ¡y muerte de cruz!
Por eso Dios lo exaltó hasta lo sumo
  y le otorgó el nombre
  que está sobre todo nombre,
para que ante el nombre de Jesús
  se doble toda rodilla
  en el cielo y en la tierra y debajo de la tierra,
y toda lengua confiese que Jesucristo es el Señor,
  para gloria de Dios Padre.[28]

La segunda palabra de este himno, el insulso término «siendo», es mejor traducido como «porque». Precisamente *porque* Jesús es Dios, y Dios es una comunidad de personas que aman con autoentrega, para él fue lo más natural del mundo servir a otros con humildad al convertirse en hombre y morir en la cruz.[29]

¿Por qué nos ama Dios? No porque valgamos algo. Dios tiene el suficiente sentido común para los negocios, como para hacer un análisis de costo-beneficio y darse cuenta de que la vida de un Creador infinito supera con facilidad las vidas de sus finitas criaturas. No existe un número suficiente de personas (aún más de seis mil ochocientos millones y más) que justifique tomar la vida del infinitamente valioso Creador.

Retrocedamos un paso. Para empezar, ¿por qué nos hizo Dios? Los filósofos han estado considerando largamente el porqué hay algo en lugar de nada. ¿Por qué Dios creó el mundo? Agustín dijo que alguien respondió a una pregunta similar, «¿Qué estaba haciendo Dios antes de crear el mundo?», contestando que estaba haciendo el infierno para quienes hicieran semejante pregunta.[30]

No podemos decir con exactitud la razón por la cual Dios hizo el mundo, porque con certeza no tenía la obligación de hacerlo. Lo que sí podemos decir es que crear el mundo es algo muy al estilo de Dios. Si Dios es una comunidad de personas que aman con autoentrega, es una consecuencia lógica que un Dios que siempre ha amado a los otros dentro de la Trinidad quiera también crear a nuevos otros para amar. Más aún, cuando estos otros se rebelaron y se metieron en problemas, Dios hizo lo necesario para volverlos a amar en totalidad. Dios nos ama sencillamente porque esa es su forma de ser. No puede hacer nada para cambiarlo. Él es amor.[31]

Más allá de informarnos que la naturaleza de Dios es un amor humilde y de autoentrega, el himno también nos promete que semejante sacrificio es recompensado. Aquellos que renuncian a sí mismos para que otros puedan prosperar, se encuentran con que su sacrificio también provoca su propio crecimiento. «Por lo tanto» (como Cristo obedeció todo el camino hacia la cruz) el Padre lo exaltó hasta lo sumo, como el Señor del universo.

Lo que es verdad acerca de Dios, también lo es respecto de nosotros, que somos hechos a su imagen. «Porque el que quiera salvar su vida, la perderá», dijo Jesús, «pero el que pierda su vida por mi causa, la encontrará». En el versículo anterior, Jesús dijo algo que suele ser malinterpretado. «Si alguien quiere ser mi discípulo, tiene que negarse a sí mismo, tomar su cruz y seguirme».[32]

La mayor parte de mi vida pensé que Dios estaba ofreciendo el «gran canje». Aquellos que quieren recompensas en la próxima vida deben renunciar a toda felicidad en esta. Cada conferencia misionera terminaba de la misma manera: ¿sería capaz de entregar todo en el altar, renunciando a la buena vida en Estados Unidos, para viajar al lugar más recóndito y olvidado del planeta si eso fuera lo que Dios quisiera? Asocié servir a Dios con el sufrimiento. Trataba de no disfrutar demasiado de las cosas, porque sabía que cuando lo hiciera, Dios me pediría que renuncie a ello. Creía que mientras más alto era mi índice de miseria (mientras más me disgustara mi llamado, mi país y las circunstancias generales), más complacido estaba Dios conmigo.

Estaba equivocado. Jesús no estaba diciendo que debemos ser miserables ahora para disfrutar de lo bueno en la próxima vida. En realidad nos estaba diciendo cómo prosperar ahora. Estaba diciendo: «¿Quieres disfrutar la vida al máximo? Entonces, haz lo que los otros miembros de la Trinidad y yo hacemos. Niégate a ti mismo. Vive para otro. Toma tu cruz (porque tu naturaleza egoísta debe morir) y sígueme. Si quieres prosperar de igual modo que Dios, debes hacer lo que hace Dios. Pierde tu vida y la hallarás».

El consejo de Jesús parece contradictorio, pero la experiencia nos enseña que es verdad. Piensa en el día más feliz de tu vida, aquel en el que estabas alegre de estar vivo. ¿No fueron los días en los que viviste para algún otro? Sorprendiste a un amigo con una comida casera, reparaste el techo de la vivienda de una familia, o condujiste 800 kilómetros para desearle un feliz cumpleaños a un ser querido. Ese día tu felicidad era genuina porque te estabas moviendo en armonía con el universo. Estabas viviendo como el trino Dios, quien te equipó para ser como él mismo. Sólo encuentras tu vida cuando renuncias a ella.

GRACIA Y GRATITUD

Además de ofrecer el modelo del amor, la historia cristiana también provee la motivación para una buena conducta. Así como ninguna otra religión tiene una Trinidad (un Dios que es una comunidad de personas que aman con autoentrega), de igual modo, no existe otra religión que enseñe que la salvación es absolutamente por gracia. Por ejemplo, a pesar de la declaración del Corán de que Alá es «muy compasivo» y «muy misericordioso», el Islam alienta a sus miembros a dar lo mejor de sí, esperando que sea suficiente para lograr la aprobación de Alá.

El cristianismo cree que las buenas obras son mejor hechas, no por el esfuerzo de ameritar la salvación, sino en respuesta a la aceptación que ya hemos recibido. El apóstol Pablo escribe que «su gracia … nos enseña a rechazar la impiedad y las pasiones mundanas. Así podremos vivir en este mundo con justicia[33], piedad y dominio propio … dedicados a hacer el bien».[34] ¿Cómo es, exactamente, que la gracia nos enseña a ser buenos?

Lucas nos cuenta la historia de una prostituta que, teniendo tal desesperación por ver a Jesús, interrumpió su cena en la casa de un fariseo. Conmocionada por el amor de Jesús hacia la gente como ella, comenzó a llorar, mojando los pies del Señor con sus lágrimas. Avergonzada, los secaba con sus cabellos, y luego, sobrecogida de emoción, comenzó a besarlos y derramarles perfume. Esta escena incomodó a todos y el anfitrión dijo para sí: «Si este hombre fuera profeta, sabría quién es la que lo está tocando, y qué clase de mujer es: una pecadora».

Jesús lo miró y planteó esta pregunta:

—Dos hombres le debían dinero a cierto prestamista. Uno le debía quinientas monedas de plata, y el otro cincuenta. Como no tenían con qué pagarle, les perdonó la deuda a los dos. Ahora bien, ¿cuál de los dos lo amará más?

—Supongo que aquel a quien más le perdonó —respondió el anfitrión.

Jesús le dijo que lo mismo pasaba con esa prostituta. Ella amaba a Jesús más que él, porque a ella se le había perdonado más. «Pero a quien poco se le perdona, poco ama».[35]

Es natural que aquellos que han recibido amor, quieran transmitirlo. Quienes han recibido gracia desean extender esa gracia a otros. Esta es una de las principales revelaciones de la Reforma.

Martín Lutero se hizo monje en un intento frustrado por salvar su alma. Fue mucho más allá de lo que requería su monasterio: ayunar totalmente por tres días o dormir durante heladas noches sin una manta (mi esposa también hace lo mismo pero dice que es mi culpa, por acaparar toda la cobija). Lutero admitió luego que este tipo de austeridad dañó su salud de forma permanente. Mirando su experiencia en retrospectiva, dijo de sí mismo que «era un buen monje, y guardaba las reglas de mi orden de modo tan estricto que podría decir que si algún monje accedía al cielo por su monacato, ése sería yo».[36]

Pero Lutero se dio cuenta de que aún lo mejor de él nunca sería suficiente para complacer a un Dios santo. ¿Cómo podría alguien hacer todo lo necesario para satisfacer sus estándares infinitos? Lutero dijo: «A pesar de todo esto, mi conciencia nunca me daba la certeza, siempre estaba dudando y decía, "no lo hiciste del modo correcto. No estabas lo bastante contrito. No mencionaste eso en tu confesión"».[37] Reconoció, «Más de una vez llegué al borde de la desesperación, al punto de desear no haber sido creado. ¿Amar a Dios? ¡Lo odiaba!»[38]

Tras muchos años de tormentos y de enloquecer a su confesor, Lutero finalmente descubrió que la rectitud que necesitaba no era la suya, sino la de Cristo. Leyó la amonestación de Pablo de que «el justo vivirá por la fe», no como un mandamiento a ser recto, sino como una promesa de ser cubiertos por la rectitud de Cristo: «quien es justo mediante la fe, vivirá».[39]

En lugar de esforzarse por satisfacer las santas demandas de Dios, Lutero comprendió que podía descansar en lo que Jesús ya había logrado por él. Dijo, «Me sentí renacer y entrar por las puertas abiertas del paraíso. La totalidad de las Escrituras cobró un nuevo sentido, y donde antes "la justicia de Dios" me había llenado de odio, ahora vino a mí de modo inexplicablemente dulce en un amor aun mayor. Este pasaje de Pablo se convirtió para mi vida en una puerta al cielo».[40]

Poco después Lutero escribió *La libertad cristiana*, un pequeño libro que en su mente «contenía el resumen de toda la vida cristiana».[41] Lutero reconoce que antes del gran avance de su Reforma, gastó todos sus recursos tratando de salvar su alma. Pero ahora que sabía que su alma estaba a salvo en Cristo, tenía mucho tiempo disponible. Sin tener que preocuparse por asegurar su salvación, podía usar su tiempo y su dinero para servir a otros.

Para eso es libre un cristiano, no para vivir como le plazca, sino para convertirse en un pequeño Cristo para su prójimo. Lutero explicó:

> Aunque soy hombre indigno, condenable y sin mérito alguno, mi Dios me ha otorgado gratuitamente y por pura gracia suya en Cristo todas las riquezas de justicia y salvación, de manera que de ahora en adelante solo necesito creer que es así. Mas por mi parte haré también por tal Padre que me ha colmado de beneficios tan inapreciables, todo cuanto pueda agradarle, y lo haré libre, alegre y gratuitamente, *y seré con mi prójimo un cristiano a la manera que Cristo lo ha sido conmigo*, no emprendiendo nada excepto aquello que yo vea que mi prójimo necesite o le sea provechoso y salvador; que yo ya poseo todas las cosas en Cristo por mi fe.[42]

Éste es el cálculo cristiano de Lutero: pecado → gracia → gratitud → amor. Solo cuando entendemos lo profundo de nuestra depravación, podemos apreciar la «sublime gracia del Señor que a un infeliz salvó». Y una vez que entendemos la gracia, nuestra inmediata respuesta reflexiva es la gratitud (en el original del Nuevo Testamento, la palabra griega para gratitud es *eucharistia*, que se forma a partir de la palabra para gracia, *charis*). Si la gracia no genera gratitud, lo único que puede significar es que aun no hemos llegado a comprenderla.

De acuerdo al segundo interrogante del Catecismo de Heidelberg, cuando entendemos «cuán grandes son mi pecado y miseria», recién entonces podemos apreciar «cómo he sido liberado de todos mis pecados y miseria», lo que nos lleva a preguntarnos automáticamente «cómo debo agradecerle a Dios por semejante liberación». Y los cristianos agradecidos se dedican a las buenas obras, buscando agradar a Dios mediante el amor al prójimo.

CREER EN EL AMOR

Por lo tanto, contrario a la opinión posmoderna de que las creencias se entrometen en el camino de la buena conducta, las doctrinas específicas e históricas de la fe cristiana proveen la mejor (y me atrevería a decir que única) base lógica para una vida de amor. Necesitamos un modelo y un motivo para amar a otros, y el dogma cristiano del trino Dios y la salvación por gracia provee ambos. Si minimizamos estas doctrinas históricas, haciendo esfuerzos para oponernos a ellas en un intento de incluir gente con las creencias más diversas, socavaremos el terreno para las buenas obras. El resultado será menos amor, no más (véase figura 3.2).

Fig. 3.2. Las creencias correctas producen prácticas correctas

¿Pero no pueden también amar a otros aquellos que no son cristianos? Sí, pero lo hacen a pesar de, y no a razón de, lo que creen. Por ejemplo, aquellos quienes en las ciencias sociales se dedican al naturalismo filosófico (no hay Dios, solo naturaleza) creen que cada persona busca su propio interés en una ley cósmica del más fuerte. ¿Por qué algunas personas aman sacrificialmente a otras? De acuerdo a estos especialistas, la gente altruista sufre de «docilidad» (hacen lo que otros le dicen) y de «racionalidad limitada» (son tontos).

Si estos cientistas alguna vez llegaran a amar genuinamente (y que Dios ayude a sus familias si no lo hacen), se convertirían, según sus propios estándares, en tontos debiluchos.[43]

¿Y qué hay de los otros teístas? Los musulmanes suelen ser amables con los demás. Pero el Islam es una religión basada en el desempeño, que se fundamenta en el temor: da lo mejor de ti, esperando que sea suficiente para que Alá te acepte. En tanto este sistema religioso puede alentar a los musulmanes a hacer muchas buenas obras, no puede convertirlos en personas amantes. La gente atemorizada está demasiado centrada en sí misma como para priorizar a otros. Cuando los musulmanes aman a otros genuinamente, están actuando de manera inconsistente con sus creencias religiosas.

No así los cristianos. Creemos que estamos hechos a imagen del trino Dios, cuya naturaleza es amor, y que nuestro Dios nos ha amado dos veces: al crearnos y al redimirnos. Como escribe Juan, «Nosotros amamos a Dios porque él nos amó primero».[44]

Quizá te estés preguntando por qué, si la fe cristiana provee la única base lógica para el amor, muchos que se profesan cristianos pueden carecer tanto de amor. Parte de la respuesta yace en la tendencia conservadora de enfatizar las creencias correctas por sobre las acciones correctas. Las creencias correctas no garantizan un buen obrar, porque para eso debemos actuar conforme a lo que sabemos. Los conservadores necesitan considerar la advertencia de Santiago de que «la fe sin obras está muerta» y la amonestación de Pablo de que el conocimiento sin amor es nada.[45]

Pero tal vez, nuestra falta de amor proviene de una crisis de creencias más profunda. Sigamos la cadena de Lutero en sentido inverso: amor → gratitud → gracia → pecado. Si no estamos amando a otros, es porque no estamos agradecidos. Si no somos agradecidos, es porque no apreciamos la gracia. Y si no apreciamos la gracia, es porque no entendemos el alcance de nuestro pecado. Quienes con facilidad encontramos en los demás glotonería, egoísmo e hipocresía, no creemos estar así de mal nosotros mismos.

Por lo tanto, amar a otros comienza con una visión objetiva de nosotros mismos. ¿Por lo general somos buenos o básicamente malos? Esta pregunta fundacional se discute actualmente, y a ella nos abocaremos a continuación.

CAPÍTULO 4

¿LA GENTE ES POR LO GENERAL BUENA O BÁSICAMENTE MALA?

Mi educación conservadora me enseñó a temer al mundo, la carne, y al diablo (más o menos en ese orden). El mundo estaba lleno de adolescentes que asistían a escuelas públicas, los cuales juraban, tenían sexo y escuchaban música rock. Me enseñaron a temerles porque sus pecados podían convertirse en los míos, pero en realidad yo les temía porque parecían más grandes y mejores en todo aquello que mi escuela cristiana intentaba inculcar.

Sus equipos tenían jugadores de mayor estatura (la estrella de nuestro mejor equipo de básquetbol estaba en octavo grado), sus conciertos sonaban más armoniosos (nuestros clarinetes graznaban su parte en el villancico los «Doce días de Navidad»), e incluso sus autobuses eran más grandes (nosotros íbamos al colegio en camionetas tipo *van*).

De todos modos, a pesar de que ellos eran evidentemente mejores (o quizá debido a esto), encontrábamos consuelo en el hecho de saber que estábamos «adentro». Pertenecíamos a la familia de Dios y nuestro destino era el cielo, mientras que la mayor parte de esos brutos talentosos irían directo al infierno. De hecho, ya estaban sufriendo las consecuencias de haber quitado a Dios de sus escuelas (aumento del uso de drogas y violencia), y a menos que se arrepintieran, sus problemas solo podían empeorar.

A veces llevábamos nuestro consuelo demasiado lejos. Hay una denominación en la región del país de la que soy originario, que se fundó sobre la idea de que Dios odia a los no elegidos (aquellos pecadores que no escogió para salvar). Nuestros corazones pueden quebrantarse ante la imagen del padre judío que permaneció firme junto a su hijo frente a un pelotón de ejecución alemán, pero Dios no siente lástima. Puesto que los judíos no son cristianos, son resistidos por un Dios santo que no derrama lágrimas ante su desesperación. ¿Quién dijo que los calvinistas no son adorables?

A pesar de que estos amigos extremistas se las arreglan para que incluso Jesús parezca malo, sí coincidíamos con ellos en que éramos diferentes. Citando a un calvinista más generoso, un líder holandés de comienzos del siglo veinte llamado Abraham Kuyper, hay una antítesis entre los cristianos y aquellos que no han nacido de nuevo. Él decía: «existen dos clases de personas» haciendo «dos clases de ciencia».[1] Kuyper daba a entender que mientras que los cristianos y otros (digamos, los humanistas seculares) pueden coincidir en muchos aspectos, sus diferentes creencias fundamentales producirán cosmovisiones dramáticamente diferentes.

Por ejemplo, ambos grupos pueden cooperar en un ensayo clínico para una nueva vacuna. Ambos saben cómo separar los grupos de control de los grupos experimentales, administrar un placebo a uno y un virus vivo a otro, y cotejar los resultados para determinar si la vacuna puede estar disponible para el público. Pero cuando le preguntamos a cada grupo qué significa todo eso, los científicos cristianos alabarán a Dios por crear un mundo estable en el cual los experimentos son factibles y por darles a sus hijos la capacidad intelectual de unirse a Él en su trabajo redentor. Los científicos ateos, por su parte, probablemente supondrán que nuestro mundo en apariencia predecible se basa en una probabilidad aleatoria y que su trabajo en una nueva vacuna es sencillamente otro paso en la ley del más fuerte: el intento solitario de un hombre para posponer la extinción de la raza humana, la cual está perdida de todos modos, porque nuestro universo en rápida expansión continuará destrozándose hasta que inevitablemente se desintegre en incontables piezas frías y oscuras de antimateria.

La antítesis de Kuyper, y mi recuerdo infantil de que los cristianos somos diferentes al mundo, se basa en la conciencia de nuestra propia depravación. Creíamos que *éramos diferentes porque éramos prácticamente iguales*. Como Pablo le recuerda a la iglesia de Corinto, algunos de nosotros éramos «fornicarios … idólatras … adúlteros … sodomitas … pervertidos sexuales … ladrones … avaros … borrachos … calumniadores … estafadores». La única diferencia entre nosotros y ellos es que nosotros hemos «sido lavados … santificados … justificados en el nombre del Señor Jesucristo y por el Espíritu de nuestro Dios».[2]

Tenemos un pobre concepto del mundo porque tenemos un pobre concepto de nosotros mismos. Solemos inclinar nuestras cabezas y cantar afligidos durante la cena del Señor: «¡Ay! ¿Mi salvador se desangró? ¿Mi soberano murió? ¿Entregaría su cabeza sagrada por un pecador como yo?»[3] Un pastor comenzó su sermón preguntando a su congregación qué significaba ser humano. «¿Qué son ustedes?», preguntó. «¡Pecadores!», respondieron. Por supuesto, eran calvinistas.

VIVA LA GENTE

El predicador dijo a sus feligreses que estaban equivocados. Les dijo que debían encontrar su identidad en la creación, la cual les informa que fueron hechos a imagen de Dios. El trabajo de Dios siempre supera al nuestro, y así su rugiente «¡Sí!» de la creación despeja nuestro chillón «no» de la caída.[4] Así como no podemos borrar la bondad de la creación de Dios en el mundo que nos rodea, del mismo modo no podemos eliminar la bondad que puso dentro nuestro.

Siempre llevaremos la imagen de Dios, y es por eso que nuestro pecado es una tragedia. *Girls gone Wild* [Chicas descocadas] es más triste que *When animals attack* [Cuando los animales atacan], porque las chicas en estos videos (y los muchachos que los miran) están corrompiendo un bien mayor. Nadie sermoneó jamás a una lombriz por retorcerse fuera del anzuelo: «¡Gusano malo! ¡Tu desobediencia me decepciona profundamente!» Es un gusano, por lo que sus fechorías no cuentan demasiado.

No es así con nosotros. Una imagen rota de Dios es infinitamente peor que cualquier otra cosa destrozada. Opuesto a lo pensado por Matías Flacius, un luterano del siglo dieciséis que argumentaba que nuestro pecado nos convertía en *imago satani* [imagen de Satanás], permanecemos, aun en nuestra ruptura, como *imago Dei* (imagen de Dios).[5] Nunca hemos sido, ni seremos jamás, gusanos.

Abraham Kuyper percibió el poder permanente de la creación en su doctrina de la gracia común. A pesar de la antítesis entre cristianos y aquellos que no siguen a Jesús, poseemos una misma bondad humana básica y muchos de los mismos sueños. Todos queremos hijos saludables, un trabajo relevante, una economía vibrante y la paz mundial. Muy a menudo nos encontramos en el mismo equipo, luchando juntos para corregir lo equivocado y aumentar lo bueno de nuestro mundo. Aunamos esfuerzos para detener el calentamiento global, la gripe aviar y el abuso infantil, al mismo tiempo que ponemos en marcha escuelas, hospitales y gobiernos justos para quienes, por largo tiempo, han carecido de ellos.

Sin embargo, así como los conservadores a veces agrandan la diferencia entre los cristianos y el mundo a extremos insalubres, los innovadores posmodernos tienden a señalar lo que tenemos en común y tirar hacia la dirección opuesta. Como mencionamos en el capítulo 3, son renuentes a dividir a las personas en grupos de pertenencia y rechazo en los cuales un grupo es excluido por lo que cree. En lugar de enfatizar *esto*, enfatizan el hecho de que estamos todos juntos *en esto*.

Hace poco, escuché por casualidad una entrevista radial en la cual le preguntaban a un líder de los innovadores posmodernos si los cristianos protestantes creen que la salvación es por gracia solo mediante la fe. Respondió afirmativamente, por creer que la salvación es un regalo. No hay una cantidad de tareas que debamos cumplir, sino simplemente *aceptamos ser aceptados por nuestro creador*.

Esta es una respuesta incompleta provocativa. Siendo cierto su alcance (Dios es nuestro creador), es lo suficientemente incompleta para inducir a error (¿no necesitamos también a un Dios redentor?). Esta fue tal vez la primera vez que un cristiano afirmó la salvación por la gracia a través de la fe sin mencionar a Jesucristo, su muerte y resurrección, y nuestra necesidad de arrepentirnos y creer las buenas nuevas. Arrancadas de su contexto en Jesucristo, las nociones de gracia y fe se reducen a caricaturas vacías. La salvación ya no es apartarse del pecado y creer en el sacrificio de Cristo al tomar nuestro lugar, sino que ahora es simplemente creer que Dios nos aceptó desde siempre.

Spencer Burke explica con más detalles este nuevo modo de percibir la gracia, escribiendo que «no es condición necesaria el reconocer o renunciar al pecado», sino que «viene a nosotros sin importar si la solicitamos. No tenemos que hacer algo para recibirla, ni siquiera debemos responderle de algún modo. Simplemente, viene». De esta manera «la gracia se ofrece a todas las personas, de todo lugar, sin importar su afiliación religiosa».[6]

Burke cree que debemos trascender nuestras ideas tradicionales sobre el pecado. Él explica:

> A pesar de que el nexo entre gracia y pecado ha conducido el cristianismo por siglos, ya no cuadra en nuestra cultura. Repele en lugar de atraer. Las personas se inclinan mucho menos a reconocerse como «pecadores que necesitan un

salvador». No es que la gente se considere perfecta; es que cambió el lenguaje que usan para describirse. «Quebrados», «fragmentados», e «incompletos» son algunos de los nuevos modos que usan las personas para describir su necesidad espiritual. Lo que prevalece ahora es un sentido de desconexión.[7]

Tony Jones concuerda con que las presentaciones del evangelio se han enfocado demasiado en el pecado. Él escribe:

Una o dos generaciones atrás, las defensas del cristianismo enfocadas en la pecaminosidad humana eran potentes; una metáfora común mostraba a Dios de un lado del diagrama y a una persona (tú) del otro lado; el abismo entre medio de ambos estaba etiquetado como «pecado», y el único puente para atravesarlo tenía forma de la cruz de Cristo. Pero los emergentes preguntan, «¿Qué clase de Dios no puede atravesar una brecha? ¡Los abismos no pueden detener a Dios!»[8]

No estoy seguro de qué está objetando Jones, ya que el punto de la metáfora es que si bien el abismo nos impide acercarnos a Dios, no impide que Él lo atraviese. ¿Tal vez quiere decir que Dios debería tener la capacidad de alcanzarnos de alguna otra manera que no sea la cruz? Jones reconoce que «muchos cristianos emergentes coincidirán en que vivimos en un mundo pecaminoso, un mundo de guerras, hambrunas y pogromos. Pero se inclinarán a atribuir este pecado, no a la distancia entre los seres humanos y Dios, sino a las relaciones rotas que provocan un desorden en nuestras vidas y nuestro mundo».[9]

Coincido en que sufrimos de relaciones quebradas y de distintas variedades de maldad social, pero ¿son estas las principales causas del pecado? ¿No dijo Jesús que el pecado proviene del corazón, del interior hacia fuera y no de afuera hacia adentro?[10] Si el pecado es externo, entonces la cruz solo necesita ser, en palabras de Jones, «un acto de solidaridad divina hacia el mundo quebrantado y sufriente».[11] Pero si la causa que origina el pecado yace dentro del corazón de cada ser humano, entonces la cruz debe ser lo suficientemente poderosa para limpiarnos desde nuestro interior (véase el capítulo 6).

Esta pobre conceptualización del pecado puede explicar el porqué algunos innovadores posmodernos están reconsiderando la perspectiva del siglo quinto del hereje Pelagio. Doug Pagitt sugiere que Pelagio no debió haber sido excomulgado por la iglesia, porque sus creencias en la bondad heredada de la naturaleza humana proveen un bienvenido contrapeso al énfasis agustiniano en nuestra depravación. Pagitt sostiene que la creencia de Agustín de que «los hombres nacen separados de Dios» encuadra con la comprensión griega de Dios, popular en el imperio romano. Esto le permitió vencer la extranjera noción druida de Pelagio, que sostenía que «las personas nacen con la luz de Dios encendida dentro de ellas, aunque sea en modo muy tenue». Pero aunque ninguna posición es mejor que la otra, Pagitt dice que debemos buscar aprender de ambas, recordando que «culturas diferentes tendrán expresiones diferentes» de la fe cristiana.[12]

Ahora podemos ver la importancia de cómo nos percibimos. Mencionamos en los capítulos 2 y 3 que necesitamos saber y creer el evangelio, porque el Espíritu Santo usa la verdad para hacer nacer a los pecadores a la familia de Dios. Pero si ya somos lo suficientemente buenos, no necesitamos volver a nacer. Y si no necesitamos nacer de nuevo, entonces tampoco necesitamos creer la verdad que nos da un nuevo nacimiento.

Por lo tanto, la opinión popular de que Dios no enviará a alguien al infierno simplemente porque esa persona creyó algo equivocado descansa en una suposición previa de que la gente ya es buena (o al menos, no tan mala como para merecer condenación). ¿Pero qué sucedería si, como creía Agustín, nacemos pecadores, contaminados y culpables por el pecado de Adán? ¿Y qué pasaría si el Espíritu Santo usa la verdad para resolver nuestro problema del pecado original? Entonces sí importaría, y mucho, lo que creemos.

La historia de la teología es una tradición de movimientos pendulares. La iglesia sigue una línea de pensamiento hasta llegar a un extremo, y luego, como el péndulo en el reloj de un abuelo, rápidamente oscila hacia el otro extremo. A veces podemos ver que se aproxima la corrección, y sin embargo somos impotentes para detenerla. Ésta es una de esas veces.

Algunos cristianos conservadores modernos reflexionaron sobre la depravación humana hasta llegar a la conclusión de que éramos gusanos y el mundo inconverso, algo mucho peor. Ahora, los innovadores posmodernos, muchos de los cuales crecieron en iglesias conservadoras viendo de primera mano las consecuencias de una teología que nos afirmaba como gusanos y odiaba al mundo, se han inclinado hacia el otro lado donde enfatizan la bondad natural tanto nuestra como del mundo. Este nuevo extremo es excitante (ofrece esperanza para el mundo y la posibilidad de progreso), pero no deja de ser un extremo. ¿Existe alguna manera mejor, más bíblicamente balanceada que mantenga la bondad de la creación al mismo tiempo que hace justicia con la devastación de la caída? Como Abraham Kuyper, ¿podemos creer tanto en la antítesis como en la gracia común? (véase figura 4.1).

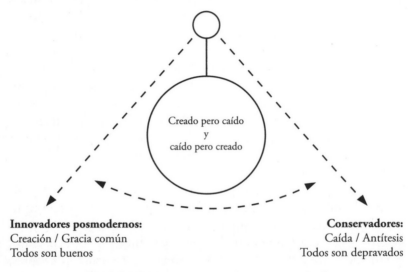

Innovadores posmodernos:	**Conservadores:**
Creación / Gracia común	Caída / Antítesis
Todos son buenos	Todos son depravados

Fig. 4.1. ¿Las personas son buenas o malas?

TODO ES BUENO

¿Las personas son buenas o malas? Éste es un interrogante complejo que requiere una respuesta matizada. Como las preguntas «¿Has dejado de golpear a tu esposa?» o «¿Apoyas a nuestras tropas al apoyar la guerra?», responder sin confundir requiere más que un simple *sí* o *no*.

Ayer, mi hijo de seis años finalmente logró tocar en el piano su primera melodía y yo casi armo una fiesta. «Landon, ¡eso es "María tenía un pequeño cordero"! ¡Estás tocando el piano muy bien! ¡Qué bueno!» ¡Y lo era! Muy bueno para un principiante y mucho mejor de lo que yo jamás lograré tocar el piano. Pero comparado con el desempeño de mi esposa o de un pianista consagrado, no era bueno en lo absoluto. La bondad es un término relativo. Depende de lo qué estamos hablando.

Gracias al don de Dios de la gracia común, hay por lo menos tres tipos diferentes de bondad que todas las personas (santos y pecadores) pueden y aun deberían poseer (véase figura 4.2). La más básica es la denominada «mera moralidad»[13] por Lewis Smedes. No todos pueden ser una Madre Teresa, pero se espera de todos que al menos no lastimen a otros. A la gente que toma lo que no le pertenece, ya sea la vida de otra persona, propiedad, o integridad sexual, la meten presa. Nadie ha ganado jamás una condecoración por ser meramente moral, pero muchos han arruinado vidas por no cumplimentar este requerimiento básico (por ejemplo, Hitler, Saddam Hussein, y los fraudulentos líderes de la empresa Enron).

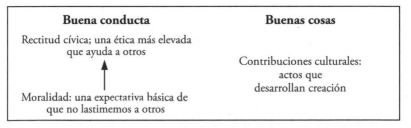

Fig. 4.2. Bondad natural

Pero sí premiamos a aquellos que van más allá de no dañar a otros y extienden una mano de ayuda. Aplaudimos la generosidad de Warren Buffet, y Bill y Melinda Gates, quienes juntos prometieron más de 67 mil millones de dólares[14] para curar y educar a los más pobres entre los pobres.

Honramos el sacrificio de los bomberos quienes el 11 de septiembre de 2001 subieron a prisa las escaleras de las Torres Gemelas mientras que todos los demás escapaban hacia abajo. Y agradecemos a Dios por cortesías cotidianas de aquellos que nos dejan un lugarcito debajo de sus paraguas para que no nos mojemos, de los que abren las puertas para dar paso a alguien, y las simples «gracias» que abundan en nuestro mundo.

En una visita a Japón, me sorprendió encontrar un barril lleno de paraguas junto a la puerta principal de una estación de subtes. Cuando le pregunté a mi anfitrión por qué estaban allí, me contestó que los japoneses toman uno cuando llueve y lo devuelven cuando ya no lo necesitan. Me maravillé ante esta ilustración de virtud cívica. A pesar de que los japoneses tienen otros pecados (el turismo sexual a Tailandia es legendario), a través de la gracia común, esta nación de predominio no cristiano, tiene la capacidad de hacer algo que mi ciudad holandesa llena de iglesias es incapaz de lograr (nosotros hurtamos centavos del recipiente de monedas de poco valor que se encuentra junto a la caja registradora).

Además de esta bondad ética, la gracia común también les da capacidad a las personas para producir bienes culturales. Juan Calvino dijo que deberíamos agradecerle a Dios por las contribuciones culturales de los no cristianos, porque la gracia general del Espíritu Santo inspira sus esfuerzos.

> Si consideramos el Espíritu de Dios como la única fuente de verdad, nunca rechazaremos la verdad misma, ni la despreciaremos, sin importar el lugar en la que aparezca, a menos que queramos deshonrar al Espíritu de Dios… Pero si la voluntad del Señor ha sido que seamos ayudados en física, dialéctica, matemática y otras disciplinas similares, a través del trabajo y ministerio de los impíos, usemos esta asistencia. Porque si desatendemos el obsequio de Dios ofrecido gratuitamente en estas artes, debemos sufrir justo castigo por nuestra pereza.[15]

El primer experto en la cultura provino de la maldecida descendencia de Caín: Jabal, «el antepasado de los que viven en tiendas de campaña y crían ganado»; Jubal, «el antepasado de los que tocan el arpa y la flauta»; y Tubal Caín «herrero y forjador de toda clase de herramientas de bronce y de hierro».[16] Y estos descendientes de Caín nos han estado bendiciendo desde entonces con sus innovaciones. Los no cristianos nos dieron el álgebra, las computadoras, y el automóvil. Nos dieron vidas más prolongadas, sanas y felices: descubriendo curas que extienden nuestros años de vida y luego llenando nuestros días con comida, espectáculos, y pasatiempos que ayudaron a crear. Imagina tu equipo deportivo favorito sin sus jugadores no cristianos, y te darás cuenta de cuánto dependemos de las contribuciones de cada sector de la raza humana. La mayoría de nuestros placeres lo hacen, al menos en parte, aquellos que no siguen a Cristo.

CUANDO ES MALO, ES MUY MALO

Entonces todos poseemos una bondad relativa que nos permite ayudar a otros. Pero cuando alzamos los ojos por sobre nuestro nivel natural y comparamos nuestra bondad con Dios, confrontamos un doble problema: el estándar más elevado de Dios y nuestro quebrantamiento pecaminoso (véase figura 4.3).[17]

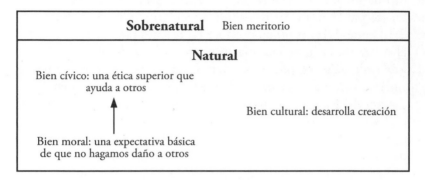

Fig. 4.3. Bondad sobrenatural

Imagina tratar de ganar una medalla olímpica en patinaje artístico, sin haber tomado clases de patinaje. Lo que es peor aún, imagina que tu tambaleante figura de algún modo intimida a Tanya Harding, quien ordena a sus matones que tomen una barra de acero y te golpeen en la rodilla. ¿Cuáles son las probabilidades de que termines de pie tu patinaje libre, y mucho menos de impresionar a los jueces lo suficiente como para que te otorguen la medalla?

Agustín dijo que nuestros deseos pecaminosos son como piernas quebradas que lisian cualquier posibilidad de hacer bien por nosotros mismos delante de Dios.[18] Argumentó que nacimos con pecado original, corrompidos y culpables debido a nuestra conexión con el pecado de Adán.

El pecado original es sostenido por casi todas las tradiciones cristianas, ya sean ortodoxos, católicos romanos, o cualquiera de las cientos de denominaciones protestantes.[19] Y pareciera ser la única doctrina que puede comprobarse empíricamente. Observa cualquier guardería infantil. Nadie le enseñó al pequeño Juancito a quitar la pelota de las manos de su compañerita, pellizcarla en la nariz cuando ella se resiste a dársela, y luego hacer un berrinche ante la intervención de un adulto. Esto es algo que él dedujo solito, sin ayuda de nadie.

Nacemos pecadores, y estamos librados a nosotros mismos, seguiremos pecando cada vez que podamos y tanto como podamos.[20] Necesitamos gracia desesperadamente: gracia común para hacer un tipo de bien natural a otros y gracia especial para hacer un bien sobrenatural que amerite elogios de parte de Dios.

Agustín dijo que nuestra «herida, dolida, maltratada» y «arruinada» naturaleza necesita la gracia de Dios para ser sanada y capacitarnos para hacer el bien que Dios requiere.[21] Citando a Filipenses 2:13 «pues Dios es quien produce en ustedes tanto el querer como el hacer para que se cumpla su buena voluntad», Agustín declara que sin gracia «no podemos hacer nada bueno en el pensamiento, ni en la voluntad y el amar, ni en el actuar», sino que debemos depender del Espíritu Santo para que «de modo indefectible e invencible» nos cure y compela a hacer el bien.[22] Debido a que la gracia es la causa final de nuestro bien, cuando Dios recompensa nuestros méritos, simplemente está coronando «sus propios dones».[23]

Los reformadores vieron el énfasis de Agustín en nuestra depravación y lo incrementaron. Enseñaron que los trabajos meritorios no solo son imposibles sin gracia, sino que directamente son imposibles.[24] Nuestros deseos pecaminosos corrompen todo lo que hacemos, por lo que hasta nuestros mejores esfuerzos requieren el perdón de Cristo. Los luteranos declaran que «a pesar de que aun son impuros e imperfectos», aun así «las buenas obras de los creyentes son agradables y admisibles para Dios … por Cristo Jesús a través de la fe, porque Dios acepta a la persona».[25]

Juan Calvino denominó a esto nuestra «doble aceptación … delante de Dios», mediante la cual Dios acepta tanto nuestra *persona* como nuestras *obras* a través de la sangre de su Hijo.[26] Así como al convertirnos Dios perdona nuestra persona pecaminosa mediante la rectitud de Cristo, del mismo modo Dios perdona nuestras obras pecaminosas. Calvino explicó en un sermón:

> A pesar de que el bien que hace un fiel no es digno de ser recibido por Dios, él igual lo acepta de buen modo. ¿Y por qué? Porque él, de su propia bondad borra todas las faltas que están en ellos. Entonces, cuando nos esforzamos por hacer el bien, a pesar de no ser capaces de alcanzar la perfección debido a la debilidad de nuestra naturaleza, Dios recibe nuestro servicio como aceptable, *como si* no tuviera nada que decir en contra

de él ... ¿Y cómo? No hemos cumplido con todo, es verdad, pero Dios lo pasa a su propia cuenta, *como si* todo se hubiera hecho, puesto que somos limpios por la sangre de Cristo. Y como somos limpios, también lo son nuestras obras, y cuando suben delante de Dios, las acepta *como si* fueran completamente buenas, justas y perfectas.[27]

Esta es una percepción severa de la depravación humana. Nunca hacemos un acto enteramente bueno, porque aun nuestros mejores esfuerzos no son aceptados por sus propios méritos, sino solo *como si* fueran buenos. No todos estarán de acuerdo con los reformadores en este punto. Algunos, como John Wesley, creen que los pecadores que son llenos del Espíritu Santo pueden hacer buenas obras genuinas e incluso llegar a ser perfectos.[28] Por lo tanto, es posible admitir nuestra depravación y aun así no seguir a los luteranos y reformadores hasta tan lejos. De todos modos, su creencia parece concordar con las Escrituras, las que declaran que nadie puede alcanzar la rectitud a través de las buenas obras porque delante de Dios «todos nuestros actos de justicia son como trapos de inmundicia».[29]

Su postura también concuerda con mi experiencia. Mis mejores momentos están estropeados por motivos impuros. Doy dinero en forma anónima a un amigo, y en mi interior deseo que me descubran. O me felicito porque no me importa. Luego mi conciencia se activa, y me doy cuenta de que mi acto de dar está contaminado por el orgullo. Entonces me arrepiento de mi arrogancia, pero incluso cuando estoy confesando, pienso «¡Bien hecho, Mike! Debes estar cerca de Dios, porque estás sensible a un pecado que gente menos piadosa apenas notaría». Percibiendo que también este pensamiento es presuntuoso, confieso el orgullo en mi confesión, me palmeo la espalda por haberlo hecho, y así sigue indefinidamente. «Nada hay tan engañoso como el corazón. No tiene remedio», nos dice Jeremías. «¿Quién puede comprenderlo?»[30]

También aprecio cómo este fuerte sentido de pecado agranda el tamaño de la gracia. Si mi necesidad es tan grande que todo lo que hago debe ser perdonado, entonces la salvación de Dios debe ser aún más grande. Esta es la clave del poderoso himno de John Newton: «Sublime gracia». Atribulado por las veinte mil personas que vendió como esclavas, Newton escribió en su diario: «A pesar de que mi memoria se está desvaneciendo, dos cosas recuerdo con mucha claridad: soy un gran pecador y Cristo es un gran salvador».[31]

Pero quizás, esta profunda visión sobre la depravación en realidad denigra la gracia. ¿No insulta al poder de Dios el hecho de que digamos con pesimismo que seguiremos pecando siempre? ¿El omnipotente Dios no tiene el poder suficiente para cambiarnos?[32]

Respondo que no es responsabilidad de Dios el que cada uno de nuestros actos sea pecaminoso. Somos como pianos desafinados. Por lo cual, incluso cuando el Espíritu Santo toca todas las notas correctas, nuestra canción nunca suena del todo bien. El Espíritu puede darnos la capacidad de hacer lo correcto, pero los motivos impuros de nuestros deseos quebrantados hacen que nuestro trabajo suene monótono. Recién al llegar el momento de comenzar la próxima vida, cuando nuestros deseos sean puestos a punto y confirmados en justicia, seremos capaces de hacer una buena obra de modo completo.[33]

Pero ahora continuamos progresando. Cuando nuestro Padre nos dice, «¡Hiciste bien, siervo bueno y fiel!»[34] no quiere decir «¡Buen trabajo! Has vivido exactamente como quería». Pero tampoco quiere decir «Estuviste horrible, echaste todo a perder, pero te perdono». Creo que quiere decir algo en un punto intermedio: «No eres perfecto, pero estás haciendo avances. Eres menos pecador hoy que ayer, y cualquier defecto que aún quede es perdonado a cuenta de mi Hijo».

Esto es similar a lo que yo expreso cuando le digo a mi hijo que está tocando bien en el piano la melodía «María tenía un pequeño cordero». No es una canción que cause una gran impresión, y si es la única melodía que continúa tocando todo el año siguiente, discutiremos si realmente tiene capacidad para ser pianista. Pero no deja de ser una canción, su primera canción, y por lo tanto celebro su progreso.

Nuestro Padre celestial es así de paciente con nosotros. «Compasivo es el Señor con los que le temen como lo es un padre con sus hijos. Él conoce nuestra condición; sabe que somos de barro». No nos exige un estándar inalcanzable, sino que «tan lejos de nosotros echó nuestras transgresiones como lejos del oriente está el occidente».[35]

CRIATURAS CAÍDAS

Ahora estamos preparados para responder este interrogante: ¿las personas son buenas o malas? El acto de creación con el que comienzan las Escrituras nos informa que, a un nivel natural y mediante la gracia común, todos son capaces de hacer bastante bien moral, cívico y cultural. Esta bondad natural es común en todas las personas. Es la razón por la cual lloramos junto a las familias musulmanas que murieron en un atentado suicida, las aldeas budistas eliminadas por tsunamis, y los hogares hindúes sacudidos por terremotos. Nuestra bondad natural y humana nos recuerda que somos portadores de la imagen de Dios, trabajando codo a codo para hacer de este mundo un lugar mejor, más próspero y pacífico. No quisiéramos, ni siquiera podemos imaginarlo, vivir en un mundo sin nuestros amigos no cristianos.

Pero el relato bíblico de la caída nos dice que, sin importar el aprecio que nos tenemos unos a otros, cuando hurgamos debajo de nuestra bondad natural, descubrimos que todos somos pecadores, «pues todos han pecado», escribe el apóstol Pablo, «y están privados de la gloria de Dios».[36]

Quizás por lo general seamos buenos con los demás, pero ninguno de nosotros es bueno ante Dios. Adán y Eva mordieron el fruto en un intento vano de «ser como Dios», y sus hijos no han dejado de perseguir ese sueño.[37] Todos queremos jugar a ser Dios, viviendo nuestras vidas como nos parece y haciendo lo que sea que consideremos necesario hacer para nuestro mayor beneficio. Mediante la gracia común, esto por lo general incluye ser amable con los demás, porque es difícil tener éxito haciendo enemigos nuevos que se agrupen contra nosotros. Pero cuando lo consideramos necesario y creemos que podemos logarlo, ¿quién no es tentado a tomar atajos, romper promesas y estirar la verdad para salirse con la suya? Debemos tener éxito, y nadie, ni siquiera Dios, puede entrometerse en nuestra carrera hacia la cima.

Nuestro pecado es la razón por la cual necesitamos la salvación. Pablo dice que somos salvos cuando confesamos que Jesús (no nosotros ni ningún otro) es Señor.[38] Esto pronto se convirtió en un examen para la iglesia primitiva. ¿Sucumbirían a la presión del gobierno de quemar un puñado de incienso y decir, «el César es Señor», o declararían abiertamente que solo Jesús es Señor? Quienes sufrieron por su fe se dieron cuenta de que eran diferentes a aquellos que prometieron lealtad al César, y así nació la antítesis entre los cristianos y quienes no seguían a Cristo.

Pero contrario a lo que piensan los conservadores, esta antítesis no es razón para enorgullecerse. Creemos que todos somos pecadores, y que la única diferencia entre nosotros y los que no son cristianos es que hemos recibido al Espíritu Santo, el único que nos habilita a decir, «Jesús es el Señor».[39] La gracia debe humillar. Pocas cosas son más desagradables que un cristiano engreído que mira con desprecio a los demás por no entender lo que él sí sabe. La fe cristiana se trata de la gracia, y si eso no nos humilla, entonces no lo entendemos.

En oposición a los innovadores posmodernos, nuestra condición pecadora requiere regeneración, lo que a su vez requiere un conocimiento del evangelio. Necesitamos saber la verdad acerca de Jesús porque necesitamos ser salvos, y necesitamos ser salvos porque somos pecadores. Es cierto que las personas poseen una gran cantidad de bondad natural, pero ésta no compensa la ruptura ocasionada por el pecado original. Nacemos con una necesidad ardiente de jugar a ser Dios, y permanecemos como sus enemigos hasta que deponemos nuestras armas y proclamamos con la iglesia: «Jesús es el Señor».

Apenas finalicé la universidad, viví dos años en China, donde me hice muy amigo de dos personas, a quienes llamaré Sun Yi y Li Xei Ping. Ellas sabían que yo era cristiano y a la vez yo sabía que ellas eran ateas, pero aun así la pasábamos de maravillas juntos: hervíamos ravioles chinos con sus familias en las vísperas de año nuevo, andábamos en bote en el Palacio de Verano, y jugábamos bádminton hasta que finalmente ellos conspiraban para dejarme ganar.

Nuestras charlas de corazón a corazón me enseñaron que a pesar de todas nuestras diferencias religiosas, culturales y lingüísticas, éramos prácticamente iguales. Amábamos a nuestras familias, nos preocupábamos por nuestros países, e incluso nos reíamos de las mismas bromas. Siempre seríamos amigos; y así es cómo veíamos al otro: primero amigos, luego estadounidense o chino.

El año posterior a mi regreso a casa, Sun Yi me escribió contándome que se había convertido al cristianismo. Cuando llamé para regocijarme con ella, podíamos percibir que estábamos conectados a un nivel más profundo, que ahora nos entendíamos por completo. Sentí como si me hubieran quitado un gran peso de encima, mis oraciones habían sido contestadas, y aunque no fuera en esta vida, nos volveríamos a encontrar.

De repente yo ya no me sentía preocupado por ella, pero sí por

Li Xei Ping. La visión cristiana del pecado y la salvación no necesariamente pone un límite a todo, de modo tal que las vidas sin Jesús son un desperdicio completo y en todos los sentidos. Sigo echando de menos a Li Xei Ping y oro para que ella se arrepienta de sus pecados y siga a Jesús como su Señor. Pero aun si no lo hace (a pesar de que las consecuencias son demasiado atroces para ser contempladas), seguiré siendo su amigo siempre, agradecido por el bien que hay en ella, y esperando mucho más.

Las personas son creadas, y por lo tanto debemos amarlas sin reservas. Las personas son caídas, por lo que hay una diferencia entre quienes están viviendo su propia vida y quienes se esfuerzan por seguir a Jesús. Nuestra creación en común permite a cristianos y no cristianos cooperar, y nuestra respuesta a la caída explica el porqué solemos competir.

A veces es difícil mantener esto de modo claro, sabiendo en qué lado estamos. Nunca ha sido tan difícil como en la controversia actual acerca de la homosexualidad. ¿Los cristianos deberían alinearse con una lectura llana de la Escritura según la cual la homosexualidad está mal, o deberíamos defender a los homosexuales de la discriminación inducida por la religiosidad? Este interrogante es el síntoma de un asunto más profundo, que examinaremos en el próximo capítulo.

CAPÍTULO 5

¿QUIÉNES SON PEORES: LOS HOMOSEXUALES O LOS INTOLERANTES QUE LOS PERSIGUEN?

Hoy presencié un enfrentamiento de civilizaciones cristianas. Soulforce, un grupo en su mayoría de jóvenes cristianos que está manifestándose contra la discriminación de homosexuales, bisexuales y transexuales, visitó mi universidad cristiana conservadora. Mi universidad fue fundada por fundamentalistas quienes se oponían al sexo prematrimonial, extramarital y el marital entusiasta, por lo cual la pecaminosidad de los actos de homosexualidad era indiscutible.

No así para Soulforce. Ellos creen que la homosexualidad es un asunto de derechos civiles, y que las personas religiosas como nosotros están cometiendo «violencia espiritual» contra otros al manifestar que toda sexualidad fuera del matrimonio heterosexual es pecado. Sostienen que los homosexuales son una nueva minoría. Así como lamentamos la opresión a mujeres y a la raza negra, algún día nos avergonzaremos de nuestra oposición al matrimonio gay o de rehusarnos a contratar a un pastor o a un profesor debido a su inclinación sexual. ¿Por qué no podemos amar y aceptar a todos?[1]

La pacífica protesta de Soulforce finalmente resultó productiva para ambas posturas. La universidad aprovechó esa visita como una oportunidad para mantener sus principios. Declinamos su pedido de visitar el *campus*, y cuando de todos modos aparecieron, les recordamos que no eran bienvenidos (un punto sobre el que insistimos, al arrestar a dos de ellos). A cambio, esta situación les proporcionó el momento fotográfico oportuno que estaban buscando, el cual junto con las fotos de su vigilia a la luz de las velas, llamó la atención de nuestra comunidad a su reclamo.

Más allá de las tácticas de relaciones públicas, lo que me interesa es analizar cómo ambos grupos usan las Escrituras para declarar que son ellos quienes están del lado de Dios y que la otra postura es inmoral. Soulforce argumenta que solo están siguiendo el mandato de Dios de amar a su prójimo, lo que resume las pocas (e inconclusas) declaraciones bíblicas sobre la homosexualidad. Los conservadores responden que las Escrituras condenan con claridad los actos sexuales desviados, y que el modo de amar al prójimo es advirtiéndole que deje su conducta autodestructiva.

Si bien creo que los conservadores tienen el mejor argumento, aún podemos aprender mucho de las conversaciones con grupos como Soulforce. Quizás nunca nos pongamos de acuerdo sobre lo correcto o incorrecto de la homosexualidad, pero podemos encontrar terreno común en el modo de responder a quienes la consideran como parte de su identidad. Exploraré ese terreno común inmediatamente después de presentar de modo breve una visión defensiva de la homosexualidad, sobre bases bíblicas.

NO ES QUE HAYA ALGO MALO EN ESO

Es difícil ignorar las declaraciones de las Escrituras contra la homosexualidad. A pesar de los numerosos intentos para desestimar la evidencia bíblica, es obvio para la mayoría de los lectores que la Biblia declara que los actos homosexuales son pecado.[2]

1. *Génesis 1 - 2*. La creación revela que Dios prefiere el matrimonio heterosexual. A pesar de que detesto el espíritu burlón con el que suele decirse, no deja de ser significativo que la primera pareja fuera «Adán y Eva» en lugar de «Adán y Esteban». Solo los hombres y las mujeres son físicamente capaces de cumplir con el plan de Dios de unirse y «llegar a ser una sola carne».[3]

Incluso quienes no creen en la Biblia, aun tienen que confrontarse con la biología. No deja de sorprenderme cuando un líder cultural de la talla de Jon Stewart[a] dice (en una entrevista seria) que el matrimonio gay es «la evolución natural de la condición humana».[4] Si las relaciones sexuales entre dos hombres o dos mujeres son naturales, ¿no los hubiera dotado la naturaleza con aparatos sexuales complementarios?

El apareamiento natural de masculino con femenino es la razón por la cual las ferreterías venden caños con terminaciones macho y hembra. No quisieras vivir en una casa en la cual el plomero haya

---

a   N. del T.: Jon Stewart (n. Nueva York, Estados Unidos, 28 de noviembre de 1962) es un comediante, actor, escritor y productor estadounidense.

mezclado y combinado las tuberías basándose en la teoría de que toda unión es tan natural como cualquier otra. ¡Lo mínimo que te recomendaría es que no abras los grifos! Con el sexo sucede lo mismo que con la plomería; la carga de la prueba recae en aquellos que argumentan que la homosexualidad es natural. Deben proveer un argumento, ya que la mera repetición de su reclamo sobre la naturalidad de la homosexualidad no lo convierte en uno.

2. *Levítico 18:22; 20:13.* Si la homosexualidad no aparece en la historia bíblica de la creación, entonces es de esperar que sea parte de la caída. Y eso es exactamente lo que encontramos. Levítico 18 expone una larga lista de actos sexuales ilícitos. Dios dice a los israelitas que no tengan relaciones sexuales con su madre, hermana, tía, nuera, cuñada, animales, parientes cercanos o personas del mismo género («No te acostarás con un hombre como quien se acuesta con una mujer. Eso es una abominación»).[5] Los defensores de la homosexualidad sostienen que estas reglas sexuales pertenecen al código de santidad del Antiguo Testamento, el cual si bien era relevante para el antiguo Israel, ya no se aplica a los cristianos que hoy viven bajo la gracia. Solo porque a Israel se le ordenó abstenerse de los actos homosexuales no significa que nosotros debamos hacerlo.[6]

Este es un buen argumento. Levítico por sí solo no hace una sentencia indiscutible contra la práctica homosexual. Aunque parece una selección sospechosa sostener que hoy es moralmente aceptable que los hombres tengan sexo con otros hombres, pero no así con las demás parejas mencionadas en la lista. Si bien algunos parecieran tolerar la sexualidad entre primos, la mayoría de las personas aun cree que es moralmente incorrecto tener sexo con la propia madre, hermana, tía o pariente cercano. Si estas parejas sexuales siguen siendo inadmisibles, ¿por qué deberíamos pensar que solo la homosexualidad ha cambiado?[7]

Aun los defensores de la homosexualidad deben admitir, por lo menos, que este acto aparece rodeado de malos compañeros, en una lista de parejas sexuales desviadas a las que Dios llama detestables. Dios cierra esta lista con una advertencia: «No se contaminen con estas prácticas, porque así se contaminaron las naciones que por amor a ustedes estoy por arrojar, y aun la tierra misma se contaminó. Por eso la castigué por su perversidad, y ella vomitó a sus habitantes».[8] Dios no parece tenerle simpatía a la conducta homosexual.

3. *Primera Corintios 6:9.* En la versión inglesa, la New International

Version [NIV] traduce la lista de Pablo como «prostitutos masculinos» y «agresores homosexuales» en una lista de gente malvada que no «heredará el reino de Dios». Parece estar basando su argumento en Levítico 18:22 y 20:13, porque el término griego que utiliza para «agresores homosexuales» deriva de una palabra encontrada en la traducción Septuaginta de ese pasaje. El término que utiliza Pablo es *arsenokoitai*, que traducido como «pervertidos» en 1 Timoteo 1:10, significa literalmente «mucamo masculino» u «hombres que se acuestan con hombres». La palabra para «prostitutos masculinos» es *malakoi*, lo que significa hombre suave o afeminado. Juntos, estos dos términos denotan a ambas partes de una relación homosexual, el agresor masculino (*arsenokos*) y el pasivo y afeminado (*malakos*).[9]

En tanto la mayoría de los lectores consideran que Pablo está condenando a toda conducta homosexual, los defensores de la homosexualidad mencionan que las palabras de Pablo deben interpretarse en su correspondiente contexto histórico. La mayor parte de las conductas homosexuales en el mundo de Pablo ocurrían en templos paganos, donde hombres adultos tenían relaciones con niños menores de edad, los cuales desempeñaban el rol de mujeres. Por lo tanto, cuando Pablo escribe contra la homosexualidad, en realidad a lo que se opone es a la pedofilia. No podemos asegurar de manera determinante qué diría Pablo acerca de la conducta homosexual consentida entre adultos (que están totalmente comprometidos en esa relación), porque este tipo de homosexualidad no existía en sus días.[10]

Esta teoría despierta muchos interrogantes: ¿Es posible que Pablo no estuviera al tanto de la existencia de actividad homosexual consentida entre adultos?[11] Dada su alusión a Levítico 18 y 20, ¿no es probable que se opusiera tanto a la pedofilia como a los elementos homosexuales de la prostitución en los templos? Y lo que es más importante aún, ¿no es claro al condenar la conducta homosexual adulta en Romanos 1?

4. *Romanos 1:26-27*. Ésta es la denuncia más clara de las Escrituras a la práctica homosexual, no solo porque aparece en el Nuevo Testamento, sino porque es claro que se refiere a la actividad sexual entre adultos. Pablo declara que Dios revela su ira contra los pecadores quienes «con su maldad obstruyen la verdad» y «cambiaron la verdad de Dios por la mentira».[12] La ira de Dios aquí es pasiva, en tanto

equivale a dejar que los pecadores se hundan más profundamente en su pecado. Primero, «Dios los entregó … a la impureza», y luego «los entregó a pasiones vergonzosas. En efecto, las mujeres cambiaron las relaciones naturales por las que van contra la naturaleza. Así mismo los hombres dejaron las relaciones naturales con la mujer y se encendieron en pasiones lujuriosas los unos con los otros. Hombres con hombres cometieron actos indecentes, y en sí mismos recibieron el castigo que merecía su perversión».[13]

A pesar del lenguaje enfático y directo de Pablo, los defensores de la homosexualidad ofrecen dos argumentos para reconciliar estas palabras con un modo de vida gay. Algunos sugieren que las relaciones sexuales antinaturales no tienen nada que ver con la homosexualidad. Quizás las mujeres estaban asumiendo una posición dominante durante el coito, o participando de sexo no procreativo anal u oral con sus parejas masculinas.[14]

Reconociendo que esto es improbable, los defensores pasan al otro argumento principal según el cual la homosexualidad de hoy difiere de aquella conocida por el apóstol. Pablo dice que las personas caen en pecado cuando abandonan a Dios y se lanzan tras sus indisciplinados impulsos sexuales. Pero esto difiere de los cristianos homosexuales de hoy, quienes no han abandonado a Dios y buscan expresar su sexualidad en un matrimonio comprometido y monógamo. Pablo dice que los homosexuales que conoce han cambiado sus preferencias sexuales, eligiendo cambiar «relaciones naturales [heterosexuales] por otras de tipo antinatural [homosexuales]». Esto no sucede con el homosexual contemporáneo, quien suele nacer con una orientación homosexual. No lo eligió y no puede dejar de ser de esa manera, por lo tanto no cae bajo la condenación de Dios.[15] Probablemente, si Pablo hubiera sabido más acerca de la orientación sexual, del modo en que la genética, lo social y el perfil psicológico determinan las tendencias sexuales, hubiera escrito de modo más gentil acerca de ellos.[16]

Esta nueva interpretación de Romanos 1:26-27, siendo hipotéticamente posible, parece reflejar más la simpatía del lector por la homosexualidad que lo que dice el texto en sí mismo. La postura tradicional respondería que si los actos de homosexualidad son pecado, entonces cualquiera que practique estos actos es, por definición y hasta ese punto, abandonado por Dios. Pablo no dice que los homosexuales que él conoce han cambiado *sus* preferencias sexuales, sino que sus actos homosexuales van contra el orden natural de Dios.[17] Incluso aquellos que nacieron con una orientación homosexual no quedan fuera de este precepto.

Tal vez Pablo no distingue entre modos en que uno deviene homosexual (ya sea de nacimiento, o luego por elección) o entre actos homosexuales (sea entre adultos con consentimiento, o de hombres con niños), no porque no conociera tales distinciones, sino porque no consideraba que eso fuera relevante.[18] Él sencillamente denuncia todas las formas de prácticas homosexuales como un elemento de la ira de Dios.

Los partidarios de la homosexualidad son buenos para formular preguntas (¿podría ser que este versículo signifique esto o que tal pasaje quiera decir tal cosa?), pero a fin de cuentas, una postura debe hacer algo más que solo sugerir nuevas y provocativas lecturas. Especialmente cuando esta posición busca derrocar doscientos años de tradición de la iglesia, necesita más pruebas y menos «todo puede ser». Ya que carecemos de argumentos convincentes en contrario, parece prudente alinearse con el modo normal e histórico en que la iglesia ha leído estos textos bíblicos. El matrimonio heterosexual es designio de Dios. Cualquier otro tipo de sexualidad es pecado.[19]

POLÍTICAMENTE INCORRECTO

Esta tradicional interpretación de la Biblia parece cómica y absurda para la cultura contemporánea, en la cual la oposición bíblica de la práctica homosexual suele ser tomada tan en serio como sus reglas del antiguo pacto acerca de la comida y la desobediencia. Si ya no evitamos comer mariscos ni apedreamos a los adúlteros, ¿por qué debemos seguir su prohibición contra los actos homosexuales? Despierta y únete al mundo moderno.

Incluso los cristianos quienes creen que la práctica homosexual es consecuencia de la caída se ven tentados a encontrar razones para tolerarla. Lewis Smedes escribe que «la homosexualidad es una carga que algunos hijos de Dios les toca llevar, una anomalía, algo que salió mal en la naturaleza». En lugar de oponerse a todo acto homosexual, Smedes sostiene que debemos «improvisar sobre los fallos de la naturaleza», permitiendo que los homosexuales se casen y permanezcan en la iglesia, porque en su estado de deterioro «están satisfaciendo su necesidad humana otorgada por Dios del único modo disponible para ellos; no aquello que el Creador pretendió originalmente para sus hijos, pero el único modo que tienen».[20]

Coincido con Smedes en que la homosexualidad es parte de la ruptura causada por la caída, y no es peor que cualquier otro pecado.[21] Pero en lugar de actuar conforme a nuestro deterioro, declarando que debemos ser fieles a nosotros mismos, lo que no puede cambiar, ¿por qué no ofrecer nuestro deterioro a Dios?

Quienes apoyan el matrimonio gay parecen aceptar la idea de que la realización personal es nuestro derecho natural. Cada romance moderno, como *Romeo y Julieta* y *Amor sin barreras*, descansa en la premisa de que los individuos tienen el derecho de rechazar cualquier autoridad externa, como la familia y las normas culturales, que sofoca su destino romántico. Estados Unidos se fundó sobre la idea de que todas las personas tienen el «derecho inalienable a la vida, libertad y búsqueda de la felicidad». Si encontramos la felicidad en las relaciones homosexuales, ¿quién puede decirnos que estamos equivocados?

¿Pero que pasa si nuestra mayor lealtad es a Dios más que a nosotros mismos? Entonces, elegiremos vivir nuestra condición deteriorada dentro de los confines de la voluntad de Dios. Elegiremos ser célibes. Esto suena duro, dada la expectativa social de que todos, exceptuando el equipo de ajedrez, pierdan su virginidad en la escuela secundaria, pero no es imposible. Y es lo correcto. La Biblia no les niega a los homosexuales la oportunidad de disfrutar de amistades íntimas, sólo niega el derecho a participar de actos homosexuales.

Brian McLaren se pregunta de manera compasiva si esta perspectiva es útil en casos excepcionalmente difíciles. Su historia de ficción incluye a Pat, una hermafrodita que nació con órganos sexuales masculino y femenino. Se sintió discriminada y condenada por los cristianos, muchos de los cuales pensaban que su confusión sexual era consecuencia de una enfermedad o de desobediencia. Ella dijo que el mantra cristiano de «amar al pecador pero aborrecer el pecado» la golpeó «de modo tan espantoso y cruel, como si lo que fuéramos es un pecado».[22] ¿Qué le diría nuestra postura tradicional?

Primero, yo le pediría perdón a Pat por la intolerancia ignorante que tuvo que soportar de parte de la iglesia, y lloraría con ella por su imperfección sexual. Pero recordaría que su caso es la excepción, no la regla.[23] Su situación requiere humillación y oración, pero no cambia el ideal de Dios. Seguimos la voluntad revelada de Dios en situaciones normales y oramos con humildad por su guía y perdón para aquellos casos que no son tan claros.

Segundo, yo agregaría que Pat no debe encontrar su identidad en la caída. Los homosexuales practicantes son uno de los pocos grupos que toman su pecado como algo personal. Bill Clinton y Newt Gingrich no objetan cuando alguien dice que el adulterio es un pecado; los ladronzuelos no gritan, «¡Tú me odias!» cuando la policía evita que cometan un robo; pero los homosexuales suelen argumentar que quienes se oponen a su actividad sexual, los están rechazando a ellos.[24]

Tercero, le recordaría a Pat que su identidad se define por la creación y no por la caída. Ella es, en primer lugar y esencialmente, la imagen de Dios. En segundo lugar y accidentalmente es una (potencial) transgresora sexual. Le diría a Pat que Jesús la ama tal como es, y que la ama demasiado como para permitirle seguir así.[25]

Esto concluye mi pequeño alegato sobre la visión tradicional respecto de la práctica homosexual. Dado que creo que los actos homosexuales siempre son pecado, ¿qué terreno común es posible con sus defensores? Para tu sorpresa, una gran cantidad.

PECADO PERSONAL CONTRA PECADO PÚBLICO

Jerry Falwell murió en mayo de 2007. Fue un hombre gentil y generoso por donde se lo mire, aunque lamentablemente será recordado por los medios como un férreo crítico de los homosexuales. Falwell pertenecía a una generación de cristianos conservadores que predicaba que el SIDA era el juicio de Dios a los homosexuales. Los culpaba por los ataques terroristas del 11 de septiembre y censuró la caricatura infantil llamada Tinky Winky, el Teletuby violeta que lleva una cartera, quien finalmente resultó no ser gay, sino tan solo inglés.

Falwell estableció la Mayoría Moral, una organización política que enfatizaba la moralidad privada al apoyar leyes que desalentaban pecados personales tales como homosexualidad, pornografía, aborto, eutanasia, y no orar en las escuelas. Pero la generación conservadora de Falwell se mantenía extrañamente callada respecto de algunos de los más grandes asuntos de compasión pública como el racismo, la pobreza y la atención de quienes tienen SIDA. He escuchado miles de sermones en iglesias teológicamente conservadoras, y ninguno ha tocado estos temas.

Estos asuntos se discuten con frecuencia en las iglesias liberales. En sus clásicas conferencias de 1917, *A Theology for the Social Gospel* [Una teología para el evangelio social], el teólogo liberal Walter Rauschenbusch expuso que la ética social, como por ejemplo actuar con virtud en una economía codiciosa y materialista, es más importante que la fijación conservadora en «beber, bailar, jugar a los naipes e ir al cine».[26] Semejantes travesuras insignificantes palidecen frente a nuestra obligación mayor de amar a nuestro prójimo como a nosotros mismos.

Aunque la distinción entre moralidad pública y privada no debe exagerarse (por ejemplo, el aborto es a su vez privado, porque ocurre dentro del cuerpo de una mujer, y público porque destruye a otro ser humano), esta distinción sí explica una diferencia significativa entre cristianos liberales y conservadores. Dime qué pecados confiesas, y te diré dónde caes en el espectro cristiano. Si pides perdón por saltearte a diario la lectura de la Biblia y la oración, probablemente seas un conservador. Si te arrepientes por tu complicidad silenciosa con el racismo sistematizado y el regresivo código de impuestos de tu comunidad (¡o ni siquiera sabes qué significa eso!), con seguridad eres un liberal.

Como ya hemos visto, liberales y conservadores tienden a presionarse mutuamente hacia extremos opuestos (véase figura 5.1). Los liberales evitan las cuestiones de moralidad privada, en parte porque no quieren parecer conservadores. Por esa razón enfatizan la libertad personal, declarando que los individuos pueden hacer lo que quieran con quien quieran en tanto no lastimen a otros. Cuando las cosas salen mal, culpan a las superestructuras de la sociedad, como el fracaso de la educación, los vecindarios deteriorados y un sistema de salud extremadamente costoso.

Los conservadores evitan los asuntos de compasión pública, en parte porque temen que los asocien con el «evangelio social» del liberalismo. Enfatizan la responsabilidad personal, declarando que la libertad indisciplinada es la raíz de todos los males. Cuando las cosas van mal, culpan a los vicios personales como la promiscuidad sexual, la drogadicción, y los padres ausentes.

¿Pero por qué debemos elegir entre la agenda de los liberales o de los conservadores? Dios se preocupa tanto de la moralidad personal como de la compasión pública. Su profeta Isaías castiga al pueblo de Judá por su injusticia social. Serán hechos cautivos porque «pasan por encima de los pobres» y «emiten decretos inicuos y publican edictos opresivos. Privan de sus derechos a los pobres, y no les hacen justicia a los oprimidos … hacen de las viudas su presa y saquean a los huérfanos».[27] Pero cuando Isaías recibió la visión de Dios en su templo santo, el pecado que sentía era tanto personal como corporativo. «¡Ay de mí, que estoy perdido!» Lloraba Isaías, «Soy un hombre de labios impuros y vivo en medio de un pueblo de labios blasfemos».[28]

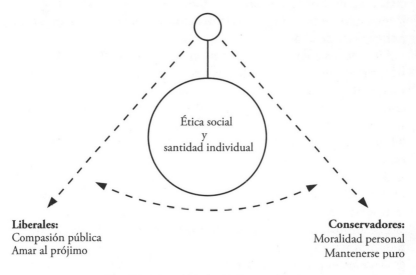

Ética social
y
santidad individual

Liberales:
Compasión pública
Amar al prójimo

Conservadores:
Moralidad personal
Mantenerse puro

Fig. 5.1. Moralidad pública y privada

De igual modo, Jesús enseñó la importancia de la santidad personal, instando a sus seguidores a erradicar la ira injusta y la lujuria, y a orar y ayunar en secreto.[29] Pero también dijo que nuestro destino es determinado por nuestros actos de compasión pública. A los fariseos se les quitó la vida eterna por oprimir a sus seguidores, y la misma le fue dada a quienes, como el buen samaritano y las ovejas a la diestra de Jesús, hacen bien al prójimo que se encuentra en necesidad.[30]

El apóstol Pablo también luchaba por ambas, la compasión pública y la moralidad privada. Desafió a la iglesia de Roma a amar a sus semejantes, porque «el amor es el cumplimiento de la ley». Luego, se refirió a lo que hoy muchos dejarían a elección personal, ordenando a los cristianos romanos a no participar en «orgías y borracheras, ni en inmoralidad sexual y libertinaje, ni en disensiones y envidias».[31]

Aplicado a la homosexualidad, estos versículos sugieren que los cristianos deben ser tan expresivos y activos sobre los derechos humanos de los homosexuales, como lo somos sobre su pecado. Quizá nunca aceptemos la moralidad del casamiento homosexual, pero deberíamos defender efusivamente su derecho de vivir, trabajar, y prosperar en nuestro medio. Deberíamos levantar nuestras voces cuando a los homosexuales se les niega el seguro de salud y lamentarnos cuando son objeto de crímenes de odio. Ser gay no es excusa para abusar de ellos.

Uno de los colegas más cercanos de Jerry Falwell dejó el pueblo de Lynchburg en 1987 para pastorear una iglesia en la ciudad de Grand Rapids. Ed Dobson decidió que su iglesia compensaría su convicción de que los actos homosexuales están mal, con la compasión por aquellos que sufrían sus efectos. Por lo tanto llamó por teléfono a un número de asistencia sobre SIDA, que lo contactó con el pastor de una iglesia pro-homosexual de su comunidad. Dobson le dijo a este pastor que si bien nunca estarían de acuerdo con la moralidad de las prácticas homosexuales, sí podían aceptar trabajar juntos para ayudar a aquellos que estaban padeciendo SIDA.

La compasión de Dobson pronto ganó el respeto de la comunidad homosexual. El presentador de un programa radial gay de entrevistas lo presentó diciendo: «Nuestro invitado de hoy no cree lo que nosotros creemos sobre asuntos de sexualidad. Pero lo invité al programa porque hay muchas personas sufriendo de SIDA que van a sus oficios los domingos por la noche. Mientras su congregación no concuerda con nosotros en asuntos de sexualidad, aman a las personas y nos apoyan en el problema del SIDA».

Las mayores críticas a Dobson venían de su congregación, porque muchos de sus miembros temían que su iglesia fuera invadida por homosexuales. Dobson respondía que «eso sería estupendo. Ellos pueden sentarse en los bancos junto a los mentirosos, chismosos, materialistas, y el resto de nosotros que abrigamos pecados en nuestras vidas». Y agregaba, «Cuando muera, si alguien se levanta y dice, "Ed Dobson amaba a los homosexuales", entonces habré logrado algo en mi vida».[32]

El ministerio de Dobson es evidencia de que no necesitamos comprometer nuestro código moral para alcanzar a aquellos que lo han violado. Los homosexuales son culpables de sexo ilícito. No-sotros solemos ser culpables de no preocuparnos por ellos o por su apremiante situación. Nuestro pecado es mayor, tanto que ni siquiera se puede comparar.

Cualquiera sea nuestro pecado, tanto los conservadores como los innovadores posmodernos coinciden en que la cruz de Cristo se encarga de él. Pero no coinciden en cómo. ¿La interpretación conservadora de la cruz es una hermosa expresión del amor, o es un caso despreciable de abuso divino del Hijo? Este importante interrogante es el tema de nuestro próximo capítulo.

CAPÍTULO 6

¿LA CRUZ ES ABUSO DIVINO DEL HIJO?

Crecí con un entendimiento simple y categórico del evangelio. Creía ser un pecador quien nunca podría hacer el bien suficiente como para compensar su propia desobediencia y satisfacer la ira de un Dios santo. Afortunadamente, no tenía que hacerlo. Dios envió a su Hijo perfecto para morir en la cruz por mis pecados. Jesús cargó con mi condena y fue castigado en mi lugar. Con solo aceptar su regalo, Dios anotaría en mi cuenta «todo pago» y me concedería la vida eterna.

Prácticamente todos los cristianos conservadores coinciden en que este es el modo preciso en que los pecadores son salvos. Nuestras ilustraciones favoritas (dos acantilados unidos por una cruz, o un juez que asume su sentencia en lugar del culpable) explican que el Hijo de Dios sufrió las consecuencias de nuestro pecado para que podamos reconciliarnos con Dios. Nuestras canciones favoritas transmiten la misma idea: «¿Qué me puede dar perdón? Sólo de Jesús la sangre».[1] O «porque el salvador limpio de pecados murió, mi alma pecadora es considerada libre; porque Dios el Justo se satisface en mirarlo a él y perdonarme a mí».[2]

Lo que no sabe la mayoría de los cristianos, es que ésta es solo una de muchas perspectivas sobre el evangelio. Los teólogos llaman a esto la visión de la «sustitución penal» de la expiación, porque explica que Cristo nos reconcilió con Dios (expiación) al tomar nuestra condena (o pena) en nuestro lugar (sustitución).

Este modo de entender la cruz goza de un amplio respaldo bíblico, desde el sistema sacrificial del Antiguo Testamento, en el cual se sacrificaban corderos sin manchas en lugar de los pecadores, hasta las repetidas declaraciones de Pablo de que Jesús cargó con nuestra condena al morir en nuestro lugar.[3] Pablo escribió que «Dios lo ofreció [a Cristo] como un sacrificio de expiación que se recibe por la fe en su sangre», que «Cristo nos rescató de la maldición de la ley al hacerse maldición por nosotros» y que «al que no cometió pecado alguno, por nosotros Dios lo trató como pecador, para que en él recibiéramos la justicia de Dios».[4]

A pesar de estar fundamentada en las Escrituras, la idea de que Jesús murió como nuestro sustituto para satisfacer a Dios, no fue la opinión dominante de la expiación sino hasta el siglo once. Tratemos de asimilar esto. Lo que muchos cristianos consideran como la única forma de interpretar la cruz, se hizo popular recién en la Edad Media. Fue entonces cuando Anselmo declaró que el Hijo de Dios se hizo hombre para reponer el honor que nuestra desobediencia le había robado a Dios. Ya que los seres humanos debían pagar, pero solo Dios podía hacerlo, la única persona capaz de llevar a cabo el sacrificio era Dios hecho hombre, es decir Jesucristo.[5]

Cuando la idea de Anselmo sobre la satisfacción entró al mundo moderno, su concepto feudal del honor robado sufrió una metamorfosis hacia la pena legal de nuestro sistema de justicia criminal. Calvino sostenía que el juicio de Jesús ante Pilato reflejaba las cortes del cielo. Así como las turbas enfurecidas gritaban que Jesús era culpable y merecía morir en la cruz, del mismo modo el Padre transfirió nuestra culpa a Jesús y lo condenó a morir en nuestro lugar.[6]

El enfoque de la sustitución penal prevalece aún hoy de tal modo, que la mayoría de los cristianos creen que quien lo cuestione está negando el evangelio. Y aun así, muchos cristianos posmodernos están haciendo exactamente eso. Algunas de sus críticas son útiles, en tanto otras no lo son. Empecemos por lo que podemos aprender de ellas antes de pasar a lo que tenemos que impugnar.[7]

PROBLEMAS CON LA SUSTITUCIÓN PENAL

1. Demasiado limitada

Los críticos de la sustitución penal observan acertadamente que por sí sola es incapaz de captar el poder multifacético de la cruz.[8] La vida de Jesús, su muerte y resurrección no solo apaciguan a Dios, sino que provocan consecuencias inmediatas para Satanás y para nosotros mismos. Por esta razón, debemos enfocarnos en otras teorías de la expiación (véase figura 6.1).

La iglesia primitiva enfatizó los efectos de la cruz sobre Satán. Su perspectiva de «Christus Victor» [Cristo victorioso] enseñaba que Jesús vino a derrotar al diablo, quien se había convertido en gobernador de la humanidad y su mundo, cuando convenció a Adán y

Eva de cambiar su lealtad hacia él. Cuando Satanás descubrió que no podía tentar a Jesús para que cambie su lealtad, lo mató con sorna, del mismo modo que había destruido a cada persona que estuvo bajo su poder. Pero la victoria de Satanás se convirtió en su derrota. Se dio cuenta demasiado tarde que le había dado ventaja a Dios. Sin quererlo así, al matar a Jesús le dio vida al mundo.[9]

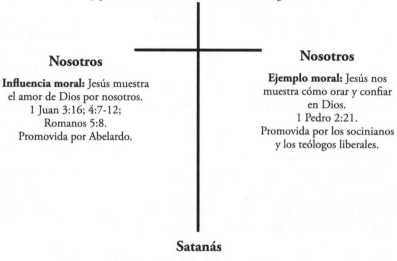

Dios

Sustitución penal: Jesús satisface la ira de Dios.
Romanos 3:25-26; Gálatas 3:13; 2 Corintios 5:21; 1 Juan 2:2; 4:10.
Promovida por Juan Calvino, Carlos Hodge, Martín Lutero,
y prácticamente todos los cristianos evangélicos.

Nosotros

Influencia moral: Jesús muestra
el amor de Dios por nosotros.
1 Juan 3:16; 4:7-12;
Romanos 5:8.
Promovida por Abelardo.

Nosotros

Ejemplo moral: Jesús nos
muestra cómo orar y confiar
en Dios.
1 Pedro 2:21.
Promovida por los socinianos
y los teólogos liberales.

Satanás

Christus Victor: Jesús derrota al diablo.
Colosenses 2:15; Hebreos 2:14-15; 1 Juan 3:8.
Promovida por la mayoría de la iglesia primitiva,
Martín Lutero (otra vez) y C. S. Lewis.

Fig. 6.1. ¿Quién es el objetivo de la cruz?

Los partidarios del Christus Victor discrepan precisamente en el modo en que la cruz derrota al diablo. ¿Se extralimitó Satanás al matar a Dios hecho hombre? ¿Aceptó el diablo la muerte de Cristo como rescate para el resto de la humanidad? O, como sugiere C. S. Lewis, ¿el sacrificio de amor de Jesús logró una «magia más profunda» que destruyó el poder legal de Satanás sobre nosotros?[10] Al final de este capítulo explicaré por qué este bache del Christus

Victor se rellena mejor con la visión de la sustitución penal, pero por ahora, observe el modo en que el Christus Victor agrega una pieza esencial a nuestra comprensión de la expiación. Más allá de cualquier otra cosa que Cristo haya logrado, su meta principal fue liberarnos del diablo y de la muerte.[11]

Otros teólogos tienden a ignorar las consecuencias de la cruz en Dios y Satanás, y en su lugar se concentran en sus efectos sobre nosotros. Abelardo, el teólogo medieval, enseñó que la cruz es la forma que usa Dios para demostrarnos cuánto nos ama, lo que debe también motivarnos a amarlo como respuesta.[12] Los teólogos liberales trabajan desde la dirección opuesta. Al negar la deidad de Cristo, no creen que la cruz sea el actuar de Dios sobre nosotros. Más bien es solo el acto de un Jesús humano quien modela el modo en que debemos amar y confiar en Dios, aun en nuestra hora más oscura.

En tanto este enfoque subjetivo tiene una apoyatura bíblica (Juan escribe que la cruz es la demostración suprema del amor, y Pedro agrega que Jesús dejó un «ejemplo para que sigan sus pasos»), es un error colocarlo como principal objetivo de la cruz.[13] Quienes lo hacen, crean un evangelio empalagoso que no tiene demasiado sentido. En *Jesus: The Epic Mini-Series* [Jesús: La miniserie épica], Jesús declara que irá a la cruz para «morir por la eterna bondad del corazón humano, creado por el Padre, para que los hombres hagan brillar su imagen una vez más, y aquellos que así lo quieran, encontrarán en mí la fuerza para amar hasta el final».[14]

¿Qué dijo? Si Jesús murió solo para enseñarnos cómo amar, entonces es más tonto que bueno. Un hombre que da su vida para salvar a un niño que se está ahogando es un héroe. El hombre que salta a un río embravecido cuando su hijo está seco y parado en la ribera es un idiota, sin importar que tan fuerte grite, «te amo», mientras salta. De igual modo, la cruz solo es un acto de amor si soluciona un problema real. «Amamos a Dios porque él nos amó primero», venciendo al diablo y a la muerte y satisfaciendo la ira del Padre.[15] Dado que el efecto de la cruz sobre nosotros es una consecuencia del efecto sobre Dios y Satanás, considero que las visiones acerca de la influencia moral y el ejemplo son teorías de segunda línea acerca de la expiación.

No obstante, nuestro punto aquí es que la expiación es más amplia que lo que cualquiera de estas perspectivas pueda comprender.

Limitarnos a una única teoría es como ver un juego de fútbol americano televisado con una sola cámara. Si estuviera ubicada a una altura adecuada, una cámara podría transmitir lo esencial de la acción, pero se perderían los detalles importantes que ocurren en el campo de juego. Así como la NFL[a] usa ángulos de cámaras superpuestas para capturar cada jugada desde múltiples perspectivas, del mismo modo debemos mirar la cruz de Cristo desde arriba (sustitución penal), abajo (Christus Victor), y en una extensión menor, desde los lados (influencia moral y ejemplo).[16]

2. Demasiado individualista

La sustitución penal es limitada no sólo en su objetivo (Dios), sino también en su aplicación. Las presentaciones del evangelio desde esta perspectiva tienden a limitar la salvación solamente al individuo: Jesús murió para perdonar tu pecado. Esto es cierto, pero ¿no murió Jesús por algo más que las personas individuales?[17]

¿Qué pasa con la iglesia? Jesús no solo está salvando un puñado de almas aisladas, sino que está edificando su iglesia, una comunidad integrada, reconciliada con Dios y con los demás. Pero en tanto el mensaje del evangelio al que respondieron se enfoca únicamente en ellos, muchos cristianos creen que la iglesia existe solo para su beneficio. Asisten a la iglesia para escuchar un sermón edificante, ser inspirado por la adoración, estar en contacto con amigos, o educar a sus hijos. No hay necesidad de unirse, o aún seguir asistiendo, si pueden encontrar el mismo tipo de ayuda en otro lugar. Y así la iglesia se mueve a los extremos de la salvación. Se la considera agradable, pero definitivamente no necesaria para la vida de un cristiano en crecimiento.

¿Y qué pasa con la creación? Este evangelio individualista de salvación personal apenas insinúa el plan más amplio de Dios de restaurar toda su creación. Así como los cristianos individuales encuentran su propio sentido perteneciendo a la iglesia, del mismo modo la iglesia lleva a cabo su misión siendo el reino de Dios en el mundo. En la conclusión de este capítulo, explicaré cómo esta debilidad en la sustitución penal (al menos el modo en que se la entiende comúnmente) puede ser reforzada con algunas nociones del Christus Victor.

---

a   N. del T.: La National Football League (NFL) es la mayor liga de fútbol americano profesional de los Estados Unidos y está considerada como la más grande y prestigiosa propiedad deportiva en ese país.

3. Demasiado suave respecto del pecado

A la sustitución penal también se la acusa, con cierta razón, de ser indulgente con el pecado. Enfatiza que se quita el castigo de nuestro pecado, pero dice poco acerca del pecado en sí mismo. La mayoría de las personas deducen muy pronto en su carrera cristiana que si Dios los perdona sin importar lo que hagan, entonces en realidad no importa lo que hagan. Pueden pecar sin problemas porque su castigo ya está cubierto.[18]

Martín Lutero encontró este problema en Wittenberg. Cuando su congregación se dio cuenta de que el evangelio de Lutero prometía perdón por todos y de todo tipo de pecados, dejaron de asistir a los oficios y de ofrendar al ministerio y comenzaron a permitirse ser codiciosos, lujuriosos, y borrachos. Un frustrado Lutero los amenazó con hacer huelga si no cambiaban sus modos de vivir. Declaró: «Ustedes, bestias absolutamente desagradecidas, indignas del evangelio; si no se arrepienten, dejaré de predicarles». Ellos no lo hicieron, y por lo tanto él cumplió su palabra, teniendo varios meses libres de ser «el pastor de semejantes cerdos».[19]

La molestia de Lutero con su congregación continuó a lo largo de su vida. Un año antes de su muerte, decidió que no volvería a su ciudad pecaminosa y dio instrucciones a su esposa para vender su casa. Declaró que preferiría «comer el pan de un mendigo que torturar y entristecer mi pobre vejez y días finales con la mugre de Wittemberg». Sólo la intervención de los amigos de Lutero y del príncipe de Wittemberg lo convenció de volver.[20] Nuevamente, explicaré al final de este capítulo cómo se repara este punto débil de la sustitución penal cuando se combina con la fuerza correspondiente del punto de vista del Christus Victor.

¿EL PEOR PADRE DE TODOS?

La objeción más controvertida a la sustitución penal, planteada por primera vez por los teólogos feministas y de la liberación, pero repetida actualmente en los círculos evangélicos, es que esta visión de la expiación convierte a la cruz en una forma de abuso divino del Hijo.[21]

> Steve Chalke sugiere que la sustitución penal convierte a Dios en un padre vengativo, que castiga a su hijo por una ofensa que ni siquiera había cometido. Con razón, tanto la gente de adentro como de afuera de la iglesia ha encontrado esta retorcida versión de los

eventos moralmente dudosa y como una gran barrera para la fe. Más profundo que eso, sin embargo, es que semejante concepto se posiciona en una contradicción total a la afirmación de que «Dios es amor». Si la cruz es un acto personal de violencia perpetrado por Dios hacia la humanidad, pero soportado por su Hijo, entonces ridiculiza la propia enseñanza de Jesús de amar a los enemigos y rehusarse a pagar mal por mal.[22]

Parece haber dos partes en esta objeción. La primera parte, ¿por qué un Dios amoroso requiere un sacrificio para perdonar? ¿Por qué demanda una «muerte» para satisfacer su ira? Si Dios nos ordena perdonar sin condiciones, ¿por qué él no lo hace? ¿Nuestro perdón es más magnánimo que el de Dios?[23]

LeRon Shults se pregunta si la demanda de Dios de recibir un pago rebaja la idea misma de perdón. Del mismo modo que un banco que perdona un préstamo incobrable no pide que le devuelvan el dinero, así un Dios que perdona de verdad no debería esperar restitución alguna. Shults escribe: «Si Dios acordó que la deuda de los seres humanos sea pagada (cancelada) en su totalidad, entonces ¿en qué sentido debemos llamar a esto perdón? Si una pena legal o una deuda financiera es perdonada, entonces *no* tiene que ser cancelada. Si Dios (o Dios Hijo) de veras ya ha pagado la deuda (la ha cancelado totalmente), entonces Dios ya no necesita perdonar. Si se hace un pago, ¿no deberíamos hablar de "acuerdo" más que de perdón?»[24]

La segunda parte, Dios no solo demanda sangre (lo que incómodamente se asemeja a los sacrificios rituales de las religiones paganas), sino que selecciona como víctima a su Hijo perfecto. ¿Qué clase de padre despreciable quebrantaría a su inocente hijo por el bien de un forastero pecador? Como un entrenador de colegio secundario que le demanda a su hijo que está en el cuadro de honor que intercambie los resultados de los exámenes con la estrella de su mariscal de campo, o un capo de la mafia que le ordena a su hijo que se culpe por el crimen de uno de sus secuaces. Así, el hecho de que Dios sacrifique a su Hijo parece agregarse a la injusticia de su falta de voluntad de perdonar.

Brian McLaren sintetiza ambos interrogantes: «Si Dios iba a perdonarnos, ¿por qué sencillamente no nos perdonó? ¿Por qué tenía que morir Jesús para que podamos ser perdonados? Que una persona inocente muera en el lugar de gente culpable no parece resolver la "injusticia" de tal perdón, sino solo agregarse a la injusticia. Entonces, ¿por qué tenía que morir Jesús?»[25]

EL AMOR DUELE

Enfoquémonos en estas preguntas de manera inversa. Este asunto del abuso divino del Hijo divide erróneamente la unidad de Dios en un padre vengativo que explota a su confiado y obediente hijo. Pero no se puede dividir Padre e Hijo con tanta facilidad. Dios es uno. Dios se ofreció a sí mismo en la cruz, no a algún otro tercero ajeno.[26] Una comprensión adecuada de la Trinidad (Dios es a la vez tres y uno) nos prevendrá de hacer pelear a una persona de la Divinidad contra la otra.

Incluso si enfatizamos la distinción entre las personas, cualquier padre sabe que el hecho de la cruz fue algo mucho más doloroso de sobrellevar para el Padre que para el Hijo. ¿Qué padre terrenal no recibiría sin dudar un balazo para salvar a su hijo de un sufrimiento innecesario? ¿Y de veras pensamos que nuestro Padre celestial es diferente? ¡Qué espantoso debió haber sido ver a su Hijo amado sudar sangre en Getsemaní, escuchar su desconcertado gemido «¿Por qué me has desamparado?» sabiendo que, como el padre Abraham con Isaac, ¡era él quien blandía el puñal!

Esto nos lleva al asunto fundamental: ¿por qué Dios demanda un pago por nuestro pecado? ¿Por qué simplemente no nos perdona sin exigir nada a cambio?

La respuesta yace en la naturaleza trina de Dios. Mencionamos en el capítulo 3 que Dios es una comunidad de personas que aman con autoentrega. Este amor de autoentrega es la definición de justicia. La justicia nunca se trató de cumplir reglas, razón por la cual Jesús no pensó dos veces a la hora de sanar un día sábado, y por la cual tanto él como Pablo dicen que el propósito de la ley es mostrarnos cómo amar a Dios y al prójimo.[27] En la comunidad trina de personas que aman con autoentrega, lo correcto es aquello que estimula a los demás y lo incorrecto es todo aquello que daña al otro. Y en tanto cada persona divina ama a las demás, ellos crecen y prosperan. Nada está más vivo que esta virtuosa comunidad de amor.

Si el amor de autoentrega es justicia que lleva a la vida, entonces su opuesto tiene que ser el egoísmo, el cual es pecado que lleva a la muerte. Esto es necesariamente así, dado el carácter vivo, amoroso y justo de Dios. Dios no es libre de crear un mundo en el cual el pecado no provoque daños, en el cual las criaturas caídas siguen adelante sin consecuencias. El pecado atenta contra la naturaleza de Dios y contra cualquier mundo posible que él pueda hacer. Necesaria e inevitablemente acarrea muerte (véase figura 6.2).[28]

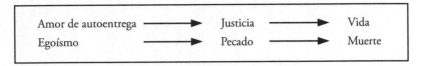

Fig. 6.2. Dos caminos a dos destinos

Dios se profanaría a sí mismo si hubiese ignorado nuestro pecado que contaminó este mundo. La realidad se hubiese quebrado si Dios se hubiera hecho el desentendido, pretendiendo que nada había ocurrido, o hubiera perdonado sin consecuencias. El pecado debe recibir su merecido, y su paga es muerte. Sabemos que Dios cree esto, porque cuando Jesús preguntó a su Padre si había alguna otra manera de salvarnos que no fuera la cruz, recibió por respuesta un sonoro no.[29]

Pero Dios mismo dio un paso al frente y pagó el precio, liberándonos para perdonar a otros sin demandar el pago correspondiente. Cuando perdonamos sin pedir nada a cambio, lo que estamos haciendo es simplemente transmitiendo el perdón de Dios, el cual costó su vida. Dado que la única razón por la que podemos perdonar sin castigo es porque Dios ya pagó el precio por nosotros, quienes critican a Dios por ser menos magnánimo que ellos, se pierden por completo el sentido de la cruz.

Olvidan que el perdón requiere restitución. Si bien quizás una deuda legal o financiera no sea restituida por la persona que es perdonada, alguien cargará con ella. Alguien siempre paga, ya sea la víctima del crimen quien absorba la injusticia o los accionistas del banco quienes cancelan el préstamo incobrable. Nada es gratis en la vida, ya sea respecto de la economía o de la salvación.

Aún permanece una duda perturbadora: esta conversación sobre sacrificio y muerte asume que Dios tiene una buena cantidad de ira que necesita ser restituida. ¿Es Dios ira y amor en partes iguales?

Y de ser así, ¿su ira no lo hace menos amoroso?

La Biblia dice que él *es* amor y que *tiene* ira.[30] Esto significa que el amor yace más profundamente que la ira en el carácter de Dios. El amor es su perfección esencial, sin el cual no sería quien es. La ira es la respuesta del amor al pecado. Es el reflejo nauseoso causado por todo aquello que destruye su buena creación. Dios está en contra del pecado porque está a favor nuestro, y descargará su furia sobre todo aquello que nos haga daño.

Mis hijos eran dibujantes de graffitis. Escribían las paredes de nuestras casa, mesa y hasta nuestro sofá nuevo. Su trabajo artístico en ciernes inspiraba algo de ira en mí. En general se debía a que me gustaban mis muebles, pero en mis mejores momentos, era porque los amaba demasiado como para permitirles continuar cayendo por la resbaladiza pendiente que va de niños destructivos a ateos nihilistas del graffiti. Por lo tanto intervenía, poniendo sus pequeños dedos en una esponja enjabonada y obligándolos con suavidad a fregar hasta que la pared quedara limpia. La experiencia era dolorosa, tanto para mí como para ellos (especialmente para ellos), pero luego de unas cuantas veces, entendieron el punto y usaron sus crayones únicamente en sus libros para colorear.

De igual modo, Dios nos ama demasiado como para barrer nuestro pecado bajo la alfombra. Él se niega a pretender que el asunto no es importante, porque sabe que dejado sin restricciones el pecado nos convertiría en personas que ni él ni nosotros quisiéramos ser. Por eso Dios incluye la ira como una parte importante de su salvación. Un malentendido popular sobre la sustitución penal simplifica excesivamente lo que sucedió en la cruz. Muchos cristianos conservadores parecen separar el amor de Dios de su ira, declarando que Dios vertió su ira sobre Jesús para que podamos salir libres. Nosotros recibimos gracia y Jesús recibió sentencia. Esto en realidad es cierto, pero una inspección más detenida revela una realidad más profunda. El amor y la ira de Dios no pueden separarse con tanta facilidad, y tanto Jesús como nosotros, recibimos una gran cantidad de ambos.

Jesús soportó la ira de Dios cuando cargó la maldición del pecado, pero también experimentó el amor de Dios, porque la cruz era un paso necesario en la coronación de Jesús como redentor y gobernador del mundo, el Señor cuyo nombre exaltado hace que toda rodilla se postre reverentemente.[31] De igual modo, a pesar de que recibimos gracia inmerecida proveniente de la pasión de Jesús, nuestro viejo hombre de pecado debe morir para permitir que nazca una nueva vida de amor. Once veces declara Pablo en Romanos 6:1-14 que hemos muerto con Cristo. Establece que «por tanto, mediante el bautismo fuimos sepultados con él en su muerte, a fin de que, así como Cristo resucitó por el poder del Padre, también nosotros llevemos una vida nueva».[32]

Kart Barth explica: «Que Jesucristo murió por nosotros no significa, por lo tanto, que no tenemos que morir, sino que hemos muerto en y con él, que como las personas que éramos somos eliminados y destruidos, ya no estamos ahí y no tenemos más futuro». Otra vez, la cruz significa que «nuestra hora ha llegado, nuestro tiempo ha corrido su curso, ya todo terminó para nosotros».[33]

Es un error separar el amor de Dios de su ira y luego asignarle su ira a Jesús y acusar a Dios de abuso divino del Hijo. Cada acto de Dios fluye desde su amor, incluso (y especialmente) aquellos que demuestran su ira. Esta reconciliación de amor divino e ira se explica mejor a través del punto de vista de la sustitución legal, lo que la hace una perspectiva esencial de lo que pasó en la cruz.

EXPIACIÓN TOTAL, ¿ES POSIBLE?

Pero la sustitución penal no explica todo. Un entendimiento más completo de la expiación combina la perspectiva de la sustitución penal con el Christus Victor. Muchos conservadores modernos siguen una versión sobre-simplificada de la sustitución penal: Jesús sufrió la ira de Dios para que nosotros podamos recibir su amor. Los innovadores posmodernos, con mucha razón, expresan sus dudas acerca de este ordenado evangelio. Quizás la salvación sea menos como una transacción comercial (Jesús compra nuestra vida con su muerte) y más como una batalla cósmica entre Dios y Satanás. Quizás sea el diablo y no Dios quien demanda la vida de Cristo. De ser así, la única ira en esta historia pertenece a Satanás, y Dios sencillamente es quien con amor nos rescata del diablo y la muerte (véase figura 6.3).

Como hemos visto en capítulos anteriores, la mejor solución no es elegir una u otra postura, sino combinar perspectivas de ambas. El Christus Victor presenta la gran escena: Jesús vino a arrancar al mundo de las garras de muerte de Satanás, y la sustitución penal provee el momento decisivo de esta historia. La sustitución penal es el corazón del Christus Victor porque explica cómo Jesús logró cumplir su misión.[34]

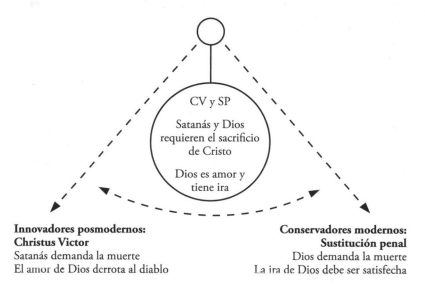

CV y SP

Satanás y Dios
requieren el sacrificio
de Cristo

Dios es amor y
tiene ira

Innovadores posmodernos:
Christus Victor
Satanás demanda la muerte
El amor de Dios derrota al diablo

Conservadores modernos:
Sustitución penal
Dios demanda la muerte
La ira de Dios debe ser satisfecha

Fig. 6.3. Perspectivas evangélicas sobre la expiación

Esta es una forma de contar la historia. Satanás se convirtió en el gobernador funcional de este mundo cuando tentó a Adán y Eva, los gobernadores de la creación designados por Dios, a cambiar su lealtad hacia él. Pero Dios se negó a permitir que su mundo se le escabulla tan fácilmente, y le prometió a Satanás que algún día un hijo de Eva le aplastaría la cabeza.[35]

Los primeros asaltos de la pelea fueron favorables a Satanás. Dios trató de establecer un puesto de avanzada para su reino en este mundo, pero Israel, su nación elegida, rechazó repetidamente a Dios y fue hecha cautiva (tanto en sentido literal como espiritual) a manos de Satanás y de sus malvados imperios. Por lo que Dios se involucró en forma personal, enviando a su divino Hijo a la batalla. Este era el clima de guerra: Dios y Satanás poniendo todo en juego, cada uno dando su mejor tiro para lograr el control de la creación.

Jesús ganó la escaramuza inicial. Satanás lo tentó tres veces para que se cambie de lado; la última vez le ofreció devolverle el mundo si Jesús solo se quitaba el sombrero y reconocía que Satanás era su gobernador legítimo. Pero Jesús sabía que debía recuperar el mundo de la manera correcta (del modo difícil), o no lo recuperaría de ninguna manera.[36]

Inspirado por su victoria inicial, Jesús pasó los siguientes tres años despellejando del todo a Satanás. Estableció el reino de Dios a lo largo de Israel, proclamando las buenas nuevas de salvación y realizando milagros que liberaban a los oprimidos del poder de Satanás. El avance de su reino hizo que Jesús proclamara con confianza que había visto a «Satanás caer del cielo como un rayo», porque «el príncipe de este mundo va a ser expulsado».[37]

La aniquilación completa de Satanás parecía inevitable. No estaba simplemente perdiendo la competencia, ni siquiera estaba compitiendo. Muy pronto él y sus subordinados serían barridos al cesto de la basura de la historia. Pero Satanás tenía una última carta por jugar. Había encontrado a alguien de adentro, uno de los discípulos más confiables de Jesús, a quien podría convencer para volverse en contra de su Señor. Con su ayuda, Satanás podría lograr llevar a Jesús ante la clase dirigente religiosa, cuya celosa furia había alcanzado un estado de agitación extrema; los gobernantes de Roma, quienes temían otro levantamiento en Judea; y la veleidosa muchedumbre, cuyo interés en Jesús podía manipularse en una turba frenesí si se la convencía de que la presencia de Jesús amenazaba con endurecer el trato de Roma hacia los judíos.

Esta trama malvada superó las expectativas de Satanás. Provocó el mayor vuelco en la historia de la humanidad, trastornando tres años de derrota en un solo día oscuro. En menos de veinticuatro horas, había logrado que arresten a Jesús, lo juzguen y lo ejecuten. Fin del juego. Satanás había consolidado su control sobre el planeta, y lo había hecho de un modo sorprendentemente sencillo.

Demasiado fácil. En el último giro del complot, la derrota de Jesús terminó siendo su victoria definitiva, porque por su muerte derrotó a la muerte. La cruz satisfizo el requerimiento divino de que los pecadores deben morir (esta es la esencia de la sustitución penal), y la resurrección de Cristo lo liberó a él y a nosotros de las garras del pecado y la muerte. Estos dos puñetazos sucesivos tomaron por sorpresa el desfile triunfal de Satanás. Nunca los vio venir.

Este es un hermoso aspecto de la historia del Christus Victor. Dios no conquistó a Satanás con mano dura, usando su fuerza omnipotente para reprenderlo. Dios derrotó a Satanás en el campo de juego. Se convirtió en criatura, vulnerable a los ataques de Satanás, y derrotó al diablo a través de la debilidad y no a través de la conmoción y el sobrecogimiento. De este modo, más que dominar a Satanás, lo burló con astucia. Demostró la estupidez de Satanás y sus demonios, al desarmar «a los poderes y a las potestades, y por medio de Cristo los humilló en público al exhibirlos en su desfile triunfal».[38]

Satanás debería haberlo supuesto. Sabía que el amor sacrificial (dejar de lado el interés propio por el bien del otro) define la vida comunitaria del trino Dios. También sabía que establece los estándares para la creación, que en el mundo de Dios, correcto es todo lo que ama al otro e incorrecto es todo aquello que daña a los demás. Por lo tanto, no debería haber sido una sorpresa que el sacrificio de amor también haya provisto los medios de Dios para la redención. La muerte de Jesús en la cruz no era un acto inusual y distinto del modo de ser de Dios. El mismo amor sacrificial que existía antes de que el mundo fuera hecho, el mismo amor que creó al mundo, estaba ahora salvándolo.

Como ilustra esta historia, necesitamos tanto a la sustitución penal como al Christus Victor para comprender correctamente la expiación de Cristo. La sustitución penal explica el corazón del Christus Victor, el modo exacto en que Cristo derrota al diablo, y el Christus Victor provee el contexto más amplio de la sustitución penal.

El Christus Victor nos informa que la salvación no apunta solo a los individuos, sino al mundo entero. Dios pretende a través de Jesús «reconciliar consigo todas las cosas, tanto las que están en la tierra como las que están en el cielo, haciendo la paz mediante la sangre que derramó en la cruz».[39] Nuestra salvación personal es parte de algo más grande que nosotros. Pertenecemos a la iglesia, al cuerpo de Cristo que extiende el reino de Dios en el mundo.

El Christus Victor también corrige la tendencia de la sustitución penal de ser demasiado indulgente con el pecado. Por sí sola, la sustitución penal puede alentar un estilo de vida pecaminoso, porque ¿a quién le importa si el pecado está presente, mientras que su castigo esté eliminado? Pero el Christus Victor nos recuerda que la liberación de la presencia del pecado (no solo su castigo) es una parte vital del evangelio. No podemos reclamar ser partícipes de la victoria de Cristo si permanecemos atados a nuestro pecado. Quien no esté haciendo progresos contra el pecado debe preguntarse si en verdad se ha unido al reino de Dios. Aquí no hay lugar para una gracia barata.[40]

El punto es este: los conservadores tienden a reducir el trabajo de Cristo a un evangelio demasiado estrecho (di una oración y el castigo de tu pecado será perdonado). Pero podemos ampliar esta perspectiva sin irnos al otro extremo de acusar a la sustitución penal de abogar por el abuso divino del Hijo. Semejante afirmación negligente solo desacredita a los oradores y aleja a los conservadores que intenta ayudar. Necesitamos todas las teorías (Christus Victor, sustitución penal, y en una medida menor, influencia moral y ejemplos) para apreciar nuestra gran salvación en su totalidad.

Esta salvación se agota dentro y alrededor de la iglesia. Así como los conservadores modernos y los innovadores posmodernos debaten diferentes teorías acerca del modo en que somos salvos, del mismo modo discrepan acerca de cuando una persona debe pertenecer a la iglesia. ¿La iglesia es una camarilla cerrada de cristianos conversos o una comunidad abierta de buscadores inquisitivos? Evaluaremos esta controversia a continuación.

CAPÍTULO 7

¿PUEDES PERTENECER ANTES DE CREER?

M i iglesia conservadora está llena de gente muy agradable que se preocupa mucho por sus amigos y familiares no cristianos. Oramos por ellos, buscamos oportunidades para transmitirles nuestra fe, y los invitamos a reuniones especiales de la iglesia. Pero todos nuestros esfuerzos son espectacularmente inútiles. Pocos de nuestros amigos alguna vez «son salvos», y menos aún se unen a la iglesia. Los bautismos de nuevos conversos son tan inusuales como los finales felices en las canciones de música *country*.

Parte de nuestro problema quizás sea, sin desearlo, que somos poco acogedores. Muchos nos vestimos con elegancia para asistir a la iglesia (traje y corbata para los hombres, y vestido y pantimedias para las damas), lo que posiblemente dé a entender a los visitantes que deben pasar un código de vestimenta para entrar. Nuestro lenguaje también puede ser intimidante. Hablamos la jerga interna de pactos y del calvinismo, y cantamos acerca de «la regia enseña tremolando está», sea lo que fuere que eso signifique para uno nuevo.

También quizás seamos demasiado entusiastas en las dos festividades en las que los visitantes sí aparecen en la iglesia. En navidad y pascua hablamos mucho acerca de la perdición, esperando que nuestros invitados registren algo y se convenzan de su necesidad de un salvador. Pero tanto énfasis en el pecado y la muerte puede hacer que incluso el domingo de resurrección parezca lo mismo que el viernes santo, y entonces nuestros desalentados amigos se mantienen alejados hasta navidad, cuando les recordamos que el motivo de la festividad no son los regalos, sino la cruz.

Según algunos innovadores posmodernos, el mayor obstáculo a la fe que presenta mi iglesia, es que exigimos a nuestros visitantes interesados que crean primero para poder pertenecer después. Quienes quieran unirse a nuestra iglesia, antes deben testificar de su fe en Cristo. ¿No seríamos más acogedores, preguntan estos líderes posmodernos, si aceptáramos a las personas tal como son, permitiéndoles participar en nuestra comunidad como un modo de guiarlos a Cristo? En lugar de demandarles creer en Jesús al comienzo, ¿por qué no invitarlos a integrar nuestro grupo de amigos, donde puedan aprender de primera mano acerca del Salvador que inspira nuestro amor?

Un pastor describe cómo su iglesia permitió a un arpista no cristiano tocar su instrumento durante la alabanza, y a un budista nominal unirse a su equipo de teatro. Alentados por la inclusión de la iglesia, el arpista confesó su lealtad a Cristo y el actor lo está considerando seriamente.[1] Otros pastores están compartiendo la eucaristía con personas interesadas en el evangelio.[2] Un amigo me contó cómo su política de «mesa abierta» ayudó a guiar a una mujer a Cristo. A diferencia de otras iglesias, en las que se sintió juzgada porque a los no cristianos no se les permitía participar en la cena del Señor, se deleitó en la aceptación incondicional que encontró en la iglesia de mi amigo y pronto se convirtió en una seguidora de Jesús.

Esto provoca un importante interrogante que muchos cristianos se preguntan: ¿cuál es el orden correcto de creer, convertirse y pertenecer? ¿En qué secuencia se unen las personas al cuerpo de Cristo?[3]

¿CREER, PERTENECER, CONVERTIRSE?

Las iglesias conservadoras típicamente acomodan estos tres términos en el siguiente orden: *creer, pertenecer, convertirse* (véase figura 7.1). *Creer* es, lejos, el más importante de los tres, y si vamos a lo esencial, el único que en realidad importa. La semana pasada asistí al funeral de un hombre que, a lo largo de sus sesenta años de vida, muy rara vez se había hecho tiempo para Dios. Pero en sus últimos días, en tanto ponía sus asuntos en orden, se aseguró de arrepentirse de su pecado y «aceptar a Cristo en su corazón». Por la fuerza de su oración, sus familiares y amigos encontraron consuelo al saber que su alma ahora está en el cielo.

Si hubiera vivido más tiempo o se hubiese arrepentido antes (cuando aún tenía algunos años para ofrecerle al Señor) probablemente hubiera avanzado al segundo paso de *pertenecer*. Se le hubiera dicho que unirse a una iglesia es genial para la responsabilidad, el estímulo y el crecimiento general de su fe cristiana. Los cristianos más comprometidos hacen esto.

Sin embargo, dada la pobre visión de la iglesia que tienen muchos conservadores, tal vez hubiera aprendido que pertenecer a una iglesia no es obligatorio. Muchas iglesias, especialmente las grandes, tienen muchos más asistentes que miembros. Estas son familias cristianas profesas, que viajan solas a la iglesia, se sientan solas en algún rincón del oficio, y luego regresan solas a casa. Creen equivocadamente que alcanza con el simple hecho de asistir a la iglesia, como si fuera un consumo aislado e impersonal de un producto de adoración. En realidad Dios no le da ninguna importancia al asistir de este modo a la iglesia, aún si fuera hecho durante décadas. Ir a la iglesia solo cuenta cuando *somos* la iglesia, cuando conocemos y pertenecemos a las personas sentadas a nuestro lado

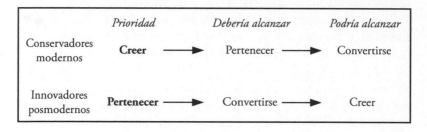

Fig. 7.1. ¿Cómo se une la gente a la iglesia?

Si los conservadores consideran que pertenecer es menos importante que creer, estiman que convertirse es aún menos importante. No es que convertirse no importe. Los conservadores se preocupan muchísimo por la pureza, la obediencia y el amar al prójimo como a uno mismo. Sus sermones regularmente exhortan a los oyentes a resistir la tentación y hacer lo correcto. Pero al fin y al cabo, lo único que se considera es que «hayamos invitado a Jesús a nuestro corazón» para que perdone nuestros pecados. Los creyentes reincidentes probablemente reciban menos recompensas que los seguidores fieles de Cristo, pero ambos escapan del infierno y viven por siempre con él. ¿No es eso lo que más importa?

Los conservadores repiten todo el tiempo que es posible pertenecer a una iglesia y no ser genuinamente salvos. Incluso es posible llegar a ser más justo y amoroso y no ser un auténtico cristiano. Pero quienes creyeron han cruzado el umbral. Están dentro de la familia de Dios, pertenezcan o no alguna vez a una iglesia, sean más o menos santos.

¿PERTENECER, CONVERTIRSE, CREER?

Los innovadores posmodernos reaccionan a este reduccionismo dirigiéndose hacia otra dirección. Comienzan con *pertenecer*. En lugar de trazar una frontera alrededor de nuestra iglesia que niegue la fraternidad con aquellos que creen de modo diferente, sostienen que deberíamos ser cristianos misionales que usamos nuestra fe centrada en Cristo para incluir a los de afuera, en lugar de utilizarla para condenarlos.

Michael Frost y Alan Hirsch comparan los dos modos de hacer iglesia con cavar un pozo de agua y levantar una cerca. A los conservadores les gustan las cercas que separan de forma clara a aquellos que están adentro de quienes están afuera. Pero las iglesias misionales cavan bien. No se preocupan por quién está en qué lado de la cerca; tan solo invitan a las personas a disfrutar del agua de vida de Cristo. Frost y Hirsch explican: «En lugar de ver a las personas como cristianas y no cristianas, como los de adentro o los de afuera, vemos a la gente por su grado de distancia del centro, Cristo. De esta manera, la iglesia misional-encarnacional ve a las personas como cristianos y aún no cristianos. Reconoce las contribuciones de aún no cristianos a la comunidad cristiana y valora los aportes de todas las personas».[4]

Steve Chalke va aún más lejos, sosteniendo que no es tan importante cuan lejos estén los individuos del centro, como lo es la dirección hacia la cual se dirigen. Hay cristianos que cada vez lo son menos y no cristianos que se están convirtiendo en seguidores de Jesús, aunque aun no se autodenominen de este modo. Él escribe: «En lo que atenía a Cristo, no importaba tanto qué tan cerca de él estaba una persona en determinada etapa de su vida, como en qué dirección estaba viajando esa persona». Un miembro del círculo íntimo como Judas podía estar avanzando en la dirección incorrecta mientras que un centurión gentil, a pesar de estar lejos de Cristo, estaba avanzando hacia él. Chalke explica que Jesús estaba interesado en «la dirección general en que estaba dirigiéndose una vida. En su opinión, el centurión mostró una gran fe y era por lo tanto un seguidor».[5]

Sin importar qué tan lejos esté la gente de Cristo y en qué dirección esté avanzando, los innovadores posmodernos quieren que todos sientan que la iglesia es una comunidad segura y hospitalaria a la que pertenecen. Un pastor dice: «Propiciamos un espacio para que las personas pertenezcan antes de que lleguen a creer. Construimos relaciones reales con las personas, sin importar el resultado final. Queremos ser capaces de vivir junto a los demás, ya sea que decidan o no seguir a Jesús». Otro declara: «No nos gustan las barreras rígidas entre los de adentro y los de afuera. Les daremos la bienvenida a todos por igual. Creemos que la fe es un peregrinaje en el que estamos todos».[6]

Una vez que las personas pertenecen a esta comunidad de fe, tal vez se embarquen luego en su viaje y se *conviertan*. Convertirse es importante para los innovadores posmodernos, especialmente convertirse en el tipo de persona que crea un lugar inclusivo, tolerante y seguro para que otros pertenezcan. Se oponen al racismo, sexismo, colonialismo y cualquier otra actitud que nos dé ventaja de modo egoísta y excluya a otros. Brian McLaren dice que ya que «el propósito del reino es reunir, incluir, acoger a quienes estén dispuestos (niños, prostitutas, recaudadores de impuestos) a reconciliarse con Dios y el uno con el otro, nuestra tarea como ciudadanos del reino es convertirnos en personas que tratan de expandir las fronteras de quienes son considerados "adentro" y merecedores de dignidad y respeto».[7]

Pero así como los conservadores consideran que convertirse es menos importante que creer, del mismo modo los innovadores posmodernos estiman que convertirse es menos esencial que la importancia de pertenecer. Frost y Hirsch sostienen que «mientras más cercano está uno del centro (Cristo), su conducta debe ser más parecida al modo de actuar de Jesús». Sin embargo, «aquellos que recién comienzan el viaje en la dirección hacia Jesús (y cuyas vidas quizás no muestren aún semejantes rasgos) también son vistos como "pertenecientes". Nadie es considerado indigno de pertenecer, aun si resulta ser adicto al tabaco, o no está casado con su pareja conviviente. Pertenecer es un valor clave».[8]

Si convertirse es menos importante que pertenecer, entonces *creer*, es aun menos importante. Algunos posmodernos, como Frost y Hirsch, sí valoran la creencia correcta (difiriendo en un aspecto importante de lo que estoy llamando innovadores posmodernos). Escriben que las iglesias misionales «deben tener una serie muy clara de creencias, fundamentadas en Cristo y sus enseñanzas. Este sistema de creencias debe ser innegociable y sostenido fuertemente por la comunidad de personas más cercanas al centro».[9] Pero como descubrimos en los capítulos 2 y 3, otros sugieren que exigir lealtad a las doctrinas centrales de la fe cristiana es innecesario en el mejor de los casos, y carente de amor en el peor de ellos.[10]

Contrario a los conservadores, quienes se regocijan en que su ser querido dijo la oración del pecador antes de morir, Spencer Burke se consoló al saber que su padre moribundo tenía la fe suficiente como para no meterse con ella. Burke escribe, «En lugar de asegurarme que mi padre estaba "bien con Dios", me encontré diciéndole que quizás, después de todo, no se trataba de decir alguna oración o hacer algún tipo de rito o ritual». En lugar de instar a su padre a creer lo correcto para poder ir al cielo, Burke comenta que discutieron sobre cómo «sacar el mejor provecho de la vida hoy» amando a los demás y ocupándose de los necesitados.

Burke concluye: «Prácticamente vi a mi padre morir, y había un asombroso sentido de paz en derredor. Vivió una vida increíblemente plena y no se preocupaba por tratar de entrar al cielo al final de ella. Tenía esta sensación… que la gracia y el amor de Dios eran lo suficientemente grandes. Más grandes, en realidad, de lo que cualquier religión podría comprender».[11]

¿SEGUIR ANDANDO O DAR LA VUELTA?

Los conservadores modernos y los innovadores posmodernos no están de acuerdo acerca de la secuencia de creer, pertenecer y convertirse porque diagnostican de modo diferente la condición humana (véase figura 7.2). Los conservadores tienden a focalizarse en la caída. Enfatizan que las personas son pecadores que necesitan arrepentirse, lo que, tal como puede decírtelo cualquier conservador que asiste a una iglesia, proviene de la palabra griega que significa cambiar tu forma de pensar acerca del pecado y dirigirte hacia la dirección opuesta. Esta conversión requiere de la verdad, porque ¿de qué otro modo puedes saber hacia dónde dirigirte y cómo vivir? Esta verdad se encuentra en la Biblia, donde se la descubre y un predicador la proclama autoritariamente a los creyentes que se congregan cada semana para aprender acerca de la voluntad de Dios y obedecerla.

Quienes se convirtieron reconocen intuitivamente que difieren de aquellos que no lo hicieron, y entonces tienden a ver su comunidad como una fraternidad exclusiva, con límites bien marcados entre la iglesia y el mundo. Son capaces de tener una iglesia pura (ningún inconverso tiene permitido unirse), pero su estructura jerárquica, en la cual el pastor liderando la congregación y la congregación buscando convertir al perdido, suele verse demasiado arrogante como para atraer a los de afuera.

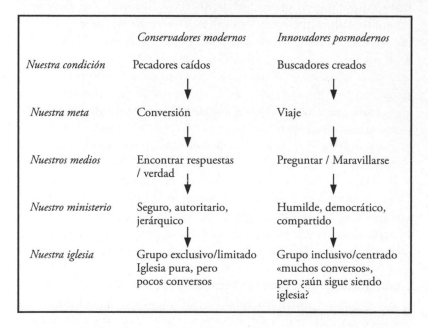

Fig. 7.2. Por qué personas diferentes hacen iglesias diferentes

Los innovadores posmodernos enfatizan la creación. Ven a las personas más como buscadores que como pecadores (o como dicen Frost y Hirsch, al menos «ver a todos como igualmente caídos») lo que los lleva a enfatizar nuestro viaje común en lugar de nuestra necesidad de una conversión dramática.[12] Un líder explica: «La evangelización, o la misión, para mí ya no se trata de persuadir a las personas para que crean lo que creo… Se trata de experiencias y encuentros comunes. Se trata de caminar el viaje de la vida y la fe juntos, cada uno definido por su propia tradición y cultura, pero con la posibilidad de encontrar a Dios y a la verdad en el otro».[13]

Dave Tomlinson, quien se describe a sí mismo como un «postevangélico» en Gran Bretaña, escribe, «el mundo no es un lugar en el cual los cristianos están allí a la derecha y los no cristianos a la izquierda, siendo la tarea de la evangelización trasladar a las personas de un lado al otro. Es mucho más útil pensar acerca de las personas como quienes están en un viaje espiritual en el cual Dios trabaja, esperando ser reconocido».[14]

Y Steve Chalke interpreta las palabras de Jesús acerca de nacer de nuevo, no como la necesidad de un revés contundente, sino simplemente como que Nicodemo debe continuar «el viaje que ya ha emprendido». Jesús «no tenía la intención de llevar a las personas a un punto de crisis para salvarlos». En lugar de esto, le inquietaba que ellas «entiendan su mensaje (aunque solo sea de modo muy débil) y se estén dirigiendo en su dirección». Nicodemo «ya está en la búsqueda, haciendo preguntas. Está tomando algo del fuego, pero quiere acercarse más».[15]

En tanto los innovadores posmodernos consideran la vida cristiana más como un viaje que como una conversión súbita, dan mucho lugar a los interrogantes que se maravillan ante el misterio de Dios. Las respuestas son esenciales para los conservadores que piensan que las personas están avanzando en la dirección equivocada y necesitan dar la vuelta. Pero si ya estamos viajando por el camino indicado, entonces todo lo que necesitamos son preguntas para seguir por el camino. Como cree un pastor, «en tanto estemos formulando interrogantes, estamos viajando y de acuerdo con Dios».

Si la preocupación conservadora por respuestas se presta a sí misma para generar formas de ministerio autoritarias y jerárquicas, el enfoque posmoderno en las preguntas produce un modo humilde y democrático de hacer iglesia. Muchas iglesias posmodernas practican un liderazgo abierto y fluido, donde a cualquiera puede tocarle liderar ocasionalmente el área que le apasiona.[16] Otros están reemplazando el tradicional sermón de treinta minutos con un «diálogo progresivo». En lugar de escuchar pasivamente un monólogo, la congregación contribuye a una conversación fluida que establece tanto el contenido como la aplicación del mensaje semanal.[17] Los innovadores posmodernos son especialmente humildes hacia los desconocidos. Observe las citas precedentes sobre el propósito del evangelismo, que ahora parece contentarse con conversar con no cristianos en lugar de convertirlos.

El énfasis posmoderno en nuestra búsqueda común por descubrir el significado de la vida produce una visión inclusiva de la iglesia. Ya sin dividir a las personas entre grupos de adentro y de afuera, la iglesia invita a todos los concurrentes a participar activamente en su vida y fraternidad. Este acercamiento minimalista quizás atraiga muchos visitantes al grupo, pero también puede amenazar la identidad de la iglesia. ¿De qué modo difiere una iglesia ampliamente inclusiva de cualquier otro tipo de reunión de gente buena? Si no hay ninguna diferencia significativa entre cristianos y no cristianos, entonces no hay una diferencia clara entre la iglesia y el mundo. ¿Entonces por qué molestarse en unirse a una iglesia? ¿Por qué no mejor salir con amigos, como algunos están haciendo, y considerarlo algo bueno?[18]

De este modo, los innovadores posmodernos se encuentran peligrosamente cerca de repetir un error moderno. A comienzos del siglo diecinueve, un teólogo liberal llamado Friederich Schleiermacher defendía la fe cristiana de sus escépticos amigos románticos. En *Sobre la religión*, Schleiermacher les dice que el cristianismo, como cualquier otra religión, fue solo un esfuerzo humano por expresar en palabras el profundo anhelo que cada persona siente por lo divino. Y dado que los románticos se preocupan sobre todo por los sentimientos, el misterio y la imaginación, Schleiermacher les informó que ya eran religiosos pero que no lo sabían.[19]

¿No es esto el resultado del cambio posmoderno hacia pertenecer antes de creer? Si ser un hijo de Dios significa tan solo iniciar un viaje para encontrarlo, entonces cualquiera que haga preguntas meditadas ya está del lado de adentro, hayan o no encontrado las respuestas correctas. Del mismo modo en que Schleiermacher simplificó la religión hasta el ridículo de modo tal que solo era romanticismo del siglo diecinueve, los innovadores posmodernos arriesgan redefinir el cristianismo en una imagen reflejada del posmodernismo del siglo veintiuno.

PEREGRINOS POSMODERNOS

Tanto el paradigma conservador moderno como el posmoderno son inadecuados por sí mismos. El orden posmoderno de pertenecer antes de creer es demasiado permisivo: pocas creencias (o más bien, ninguna) no son aceptadas, en tanto toleres, aceptes e incluyas a los demás. La secuencia conservadora de creer antes de pertenecer suele ser sofocante y opresiva. Es difícil unirse a una iglesia (y muy fácil ser expulsado de una) cuando la membresía requiere suscribirse a una detallada declaración doctrinal, muchas de las cuales incluyen creencias precisas acerca del modo de bautismo, el uso de dones del Espíritu y la secuencia de los eventos en el regreso de Cristo.

Pero ¿qué pasaría si combinamos aspectos de ambos, de modo que las fortalezas de cada uno cubran las debilidades del otro? ¿Qué pasaría si, en lugar de verlas como opciones mutuamente excluyentes, las ordenamos en una secuencia cronológica? La naturaleza gentil y atractiva del orden posmoderno describiría el viaje pre-cristiano a la fe, en tanto que el énfasis conservador en la verdad nos recordaría que este viaje no tiene un final abierto, sino un destino en la vida cristiana comprometida (véase figura 7.3).

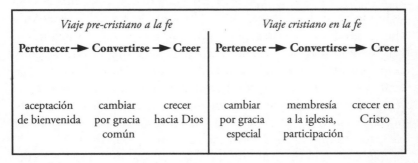

Viaje pre-cristiano a la fe			*Viaje cristiano en la fe*		
Pertenecer ➔	**Convertirse ➔**	**Creer**	**Pertenecer ➔**	**Convertirse ➔**	**Creer**
aceptación de bienvenida	cambiar por gracia común	crecer hacia Dios	cambiar por gracia especial	membresía a la iglesia, participación	crecer en Cristo

Fig. 7.3. Combinando las posturas moderna y posmoderna de la iglesia

Para comenzar, ¿quién puede negar que la iglesia debe aceptar a los no cristianos, amándolos como son, ya sea que comiencen o no a comportarse mejor? Es difícil discutir con Brian McLaren, cuando dice que la iglesia debería enviarle a los visitantes este mensaje: «Somos una comunidad unida y energizada por la fe, el amor y el compromiso con Jesucristo. Aunque aun no poseas esa misma fe, amor y compromiso, eres más que bienvenido a estar con nosotros, a pertenecer aquí, a experimentar lo que vivimos. Luego, si te sientes atraído y persuadido por lo que ves, querrás echar raíces permanentes aquí. Y aun si no lo haces, siempre te consideraremos un amigo».[20]

McLaren correctamente sostiene que debemos dejar de ver a las personas como almas encarnadas con las que nos hacemos amigos con el único propósito de salvarlas. En lugar de esto, deberíamos amarlas como personas enteras dignas de nuestra amistad, sin importar si alguna vez se convierten. Lo anterior, trata a las personas de modo impersonal, como medios para alguna meta más elevada.

Fingimos amistad para salvar sus almas, pero cuando eso sucede, o cuando parece que nunca sucederá, avanzamos hacia el siguiente objetivo de nuestro evangelismo. ¡Cuánto mejor es amar a las personas como fines en sí mismas! Aún les anunciaríamos nuestra fe a ellas, pero ahora porque las amamos en lugar de querer simplemente convertirlas. Les daremos un lugar al cual *pertenecer*, ya sea que se unan o no a nuestra fe.

En tanto estos amigos no cristianos merodean al pueblo de Dios, sus vidas se *convierten* en algo mejor. Al escuchar la Palabra de Dios e interactuar con su pueblo, deberían mejorar el modo en que sirven a sus cónyuges, crían a sus hijos, administran dinero, trabajan, y aman a su prójimo. La influencia de la iglesia debería ayudarlos a prosperar en cada faceta de su vida humana.

Es probable que también comiencen a *creer*. Si inicialmente se mostraban escépticos respecto de la religión o el cristianismo, experimentar una comunidad cariñosa y justa de hijos de Dios, al menos debe provocar que parezca verosímil creer en Dios. Quizás nunca lleguen a convertirse, pero al menos entenderán por qué alguien lo haría.

Afortunadamente, el viaje de fe no tiene por qué detenerse aquí. El mismo Dios cuya gracia común permite que nuestros amigos no cristianos se conviertan de manera marcada en mejores personas y crean más, también puede intervenir con una gracia especial para darles un nuevo nacimiento. Vimos en el capítulo 2 que esta conversión requiere de la verdad, porque los pecadores deben *creer* algo específico acerca de Dios y de ellos mismos para ser salvos. A pesar de que los interrogantes acerca de Dios y del viaje de la fe no terminan (es más, para los cristianos pensantes, nunca deben terminar), este es un lugar en el cual se requieren algunas respuestas. No alcanza con hacer preguntas provocativas. Debemos saber y confiar en la verdad acerca de Jesús para experimentar el cambio radical de la regeneración.

Una vez que nacemos de nuevo, podemos *pertenecer* de modo más completo a la iglesia que antes de ser salvos. Ya no alcanza simplemente con ser amigo o un asistente frecuente, ahora debemos unirnos y servir de modo activo a la comunidad organizada de hijos de Dios. El concepto de que la membresía de la iglesia es opcional para los cristianos es una idea novedosa. Hasta hace muy poco, la mayoría de los cristianos creía el famoso dicho de

Cipriano de que «fuera de la iglesia no hay salvación».[21] En caso de que alguien piense que esta declaración es demasiado católica romana como para que la acepten los protestantes, pregúntate si es posible pertenecer a Cristo si deliberadamente eliges no pertenecer a su iglesia. ¿Puedes estar conectado a la cabeza si no eres parte del cuerpo?[22]

Pertenecer a la iglesia es un aspecto vital del convertido. Los conservadores a veces dan la impresión de que el viaje de fe termina cuando alguien «acepta a Jesús en su corazón». Han cruzado la línea final, saben las respuestas importantes y sólo tienen unos pocos (o ninguno) interrogantes restantes, y su único trabajo ahora es compartir confiadamente a otros estas respuestas mientras esperan el regreso de Cristo.

McLaren corrige esta corta visión de la vida cuando observa que llegar a Jesús es una línea de inicio más que una línea final.[23] El viaje de fe no finaliza cuando confiamos en Jesús; allí recién comienza a ponerse interesante. Nuestro peregrinaje nunca termina del todo, ni siquiera en la ciudad celestial de John Bunyan[a]. Aun en la tierra nueva, cuando estemos morando con Dios en nuestro mundo perfecto, seguiremos teniendo más preguntas que respuestas. No entenderemos todo en el dulce porvenir, porque la infinidad de Dios siempre empequeñecerá nuestras limitadas mentes de seres creados. Conoceremos a Dios mejor que ahora, pero cada vislumbre fresco de su inconmensurable naturaleza provocará nuevos interrogantes, un número ilimitado de los cuales nunca podremos responder.

Para sintetizar: tanto los conservadores modernos como los innovadores posmodernos mejorarían su entendimiento de la iglesia si escucharan al otro, en lugar de demonizarlo. Cuando combinemos ambos modelos en nuestro modo de hacer iglesia, admitiremos con gusto que tanto cristianos como no cristianos están en un viaje, pero enfatizaremos el momento decisivo del arrepentimiento y la fe para entrar al camino. Con una mano aplaudiremos las claras y vigorizantes respuestas del cristianismo, y levantaremos la otra para hacer preguntas. Esperaremos que los nuevos cristianos crezcan en amor y justicia, y abrazaremos con compasión a quienes estén luchando. Limitaremos la membresía al cuerpo de Cristo para

---

a   N. del T.: John Bunyan (28 de noviembre de 1628 – 31 de agosto de 1688) fue un escritor y predicador cristiano inglés. Su obra *El progreso del peregrino* [The Pilgrim's Progress] es una de las alegorías cristianas más conocidas.

aquellos que creen, pero recibiremos y haremos lugar para aquellos que no creen.

Por supuesto, esta distinción entre cristianos y no cristianos implica que importa mucho el hecho de que la persona crea en Jesús. Pero muchos cristianos de hoy no están tan seguros. Se preguntan si la salvación está limitada a los pocos que siguen a Jesús, o si el reino de Dios incluye gente de otras religiones, como budistas, hindúes, y musulmanes. A ese interrogante nos abocaremos a continuación.

CAPÍTULO 8

¿EL REINO DE DIOS INCLUYE A NO CRISTIANOS?

Los cristianos conservadores conocen las misiones. Nuestras oraciones piden a Dios que bendiga cuatro cosas: los alimentos, la familia, los amigos y los misioneros. Nuestras iglesias anualmente son sedes de conferencias misioneras, en las que se exhiben comidas exóticas de tierras lejanas, banderas de naciones extranjeras e interpretaciones múltiples de la canción «Tienen que saber». Y enviamos a nuestros jóvenes en viajes misioneros: las iglesias pequeñas se conforman con un campamento de escuela bíblica en Kansas, mientras que las grandes apuntan a Filipinas o Koh Samui.

En lo más cotidiano, los cristianos conservadores hablan mucho acerca del evangelismo personal. Aclamamos a los predicadores que nos entretienen con historias de sus hazañas misioneras. Un orador de mis días de universidad parecía haber guiado a todas las personas que conocía (e incluso algunas pocas que no conocía) al Señor. Nos contaba cómo envolvía tratados en papel de celofán rojo y lanzaba estas bombas de evangelio a insospechados transeúntes mientras conducía por la ciudad. Algunas personas se enojaban, como aquel mecánico que, pensando que el misil era un petardo encendido a punto de explotar, intentó alejarse rápidamente y se golpeó la cabeza contra el parachoques del auto. Pero antes de que nuestro orador hubiera regresado para ayudarlo, el mecánico ya había abierto el folleto sin detonar y entregado su corazón a Cristo.

Hasta hace poco, era fácil para los conservadores sostener esta visión sencilla de la salvación. Enviábamos misioneros alrededor del mundo y testimoniábamos a nuestros amigos cercanos porque temíamos que quien no se arrepintiera de sus pecados y confiara en Jesús pasaría la eternidad en el infierno. Pero en la actualidad, un número creciente de cristianos ya no está tan seguro de eso.

El mundo ahora es más pequeño. De buena gana creíamos que los budistas, musulmanes e hinduistas se iban al infierno, cuando nuestro único contacto con ellos era a través de los misioneros que así nos lo afirmaban. Pero ahora estamos conectados mediante aviones, teléfono e Internet. Muchos de ellos son nuestros vecinos. Vamos de compras con ellos, concurrimos al colegio con ellos y les subcontratamos nuestros trabajos. Los conocemos. Y es difícil aceptar que esta gente tan agradable y decente pueda ser condenada eternamente por el solo hecho de no creer que Jesús murió y resucitó para perdonar sus pecados.

También somos más humildes. El cristianismo ya no es la religión dominante en el país más dominante del mundo. El estatus de superpotencia de Estados Unidos (y el rol del cristianismo en su éxito) infundió la confianza de que nuestro país y religión eran lo mejor. Creíamos que otras naciones debían convertirse a nuestra forma de gobierno, una democracia libre que fluye mejor de nuestra creencia en el Dios de la Biblia.

Pero la preocupación por el terrorismo y la guerra en Irak causó que muchos reconsideren el rol de Estados Unidos en el mundo. Ya no estamos tan seguros de que este país siempre está en lo correcto y siempre ganará, y por lo tanto ya no confiamos tanto en la religión usada para justificar nuestras acciones. En lugar de imponer nuestra voluntad a los demás, ahora buscamos escuchar y aprender de las perspectivas de otras naciones y religiones. Vivimos en un mundo diverso y multicultural, en el cual tener razón parece menos importante que llevarse bien con los demás.

Nuestra humildad ha llevado a una nueva apertura respecto a otras religiones. Una vez Billy Graham hizo una gira mundial advirtiendo a las personas que eviten el infierno, mediante la fe en Jesús. Cuando hace poco tiempo se le preguntó si creía que el cielo estará cerrado para los buenos judíos, musulmanes, budistas, hinduistas o personas seculares, Graham respondió: «Esas son decisiones que solo el Señor hará. Sería tonto de mi parte especular sobre quien estará allí y quien no… No quiero especular acerca de todo eso. Creo que el amor de Dios es absoluto. Dijo haber dado a su Hijo por todo el mundo, y creo que ama a todos sin importar la etiqueta que tengan».[1]

Muchos innovadores posmodernos están trascendiendo la posición ambivalente de Graham, argumentando que gente de otras religiones probablemente pertenece al reino de Dios. Brian McLaren realiza una serie de preguntas retóricas para insinuar que miembros de otras religiones pueden resultar mejores ciudadanos del reino que los cristianos. Brian escribe:

¿No sería fascinante si miles de **musulmanes**, alienados debido a dónde han llevado su religión los fundamentalistas y extremistas, comenzaran a «tomar sus lugares en el festín», descubriendo el mensaje secreto de Jesús en formas que muchos cristianos no han descubierto?

¿Podría suceder que Jesús, reconocido siempre como uno de los más grandes profetas del Islam, sea redescubierto de algún modo para salvar al Islam de su peligroso lado oscuro? De igual modo, ¿no habría cierta justicia irónica si los propios compatriotas de Jesús, el **pueblo judío**, guiaran el camino en entender y practicar la enseñanza central de uno de sus profetas frecuentemente secuestrado por otros intereses o ideologías? ¿O si **budistas, hinduistas** o incluso **previos ateos y agnósticos** vinieran del «este y oeste, norte y sur» y comenzaran a disfrutar el festín del reino en modos que aquellos que llevan el nombre de cristianos no lo han hecho?[2]

¿Por qué usa McLaren el término «previos» para describir a los ateos y agnósticos, pero no para los budistas, hinduistas, musulmanes y judíos? ¿Está diciendo que las personas pueden acceder al reino de Dios sin abandonar sus religiones no cristianas?[3]

Un líder explica: «Entiendo que si el reino es de lo que se trata Dios, entonces Dios debe estar involucrado en otras formas de fe… Solemos ver nuestro trabajo en relación a la persona y la obra única de Cristo. Si otras religiones participan en ese trabajo, está bien».[4]

Otro líder dice, «Nos asociamos con quienes parecen abrazar valores del reino y están haciendo trabajo del reino, incluso si no son cristianos "ortodoxos". Recolectamos latas con los unitarios, trabajamos en festivales de música blues, y colaboramos con organizaciones seculares en la ciudad de Pittsburg. Los desafíos urbanos son tan grandes que los grupos necesitan trabajar juntos en todo lugar que sea posible».[5]

Este giro posmoderno hace surgir dos preguntas importantes a las que abordaré en este capítulo: ¿son «salvos» quienes practican otras religiones? Y si no, ¿pueden de todos modos contribuir al reino de Dios?[6]

¿QUÉ TAN ANCHO ES EL CAMINO?

1. Universalismo. No muchos innovadores posmodernos parecen creer en un universalismo total: la idea de que todas las personas en todo lugar serán salvas (véase figura 8.1). La razón más convincente para ser universalista es que un Dios absolutamente amoroso y poderoso hará caso omiso a nuestras elecciones y no permitirá que permanezca ningún rechazo hacia él.[7] Pero esto es demasiado irrespetuoso de la libertad humana para los innovadores posmodernos, que detestan todo aquello que huela a coerción. Un personaje protagónico de la trilogía de McLaren explica: «Quizás el plan de Dios sea un plan en el cual las personas ya están incluidas y pueden optar por no participar, y no un plan en el que las personas no están incluidas, pero tienen la oportunidad de optar por participar. Si quieres permanecer fuera de la fiesta, puedes hacerlo. Nadie te obligará a disfrutarla».[8]

Incluso Spencer Burke, argumenta que la gracia y la espiritualidad trascienden toda religión de modo que nadie tiene que «convertirse a alguna religión particular para encontrar a Dios», reserva el derecho de las personas a rechazar la gracia de Dios si así lo desean. Burke paradójicamente se autodenomina «un universalista que cree en el infierno», con lo que quiere decir que «estamos incluidos a menos que elijamos estar fuera. Así funciona la gracia. No elegimos participar, sólo podemos optar por no participar».[9]

No obstante, si bien les resulta difícil a Burke y a los protagonistas en la historia de McLaren imaginarse a alguien contemplando cara a cara al Dios de gracia y aun así optar por el infierno, sí parecen inclinarse hacia el universalismo. Como muchos innovadores posmodernos, creen que el amor de Dios abarca a todos, excepto a aquellos pocos potenciales que insisten a sabiendas en sabotear su propia salvación.[10]

El problema con el universalismo es su tendencia a minimizar el juicio justo de Dios y nuestro pecado que lo provoca. Como vimos en el capítulo 4, los autodenominados universales como Burke ya no hablan de pecado y desobediencia, sino solo de nuestro quebrantamiento y fragmentación. Burke está en lo correcto al observar que estamos quebrados, pero se olvida de que esta necesidad sentida es un síntoma de un problema más profundo. A menos que depongamos nuestras armas y nos arrepintamos de nuestra rebelión, no podemos estar completos (sin ruptura).

Los pastores que definen al pecado como quebrantamiento en lugar de rebelión contra Dios están estableciendo, quizás sin darse cuenta, los fundamentos para el universalismo. Después de todo, si las personas simplemente están quebradas y sangrando, ¿Por qué no habría de curarlos y perdonarlos un Dios amoroso? Pero si las personas están heridas por su sublevación pecaminosa contra Dios (un levantamiento en el que persisten con obstinación), entonces su restauración se torna más complicada. Es difícil reparar y reconciliarse con insurgentes que continúan luchando. Diré más al respecto en mi respuesta al inclusivismo.

2. *Pluralismo*. Pocos, si es que hay alguno, de los innovadores posmodernos admiten creer en el pluralismo. Esta postura de nuestra cultura declara que toda religión es una vía legítima hacia Dios (o nirvana, en el caso del ateísmo budista) y que todo el que persiste en buscar un camino, finalmente llegará a él. Spencer Burke parece sostener una versión de esta posición, porque su iglesia «celebra otras tradiciones… como hijos amados de Dios». Su iglesia no solo visitó un templo budista, sino que participó en una meditación guiada con la familia budista en su congregación.[11] Más aún, Burke no tendría problema de ser un pluralista si creyera que las religiones individuales tuvieran alguna importancia. Pero dado que cree que todos comienzan la vida siendo ya aceptados por Dios, no considera que necesiten tomar un camino religioso para llegar hasta él.[12]

El problema con el pluralismo es que ignora la revelación de Dios en Jesucristo. Si Jesucristo revela a Dios de forma precisa, entonces otras religiones son incompletas en el mejor de los casos, y llanamente equivocadas cuando se diferencian de Jesús. Cualquier pluralista que contemple estas religiones como alternativas viables no es cristiano en el sentido histórico e inteligible de la palabra. Muchos innovadores posmodernos están conscientes de esto, y pocos han caído en la trampa pluralista.[13]

3. *Inclusivismo*. Si creer que las personas pueden optar por no participar del plan de Dios previene a los innovadores posmodernos de convertirse en universalistas desarrollados, su creencia de que las personas no necesitan optar por participar los compromete, por lo menos, a una forma extrema de inclusivismo.

Los inclusivistas tradicionales (que incluye un número creciente de evangélicos) creen que es posible que los miembros de otras religiones sean salvos.[14] Sostienen que todas las personas salvas lo son mediante Jesús, pero no necesitan conocer y creer en él para recibir este beneficio. La vida, muerte y resurrección de Jesús puede cubrir a personas que jamás han oído acerca de él.[15]

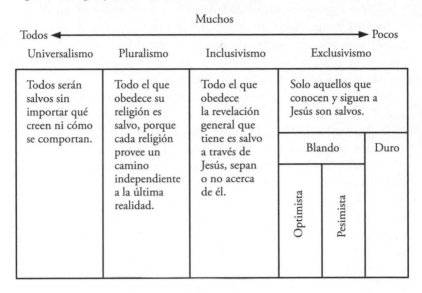

Todos ◄	Muchos		Pocos ►
Universalismo	Pluralismo	Inclusivismo	Exclusivismo
Todos serán salvos sin importar qué creen ni cómo se comportan.	Todo el que obedece su religión es salvo, porque cada religión provee un camino independiente a la última realidad.	Todo el que obedece la revelación general que tiene es salvo a través de Jesús, sepan o no acerca de él.	Solo aquellos que conocen y siguen a Jesús son salvos.

Fig. 8.1. ¿Cómo y cuántos son salvos?

El inclusivismo comienza con el ilimitado amor de Dios por el mundo entero. Insisten en que su Dios misericordioso no condenaría a las personas que nunca han tenido la oportunidad de aceptarlo o rechazarlo. Después de todo, no es su culpa que cristianos perezosos o egoístas hayan fallado en enviar misioneros a predicarles el evangelio.[16] Un Dios justo y amoroso no responsabilizaría a las personas por lo que no sabían, sino solo por lo que hicieron.[17]

Esto lleva a los inclusivistas a concluir que las personas pueden ser salvas si responden de modo correcto a la revelación de Dios. Cualquiera que se mire a sí mismo y al mundo puede deducir que todo esto fue creado por un Dios bueno y poderoso. Si se someten y sirven a esta noción general de Dios, serán salvos, ya sea que conozcan o no acerca de la cruz y la resurrección de Jesús.[18]

Esta visión inclusiva es la posición actual de la iglesia católica romana. El Concilio vaticano II de 1964 anunció: «Quienes, sin tener culpa en ello, no conocen el evangelio de Cristo o su iglesia, pero no obstante buscan a Dios con un corazón sincero, y, movidos por gracia, tratan de hacer la voluntad de Dios con sus acciones conforme se los dicta sus conciencias, ellos también pueden lograr la salvación eterna».[19]

Observe cómo la sinceridad de la fe cuenta más que su contenido. Los inclusivistas sostienen que no importa cuánto sabe una persona, sino cómo responde a lo poco que sí sabe. Clark Pinnock afirma: «De acuerdo a la Biblia, las personas son salvas por la fe, no por el contenido de su teología… A las personas se las juzgará sobre la base de la luz que recibieron y el modo en que respondieron a esa luz».[20]

Incluso si lo que la gente cree acerca de Dios es incorrecto, aun así se los acepta en tanto respondan a su idea de Dios con adoración y obediencia. C. S. Lewis cerró sus *Crónicas de Narnia* con Aslan aceptando la adoración bien intencionada ofrecida a un falso dios. Aslan habló: «Hijo… todo el servicio que has prestado a Tash, lo cuento como servicio prestado a mí… Por lo tanto, si alguien jura por Tash y mantiene su juramento cueste lo que costare, es en mi nombre por el que ha jurado en realidad, aunque no lo sepa, y soy yo quien lo recompensa».[21] En otro lugar Lewis explicó, «Creo que cada oración hecha con sinceridad, incluso a un dios falso… es aceptada por el verdadero Dios y que Cristo salva a muchos que no creen conocerlo».[22]

De este modo, como vimos en los capítulos 2 y 3, los inclusivistas tienden a valorar la ética sobre la doctrina. Es más importante que las personas tengan buenas *intenciones* a que *sepan* lo correcto, es más importante que *hagan* lo correcto a que *crean* lo correcto. Así, los inclusivistas sostienen que incluso los paganos virtuosos pueden ser santos, porque su buena conducta bien los hace «cristianos anónimos» o creyentes pre-cristianos aceptados por Dios.[23]

Pero los innovadores posmodernos van aún más lejos, y sostienen un modo más extremo de inclusivismo. Los inclusivistas tradicionales afirman que las personas deben hacer algo para ser salvos. No necesitan conocer y creer en Jesús, pero deben, como sugirió el Vaticano II, «buscar a Dios con un corazón sincero y, movidos por gracia, tratar con sus acciones de hacer la voluntad de Dios conforme se los dicta sus conciencias».

Pero los innovadores posmodernos parecen haber bajado aún más la barra. Las personas no solo no necesitan creer en Jesús, sino que tampoco necesitan dirigirse al Dios que conocen ni obedecerle. No necesitan creer o hacer algo para ser salvos, porque según las palabras de Burke, «estamos dentro a menos que elijamos estar afuera». En tanto no rechacemos la gracia de Dios, disfrutaremos su salvación eternamente. El inclusivismo tradicional dijo que debemos creer o *hacer algo*, siquiera mínimo, para ser salvos. Esta versión posmoderna dice que somos salvos incluso si no creemos o no hacemos *nada*. Ya nacimos perteneciendo.

Ambas formas de inclusivismo son atractivas. ¿Quién no quiere creer que sin importar quienes sean o dónde viven, todos tienen la oportunidad de recibir la salvación al obedecer, o al menos al no rechazar, lo que saben? ¿No deberíamos esperar que nuestro amoroso y soberano Dios haga la salvación disponible para todos?

¿QUÉ TAN ANGOSTO ES EL CAMINO?

Solo hay un problema. ¿Qué sucede si, como lo discutimos en el capítulo 4, las personas nacen quebradas, resueltas a salirse con la suya en lugar de someterse a lo que conocen acerca de Dios? Probablemente acallen lo que Dios ha revelado acerca de sí mismo en el mundo y traten de ignorarlo. Esto es lo que el apóstol Pablo dice que todos hacen.

Pablo comienza su carta a los romanos con un argumento contra la pecaminosidad universal de la raza humana. Declara que todos los judíos pecan desobedeciendo la revelación especial de Dios en la Ley, y que todos los gentiles son culpables de suprimir la revelación general de Dios en el mundo. Y dado que todos son judíos o gentiles, Pablo concluye con toda seguridad que «todos han pecado y están privados de la gloria de Dios».[24]

Ya que estamos discutiendo la salvación de quienes desconocen el evangelio, nos enfocaremos en aquello que, según Pablo, todos los gentiles saben acerca de Dios. Pablo declara: «Porque desde la creación del mundo las cualidades invisibles de Dios, es decir, su eterno poder y su naturaleza divina, se perciben claramente a través de lo que él creó, de modo que nadie tiene excusa». Luego de citar una lista de pecados que la gente comete rutinariamente, Pablo agrega: «Saben bien que, según el justo decreto de Dios, quienes practican tales cosas merecen la muerte; sin embargo, no sólo siguen practicándolas sino que incluso aprueban a quienes las practican».[25]

Pablo dice que toda persona sabe (ya sea de modo innato o por contemplar a la naturaleza) que Dios existe y que es todopoderoso y justo. Lo siguiente que todos deberían reconocer de modo inmediato es que ellos no lo son. Sus pecados los han metido en problemas con un Dios santo. Necesitan ayuda. No solo un poco de ayuda, no solo un empujón en la dirección correcta, sino toda la ayuda. Necesitan la salvación completa, un rescate que de principio a fin proviene completamente de Dios.

¿Esa ayuda no es decirles que solo hay un candidato para este trabajo? Jesucristo es el único Dios que ofrece redención enteramente por gracia. Cualquier otra religión que promete salvación agrega tareas humanas a la mezcla.[26] Sus miembros se esfuerzan por ser mejores con la esperanza de que su dios ceda y los acepte. Pero dado que Pablo dice que todos conocen acerca del Dios justo, estos adoradores deben darse cuenta de que su diminuta contribución no puede comenzar a cerrar la brecha. ¿Entonces por qué persisten?

Porque son rebeldes. Pablo observa que a pesar de que las personas saben algunas cosas acerca de Dios, pueden considerarse como quienes «con su maldad obstruyen la verdad».[27] De modo obstinado quieren jugar a ser Dios, creando religiones que reverencian al justo poder de Dios, pero dejan demasiado lugar para el orgullo humano.

Por ejemplo, el Islam reduce la vida religiosa a una serie de reglas indesafiables que cualquiera puede cumplir con facilidad. Los musulmanes pueden obtener la salvación tan solo diezmando un 2,5 por ciento de sus ingresos, viajando una vez a la Meca, ayunando durante las horas de sol del día de Ramadán, asistiendo a la mezquita los viernes, y ofreciendo oraciones cinco veces al día. E incluso si fallan en estos cinco pilares del Islam, tienen la esperanza de que sus intentos hayan producido suficientes buenas obras como para ameritar la aceptación de Alá. Los musulmanes jamás se humillan ante Dios confesando que son pecadores desesperados e incapaces. Ellos reconocen la majestad de Dios, pero de un modo poco exigente que no doblega su orgullo ni exige sacrificios costosos. En tanto sean morales, pueden asumir que Dios está satisfecho con ellos.[28]

Librados a sí mismos, todos elegirían una religión como esta, la cual, si aceptara la existencia de Dios, lo mantendrían a distancia a él y a sus demandas. Por esta razón todos necesitan al Espíritu Santo para comenzar la salvación, venciendo la negación de la verdad y otorgándoles el poder de arrepentirse de sus pecados y de arrojarse a la misericordia de Jesucristo.

¿Cómo hace este trabajo el Espíritu Santo? En el capítulo 2 mencioné que usa la revelación especial (la Palabra de Dios proclamada por predicadores humanos) para dar un nuevo nacimiento. Este hecho es la fuerza motriz de la posición exclusivista.[29] Los exclusivistas creen que dado que el Espíritu Santo usa la verdad para regenerar a los pecadores, el conocimiento del evangelio es indispensable para la salvación. Como dice Pablo, «la fe viene como resultado de oír el mensaje, y el mensaje que se oye es la palabra de Cristo».[30] La otra cara de la moneda, que muchos encuentran desagradable, es que quienes no conocen y creen en Jesús no pueden ser salvos.

Los exclusivistas responden a este lado oscuro de su postura de modos diversos.[31] Los exclusivistas duros anuncian sin perturbarse que quienes no hayan sido evangelizados no pueden ser salvos, mientras que los exclusivistas blandos sostienen variados niveles de esperanza. Los exclusivistas blandos admiten de buen grado que en la teoría es posible que cualquiera responda de modo correcto a la revelación general, y si lo hacen, Dios encontrará el modo de hacerles llegar la revelación que necesitan para ser salvos, ya sea mediante misioneros o a través del método directo e inusual del sueño o visión.[32]

Algunos son pesimistas respecto a esta posibilidad, dado que los pecadores necesitan del Espíritu Santo para vencer su negación a la verdad, y el Espíritu Santo opera en conjunto con la Palabra de Dios. ¿Qué tan probable es que el Espíritu Santo inicie la salvación en la revelación general, usando el conocimiento del Creador para abrir el apetito de redención de una persona?

Algunos consideran que esto es probable y citarán historias (quizás leyendas urbanas) de paganos piadosos muy adentrados en tierras musulmanas que recibieron sueños divinos instándolos a creer en el evangelio de Cristo.

Este exclusivismo blando optimista es vecino del inclusivismo, porque ambos afirman que muchos están respondiendo en fe a la revelación general, por lo cual son salvos. La diferencia es que los inclusivistas creen que la salvación puede venir a través de la revelación general sola, en tanto los exclusivistas optimistas dicen que la salvación sólo proviene de la revelación especial, dada como recompensa por obedecer la revelación general.[33]

Soy un exclusivista blando que es pesimista respecto del destino de quienes practican otras religiones. A pesar de que todo es posible, y de veras deseo lo mejor, creo que además de la gracia salvadora del Espíritu Santo, la cual según las Escrituras siempre viene de oír la Palabra, todos derribarán y distorsionarán de modo pecaminoso lo poco que saben acerca de Dios. Es hipotéticamente posible que cualquiera obedezca la revelación general de Dios y reciba más luz. Pero dada la profundidad de nuestra depravación, dudo que alguno lo haga.

¿HAY ALGÚN CAMINO INTERMEDIO?

No obstante, mi tradicional creencia evangélica de que los no cristianos están excluidos del reino de Dios no implica que ellos nunca puedan contribuir al mismo. Los conservadores tienden a equivocarse hacia este extremo, limitando el reino de Dios a un aspecto de un segmento de la población (lo que los creyentes en Jesús disfrutan cuando se reúnen como iglesia para recibir la Palabra y el sacramento).[34] Los liberales apuntan a la dirección opuesta, declaran que quien contribuya al bien común del mundo es miembro del reino de Dios, sin importar su creencia.[35] Como antes, prefiero no optar por ningún extremo, sino tomar una postura matizada que conserve los mejores elementos de ambos (véase figura 8.2).

El reino es el reinado legítimo de Dios sobre su mundo como creador y redentor.[36] El Dios que creó todas las cosas, las rescatará de la destrucción de Satanás y el pecado.[37] Este reino, establecido por Jesús en su primera venida y consumado a su regreso, ahora se centra en su iglesia.[38]

La iglesia es el corazón del reino de Dios en la tierra, porque es donde los pecadores rebeldes, nutridos por la Palabra, el bautismo y la cena del Señor, deponen sus armas y se someten al señorío de Cristo. Jesús está destruyendo el reino de Satanás, no a través de escuelas, librerías cristianas, ni evangelistas televisivos (especialmente sin ellos), sino mediante su iglesia, la cual él prometió que derribaría las puertas del infierno.[39] No podemos enfatizar lo suficiente la importancia del cuerpo de Cristo. Juega el rol protagónico en la extensión del reinado de Dios en la tierra.

Pero a pesar de que el reino de Dios tiene su base de operaciones en su iglesia, es más amplio que la reunión del pueblo de Dios. Los ciudadanos del reino de Dios buscan exhibir su reinado sobre

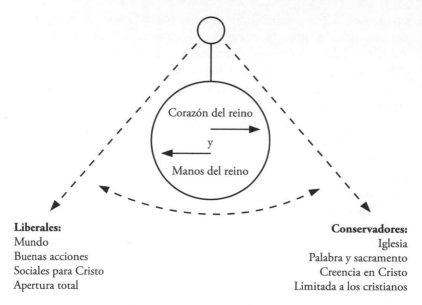

Liberales:
Mundo
Buenas acciones
Sociales para Cristo
Apertura total

Conservadores:
Iglesia
Palabra y sacramento
Creencia en Cristo
Limitada a los cristianos

Fig. 8.2. ¿Dónde está el reino de Dios?

cada área de la vida, no solo en su adoración semanal, sino también en sus hogares, trabajos, pasatiempos y entretenimientos. Los cristianos que han entregado sus corazones a Cristo naturalmente quieren convertirse en sus manos en el mundo. Así como Cristo estableció su reino echando fuera demonios y sanando enfermos, del mismo modo revelamos el gobierno de Dios cuando arrancamos de raíz las muchas maneras en que el pecado ha contaminado el mundo.[40]

Contribuimos al reino en los asuntos cotidianos cuando nos rehusamos a torcer la verdad para nuestro beneficio propio, escuchando con paciencia la versión del otro antes de proclamar nuestra postura, nos apegamos a nuestra palabra aun cuando eso nos perjudica, y cambiamos de canal en lugar de entretenernos con algo pecaminoso. Extendemos el reino en modos dramáticos cuando nos ocupamos de niños que por causa del SIDA quedaron huérfanos, rescatamos a niñas jóvenes del tráfico sexual, descubrimos una cura para el cáncer de colon, e influenciamos a los gobiernos para detener un genocidio.

Entonces, si estos actos son «trabajo del reino» cuando los realizan cristianos, ¿Qué deberíamos decir cuando los realizan los no cristianos? ¿Cómo deberíamos denominar a Oprah construyendo una escuela de primera categoría para niños con discapacidad, a Angelina Jolie adoptando a un surtido de niños pobres de alrededor del mundo, a George Clooney llamando la atención sobre el genocidio en Darfur, y a Warren Buffet y Bill y Melinda Gates donando 67 millones de dólares estadounidenses para combatir las enfermedades en África y reformar la educación en América?[41]

Estos no son actos del reino *per se*, porque no están motivados por amor a Cristo y su reinado. Pero aun de modo inadvertido contribuyen con él. No deberíamos desacreditar tamaños esfuerzos por no ser suficientemente cristianos, sino que deberíamos aplaudir la generosidad de los donantes y buscar el modo de trabajar juntos cada vez que sea posible. Digamos que la fundación de Bill y Melinda Gates dona camiones llenos de tiendas para combatir la malaria y cócteles de medicinas para el SIDA en el África subsahariana, en donde trabajan como médicos misioneros. ¿Rechazas la ayuda por provenir de una fuente no cristiana, o te regocijas de que mediante la gracia común el Espíritu Santo inspire aun a no cristianos a involucrarse para contribuir y batallar contra algunos de los efectos del pecado?

Cornelio Plantinga observa con sabiduría que «Dios no necesita emplear solo organizaciones cristianas para llevar adelante la causa de su reino. Dios puede usar todo tipo de grupos o personas para promover sus propósitos, incluyendo a aquellos que no están interesados o incluso se oponen a Dios… Una persona no tiene que creer en Dios para, de modo inconsciente, tener parte en la obra de Cristo en el mundo».[42]

George Whitefield era amigo íntimo de Ben Franklin. Comenzando como una relación de negocios (Whitefield quería publicidad del periódico de Franklin y Franklin necesitaba a Whitefield para vender periódicos), pronto se convirtieron en tan buenos amigos que Franklin invitó a Whitefield a quedarse en su casa cuando su avivamiento llegó a Filadelfia. Whitefield intentó alentar a su amigo deísta agradeciéndole en nombre de Dios por su gesto. Pero Franklin no mordió el anzuelo. «No me malinterpretes», respondió. «No fue por el bien de Cristo, sino por el tuyo».[43]

La hospitalidad de Franklin no fue un acto del reino, pero de modo indirecto él contribuyó mucho a la causa de Cristo, publicando los sermones de Whitefield y hospedando al evangelista más grande del siglo dieciocho. Agustín denominó a esto «saquear a los egipcios», en referencia a la salida del pueblo judío de Egipto con enormes cantidades de plata y oro paganos con las que construyeron el tabernáculo.[44] Solo porque los no cristianos no pertenecen al reino de Dios, eso no los previene de contribuir a la causa sin saberlo. De igual modo que Whitefield e Israel, podemos aceptar sus esfuerzos aun redirigiéndolos a un fin más elevado.

Puedes pensar que es un consuelo escaso considerar el trabajo de los no cristianos como aportes indirectos al reino de Dios, cuando ellos mismos permanecen fuera de él. ¿Qué será de ellos? Esto hace surgir el tema del próximo capítulo y uno de los debates más calientes de nuestros días: ¿qué debemos creer acerca del infierno?

CAPÍTULO 9

¿EL INFIERNO ES REAL
Y PARA SIEMPRE?

Los cristianos conservadores tienen una fijación con la vida después de la muerte. Nuestra frase evangelística preferida para romper el hielo es: «Si murieras esta misma noche, ¿sabes dónde pasarías la eternidad?» ¡Y nos preguntamos por qué no nos invitan a más fiestas! Llenamos nuestros sermones evangelísticos con historias de cáncer, accidentes automovilísticos y secuestros, y luego advertimos a nuestros oidores que «pongan las cosas en orden delante de Dios» en caso de que algo similar les suceda. Incluso nuestro énfasis en el evangelismo (más que en el discipulado) indica que pensamos que donde vivan las personas en la próxima vida es más importante que cómo viven en esta. Considerando todo, preferimos ser perdedores egoístas que se arrepienten momentos antes de morir, que personas buenas que «se meten en una eternidad sin Cristo» por no haber dicho nunca la oración del pecador.

La vasta extensión de la vida eterna amenaza con empequeñecer el significado de nuestra vida aquí y ahora. Muchos cristianos creen que su breve vida en la tierra es una simple práctica para su vida real que comienza cuando mueren. Un libro que es éxito de venta apoya este sentimiento popular:

> La vida aquí en la tierra es solo el ensayo antes de la verdadera actuación. Estarás mucho más tiempo al otro lado de la muerte, *en la eternidad*, que aquí. La tierra es el escenario, la escuela primaria, el ensayo para toda la vida en la eternidad. Los ejercicios, el entrenamiento antes del partido, el trote de calentamiento antes de que la carrera empiece. Esta vida es el preámbulo de la vida venidera. En la tierra, como máximo, vivirás cien años; pero en la eternidad vivirás para siempre.[1]

Muchos innovadores posmodernos resisten esta hegemonía de la vida eterna tratando de reclamar la importancia de esta vida (véase figura 9.1). En lugar de promover la salvación como preparación para la muerte, presentan el seguir a Jesús como la mejor manera posible de vivir. Parafrasean el latiguillo evangelístico para romper el hielo en una pregunta más desafiante: «Si supieras que sobrevivirías esta noche, ¿no quisieras vivir para Jesús?»

Algunos innovadores posmodernos van aún más lejos, argumentando que nunca nos sobrepondremos de nuestra obsesión por la vida eterna hasta que superemos nuestros traumas respecto del infierno. Brian McLaren pregunta: «¿La preocupación por el infierno no nos tienta a devaluar otros aspectos importantes? En otras palabras, ¿no es el infierno una "cuestión medular" tan grave que devalúa otros valores? Enfatiza tanto la importancia de la vida después de la muerte que puede, sin tener la intención de hacerlo, trivializar la vida antes de la muerte».[2]

A McLaren le inquieta que a menudo estemos tan preocupados en evitar el infierno que nos olvidamos de hacer la voluntad de Dios en la tierra. Como el pastor Dan explica en la historia de McLaren, muchos cristianos creen que «este mundo terminará pronto, entonces ¿por qué preocuparse por la justicia *aquí y ahora*? Lo que en verdad importa es dónde terminarás *entonces y allí*, en la vida eterna. Tu estatus allí depende de tu piedad religiosa: de la oración, el estudio bíblico y la adoración, no en actos de compasión y justicia social».[3]

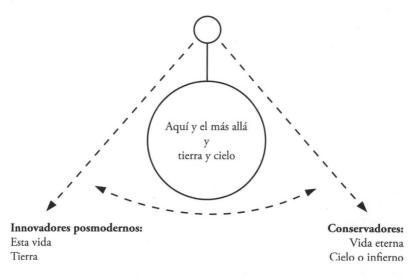

Aquí y el más allá
y
tierra y cielo

Innovadores posmodernos:
Esta vida
Tierra

Conservadores:
Vida eterna
Cielo o infierno

Fig. 9.1. ¿Qué vida importa?

McLaren plantea un punto interesante. Algunos cristianos pueden obsesionarse tanto con asegurar su salvación en la próxima vida que descuidan el servir a Dios y al prójimo ahora. Y sin embargo, como lo han mostrado capítulos previos, los innovadores posmodernos que tratan de alejarse de un desliz conservador, tienden a corregirla por demás. McLaren no se contenta con contrarrestar una visión tradicional de la vida eterna con una fuerte preocupación por buscar el reino de Dios ahora, sino que intenta recuperar la importancia de nuestra vida presente cuestionando nuestras suposiciones acera de la próxima. Lo que sigue es su audaz intento, en sus palabras, por «desarmar nuestros conceptos convencionales del infierno».[4]

¡VETE AL INFIERNO!

McLaren argumenta que la visión tradicional del infierno convierte a Dios en «una deidad que sufre de un trastorno de personalidad o algún diagnóstico sociopático más severo». Los cristianos dicen a los demás que «*Dios te ama y tiene un plan maravilloso para tu vida, y si tú no lo amas y cooperas con su plan exactamente del modo prescripto, Dios te torturará eternamente de un modo inimaginable*». McLaren considera que este modo de entender a Dios produjo ciertas «disfunciones de la religión cristiana», que él trata de corregir al reexaminar la perspectiva de Jesús sobre el infierno.[5]

Los héroes de su historia, Neil y el pastor Dan, se preguntan por qué Jesús habló tanto acerca del infierno si el Antiguo Testamento hizo un silencio prácticamente absoluto respecto de la vida eterna.[6] ¿Qué fuentes utilizaba Jesús? Ellos suponían que Jesús probablemente había escuchado hablar a los fariseos acerca del infierno, quienes, habiendo tomado el concepto de otras religiones, estaban amenazando a los pecadores con él.[7]

Neil le recuerda a Dan que los fariseos eran un grupo legalista que esperaba la venida del Mesías para liberar a Israel del poder opresor de Roma. Calculaban que el Mesías no había venido todavía porque demasiados judíos estaban sumidos en pecados y negándose a estar a la altura de los máximos estándares de la ley. Para alentarlos a tratar (y de paso, acelerar la venida del Mesías) los fariseos advertían que todo pecador que no se arrepintiera, ardería por siempre en las llamas del infierno.[8]

Esta perspicacia guía a Neil y a Dan a su importante descubrimiento. Ellos llegan a la conclusión de que es probable que Jesús creyera en el infierno, sino que sencillamente lo usara como figura retórica. Jesús escuchó a los fariseos amenazar a borrachos y prostitutas con un tormento eterno y dijo: «Aguarden un momento. Ustedes, groseros arrogantes con pretensiones de superioridad moral, son los verdaderos pecadores. Si alguien va al infierno, esos son ustedes». Jesús estaba practicando Jiu Jitsu[a] teológico, volviendo su argumento contra ellos mismos. [9]

Neil y Dan concluyen que en realidad no importa si el infierno es real. Jesús no necesariamente está describiendo un lugar real, sino simplemente está usando la idea del infierno como advertencia para que los fariseos dejaran de excluir al débil y desagradable de la familia de Dios. Neil explica:

> Los fariseos usaban el infierno para amenazar a los pecadores y otros indeseables y marcarlos como el discriminado grupo de exclusión, aborrecido por Dios. Su uso retórico del infierno dejaba en claro que la justicia de Dios era severa e inmisericorde contra quienes eran indignos. Jesús puso su retórica completamente al revés, y usó el infierno para amenazar a quienes excluían a los pecadores y otros indeseables, mostrando que la justicia de Dios era compasiva y misericordiosa, que el reino de Dios recibía a quienes no lo merecían, que para Dios no había un grupo de exclusión.[10]

Luego Dan ofrece una aplicación sorprendente. Declara que los religiosos conservadores son los nuevos fariseos, que usan el infierno para amenazar a los inconformistas para que se alineen y crean como ellos. Dan dice «Nuestro problema es que usamos la idea de infierno tal como la usaban los fariseos, exactamente del modo opuesto a cómo la usaba Jesús. Decimos que todos los que no pertenecen a nuestro grupo de elite (el grupo de personas que cree en ciertas doctrinas, sea como sea que estas se definan) están excluidos y enfrentarán no solo nuestro rechazo en esta vida, sino el desdén y rechazo eternos de Dios».[11] Si Jesús regresara hoy, recibiría

---

a N. del T.: El Jiu Jitsu es un arte marcial japonés que abarca una amplia variedad de sistemas de combate basado en la defensa «sin armas» de uno o más agresores tanto armados como desarmados. Estas técnicas se originan en métodos de batalla de los bushi (guerreros japoneses clásicos) y se desarrollaron a lo largo de cerca de dos milenios.

a los compasivos y marginados, y advertiría a los conservadores (aquellos que insisten en que son necesarias ciertas creencias para ser salvos) que se están dirigiendo al infierno.

¡Uf! Como quedó registrada mi postura de que los pecadores deben creer algunas verdades específicas para ser salvos (véase el capítulo 2), quisiera encontrar un error en este argumento y así salvarme del infierno, ya sea real o retórico. Mi primera pregunta es por qué Neil y Dan, cuando hablan acerca del infierno, se limitan a discutir sólo lo dicho por Jesús. ¿Por qué no incluyen la detallada descripción de Juan en Apocalipsis 19 y 20? Este es un descuido significativo teniendo en cuenta que este libro deja la clara impresión de que el infierno es una figura retórica y no un lugar real.[12] En tanto diferentes tradiciones cristianas discrepan acerca de varios aspectos del Apocalipsis, la mayoría cree que el infierno que describe Juan es real. El fracaso de Neil y Dan en discutir cómo termina la historia bíblica socava la fuerza de su argumento.

Aun si nos limitamos a lo dicho por Jesús, sigue llamándonos la atención el volumen y detalle de lo que él dijo acerca del infierno. A menudo advertía a sus oidores que evitaran ser echados afuera, a la oscuridad, donde rechinarán sus dientes entre fuego furioso y gusanos carnívoros. Su historia del hombre rico y Lázaro, si bien es probable que sea una parábola, menciona específicamente que quienes están en el infierno se encuentran desesperados por una gota de agua en sus lenguas que refresque su sufrimiento «en este fuego».[13]

Aquí está mi segundo interrogante: ¿Jesús hizo un guiño de ojo cuando repetía estas advertencias? Los niños pequeños que creen en Papá Noel suelen advertirles a sus amigos que si se comportan como buenos niños entonces recibirán un regalo navideño. A veces, los padres cansados les siguen la corriente, usando esta creencia de sus hijos en Papá Noel para controlar su conducta. Probablemente digan: «¡Deja de gritar ya! ¡Lo digo en serio! Bueno, estoy contando: u-u-u-no, do-o-os, tre-e-es. ¡Se acabó! ¡Papá Noel no te traerá ningún regalo!» Al mencionar a Papá Noel, la madre le guiñará el ojo al otro adulto que se encuentre a su lado porque (1) por supuesto el pequeño mocoso recibirá regalos, y (2) ella en realidad no cree en Papá Noel.

¿Qué haríamos con una madre que pareciera creer que su amenaza de veras tiene consecuencias? ¿Qué pasaría si se la pasara hablando en forma monótona acerca de Papá Noel y lo trágico que sería si él pasara por alto su casa, como si en verdad lo creyera? ¿No te verías tentado a llamar por teléfono a la línea directa de protección al menor?

¿Y qué deberíamos hacer con Jesús, quien habló largo y tendido acerca del infierno como si creyera que era un peligro real? Advirtió acerca de seguir el camino espacioso que conduce a la destrucción, no porque, como sugiere Neil, hay muchas maneras de «meterse en problemas con los romanos» (¿eh?), sino porque él pensaba que nuestro destino final depende de lo que hacemos ahora.[14]

¿Y qué hay acerca de Juan, quien parece no haber visto el guiño de ojo de Jesús y llevó esa broma demasiado lejos? Su visión del final declara que la advertencia de Jesús se hace realidad, de modo que «aquel cuyo nombre no estaba escrito en el libro de la vida era arrojado al lago de fuego».[15] O bien Jesús y Juan creían en un infierno real, o eran muy cínicos.

De modo irónico, es la creencia de Jesús en el infierno la que provee el golpe retórico que buscan Neil y Dan. Me río cuando mi pequeña Alayna aprieta sus puños y pregunta a modo de broma si quiero vérmelas con ella. Su retórica no asusta, porque no puede infligir demasiado daño. Tomaría esa pregunta con más seriedad si viniera de Evander Holyfield, porque sus puñetazos duelen muchísimo más.

Por lo tanto, me pregunto por qué debemos elegir entre un uso retórico o real del infierno. Coincido en que Jesús utilizó el concepto de infierno de modo retórico. Advirtió acerca del infierno para persuadir a los fariseos de que dejen de pecar y eviten así un terrible destino. Pero su retórica es más convincente, tanto para Jesús como para su audiencia, si creen que el peligro del infierno es real. Cualquier cosa menor, tiene demasiados guiños de ojo como para que se lo considere con seriedad.

¡QUÉ DESPERDICIO!

Pero decir que el infierno es real no explica qué tipo de realidad es. Los eruditos coinciden en que el término estandarizado para infierno en el Nuevo Testamento es *Gehenna*, el cual se refiere a un valle infame ubicado al suroeste de Jerusalén, llamado Ben Hinón. Un lugar en el que se sacrificaban niños durante los reinados de los reyes Acaz y Manasés, y al cual el rey Josías lo convirtió en un depósito de desperdicios.[16] Isaías y Jeremías le dieron un significado apocalíptico cuando declararon que sería el lugar del juicio venidero de Dios. Isaías finaliza su profecía con el anuncio divino de que ese valle contendrá los «cadáveres de los que se rebelaron contra mí. "Porque no morirá el gusano que los devora, ni se apagará el fuego que los consume: ¡repulsivos serán a toda la humanidad!"».[17] Por lo tanto, Jesús estaba siguiendo una larga tradición cuando comparó el infierno con el depósito de desperdicios en Gehenna. Él dijo que el infierno sería muy similar a lo que se encontraba allí, un lugar pútrido de oscuridad total, gusanos que no mueren y fuego que no se apaga.[18]

En la historia de McLaren, Neil cita la alusión de Jesús a Gehenna como una razón para desechar una interpretación literal del infierno. Percibe la dificultad de creer en gusanos que nunca mueren y la coexistencia de fuego y oscuridad total. Por lo tanto, en lugar de tomar de modo literal las palabras de Jesús, Neil piensa que Jesús simplemente nos advirtió para que no nos desgastemos en el montón de basura de la vida. Observando que la analogía de Jesús acerca de la basura sugiere «desperdicio, decadencia, remordimiento y pesar», continúa:

> ¿No es eso lo que cualquiera sentiría si pasara toda su vida acumulando posesiones o riquezas o conocimiento o poder pero se perdiera la vida plena en el reino de Dios? ¡Habría desperdiciado su vida! Habría fallado en convertirse en la gloriosa persona que pudo haber sido y en lugar de esto devino algo malhumorado y estrecho y encarnado y oscuro y raído y egoísta. ¿Eso no te haría llorar y rechinar los dientes? ¿No es un basural la imagen perfecta para usar en este tipo de desperdicio? Me parece que el infierno es una imagen, entre otras, que Jesús usa.[19]

En tanto es cierto que el desperdicio y el remordimiento son una parte significativa del infierno, Neil parece reducir el castigo eterno solo a estar decepcionados de nosotros mismos. Cuando Dan lo desafía en este punto, Neil contraataca:

> ¿Qué puede ser más serio que estar frente a tu Creador (el Creador del universo) y darte cuenta de que has desperdiciado tu vida, despilfarrado tu herencia, causado dolor y pesar a otros,

trabajado contra los buenos planes y deseos de Dios? ¿Qué puede ser más serio que eso? ¿Tener que enfrentar la verdad real, eterna, inevitable, absoluta y desnuda sobre ti mismo, lo que has hecho, en lo que te has convertido?[20]

Dan rápidamente le da la razón. Comparado con enfrentar la verdad acerca de nosotros mismos, «el fuego y el azufre son ... simples metáforas». Son «simples descripciones visuales que nos ayudan a imaginarnos lo que debe sentirse confesarlo todo, enfrentar la verdad, ser descubiertos, en la presencia de Dios ... nada puede ser más serio que eso».[21]

No soy optimista respecto a que pecadores autónomos alguna vez «confiesen todo» o «enfrenten la verdad» de modo total acerca de sí mismos. Esta semana vi a un joven atrapado frente a las cámaras televisivas por tratar de tener sexo con una niña de catorce años. Su reacción al ser atrapado no fue remordimiento y arrepentimiento, sino simplemente «¡Ahora todos me considerarán un perdedor por el resto de mi vida!» Queriendo decir: «No soy un perdedor, pero ahora otros pensarán de modo erróneo que sí lo soy».

Los pecadores centrados en sí mismos siempre encontrarán un modo de exonerar su conducta. Bill Clinton transformó su fornicación en el salón oval en algo positivo, diciendo que otros jóvenes se pueden inspirar por el modo en que él superó la adversidad y sobrevivió a la impugnación. Richard Nixon no se avergonzó por el escándalo del Watergate, sino que culpando a una legión de enemigos (tanto reales como imaginarios) ostentó de modo desafiante su cartel de doble victoria e insistió: «No soy un sinvergüenza». Es un caso excepcional la persona que, atrapada con las manos en la masa cometiendo un pecado despreciable, acepte su responsabilidad por voluntad propia por haber arruinado su vida y haber atacado las vidas de otros.

A los pecadores puede resultarles difícil esconderse cuando se encuentran frente a la llama penetrante del juicio de Dios, pero nunca subestimes la capacidad de personas autónomas para salirse del anzuelo. Toda rodilla se doblará delante de Dios, pero muchas, quizás todas, serán forzadas a hacerlo. Los pecadores lucharán hasta el final para conservar un mínimo de dignidad y amor propio. Vivieron a su manera, y si bien pueden admitir que cometieron errores, no hubieran aceptado hacerlo de ningún otro modo.

No solo es improbable que los pecadores asuman el desperdicio que han hecho de sus vidas, sino que no sería suficiente si lo hicieran. Su pesar subjetivo no recompensa el daño objetivo que su pecado infligió a Dios, a otros y al mundo. Espero que quien choque y destroce mi automóvil esté apenado por lo que ha hecho, pero no estaré satisfecho hasta que me compre uno nuevo. El daño objetivo requiere restitución objetiva. Los pecadores que rechazan la restitución de Cristo en la cruz deben pagarla por sí mismos. El precio es sufrir en el infierno, sin importar si expresan, o no, remordimiento. Además, como los pecadores nunca aceptarán toda la verdad acerca de sí mismos, y aun si lo hicieran, su pesar subjetivo no cancelaría las demandas objetivas de justicia, el infierno debe ser más que el simple sentimiento de remordimiento y decepción.

El tormento en el infierno es objetivamente real, y yace más allá de lo que nuestras mentes pueden comprender. Jesús usó el panorama más repugnante de sus días (una pila ardiente de residuos, con gusanos arrastrándose en ella) para mostrar un poco de lo que debe ser el infierno. Del mismo modo en que el cielo nuevo y la tierra nueva confunden nuestras categorías (imagínalo aun mejor que la descripción superlativa que hizo Juan, de calles de oro y puertas perladas), así también podemos esperar que el infierno será algo mucho peor.

Quizás el infierno no tenga gusanos, fuego y oscuridad en sentido literal, porque como observa Calvino, Dios debe usar elementos de nuestro mundo para describir otro mundo.[22] Pero esto no significa que el tormento del infierno sea solo espiritual. Si la persona completa, tanto el cuerpo como su alma, es culpable de pecado, entonces toda la persona, cuerpo y alma, debe sufrir las consecuencias. Jesús advierte que todo el cuerpo de uno puede «ser arrojado al infierno», y este es un peligro que no debemos ignorar.[23]

PARA SIEMPRE ES MUCHO TIEMPO

¿Cuánto dura el tormento del infierno? Un número creciente de teólogos evangélicos sugiere que los pecadores perecen rápidamente en las llamas del infierno en lugar de permanecer con vida para sufrir eternamente.[24] Argumentan que la tortura eterna de los condenados profana tanto el amor como la justicia de Dios. ¿Qué pudieron haber hecho los pecadores para merecer tremendo destino, y aun si lo hicieron, cómo pudo permitirlo un Dios amoroso?

Si los pecadores deben ir al infierno, ¿un Dios misericordioso no les permitiría consumirse en el fuego en lugar de languidecer por un tiempo excesivamente largo?[25]

Ellos encuentran evidencia en las Escrituras para sostener su postura, ya que las mismas describen al infierno como un lugar de muerte y destrucción. La descripción de Isaías de Gehenna, citada por Jesús en su advertencia respecto del infierno, declara que los gusanos que no mueren y el fuego serán alimentados con «cadáveres», y no seres vivos.[26]

Quienes lean con atención las Escrituras notarán que son las llamas, el humo, y los gusanos los que viven por siempre, no necesariamente los pecadores que son enviados allí.[27]

Estos teólogos alegan que la tradición cristiana pasa esto por alto porque introduce con sutileza la creencia platónica de la inmortalidad del alma en su lectura de las Escrituras. Si el alma humana no puede morir, luego aquellos en el infierno deben sufrir eternamente. Pero, si como enseña la Biblia, el alma y cuerpo humanos son hechos de la nada, entonces ambos pueden morir y volver a ser nada. Y nada los aniquilaría con más rapidez que un fuego consumidor.[28]

Si bien esto es atractivo para quienes tienen amigos y familiares inconversos, esta esperanza de aniquilación de los perdidos va contra la tradición cristiana. Los padres de la iglesia no hicieron la sutil distinción sobre la aniquilación entre fuego eterno y tormento temporario. Da la impresión de que consideraban que el sufrimiento en el infierno dura por siempre, no porque coincidieran con Platón en que el alma es inherentemente indestructible, sino porque creían que el Nuevo Testamento dice que así será.[29]

Los padres notaron que Jesús nunca corrigió la creencia de los fariseos en el tormento eterno, informándoles que el fuego del infierno perdura más que sus habitantes. En lugar de esto, Jesús cuenta historias, como las del hombre rico y Lázaro, lo que implica que los condenados experimentan tormento consciente y constante en el infierno. Leyeron Apocalipsis 20:10, que declara sin equívocos que la voluntad de Dios arroja al diablo, la bestia y el falso profeta «al lago de fuego y azufre», donde son «atormentados día y noche por los siglos de los siglos». Asumieron que si Satanás sobrevivirá a las llamas del infierno y sufrirá por siempre, entonces el mismo destino les espera a los seguidores, los seres humanos que son arrojados al mismo lago.[30] Encuentran una apoyatura para esto en Apocalipsis 14:11, donde dice que «no habrá descanso ni de día ni de noche para el que adore a la bestia y su imagen», sino que «el humo de ese tormento sube por los siglos de los siglos».

Así, tanto las Escrituras como la tradición parecen enseñar acerca de un tormento eterno, consciente del malvado.[31] ¿Pero qué sucede con la principal preocupación de los aniquilacionistas: podemos reconciliar un sufrimiento tan inimaginable con un Dios justo y amoroso? ¿Cómo podría permitirlo nuestro buen Dios? Respondo con tres consideraciones.

Primero, la existencia del infierno es un misterio. Todo lo relacionado a la caída siempre carecerá de sentido, porque la caída es la única parte de la Biblia que no encaja. Nunca comprenderemos completamente por qué Dios permitió que Adán y Eva pequen, por qué permite que tragedias inimaginables les sucedan a buenas personas, o por qué no vacía el infierno y salva a todos. Si pudiéramos entender la caída y sus consecuencias, terminar con una reverencia y decir, «Ah, lo entiendo, es por esta razón que sucedió», entonces dejaría de haber maldad. El mal, precisamente por ser maldad, no se supone que tenga sentido.

Esto es lo que concluye Pablo en Romanos 9 al 11, cuando pregunta por qué Dios eligió a Jacob y no a Esaú. Pablo responde de modo muy vehemente que Dios no es injusto, pero no explica las razones. Simplemente dice que los caminos de Dios no son nuestros caminos, y «¿quién eres tú para pedirle cuentas a Dios?» Continúa, «¡Qué profundas son las riquezas de la sabiduría y del conocimiento de Dios! ¡Qué indescifrables sus juicios e impenetrables sus caminos!»[32] En lugar de arreglar el problema del infierno reduciéndolo a decepción subjetiva o castigo temporario, Pablo declara que el infierno, como todo lo relacionado con la caída, es un misterio no pensado para ser resuelto por el hombre.

Segundo, es importante recordar que Dios no mantiene a nadie en el infierno contra su voluntad. Los filósofos nos cuentan que los adictos tienen deseos de primero y segundo orden. A un segundo nivel, un fumador empedernido puede desear dejar de fumar, porque sabe que eso lo está matando, pero a un nivel primario, se muere por otra dosis de nicotina. Del mismo modo en que él se encuentra en un conflicto, queriendo y no queriendo dejar de fumar al mismo tiempo, así los pecadores se desgarran en su adicción a la autonomía.

En cierto nivel, todos los que están en el infierno quieren salir de él, porque el tormento es mayor de lo que pueden tolerar. Sin embargo, más allá de la gracia del Espíritu Santo, ninguno está dispuesto a hacer lo único que teóricamente podría liberarlos: arrepentirse de su autonomía y servir a Dios en lugar de a sí mismos.[33]

C. S. Lewis resaltó que el infierno está cerrado desde el lado de adentro. Escribió, «sólo existen dos clases de gente: los que al fin le dicen a Dios "hágase tu voluntad" y aquellos a los cuales Dios dice por último "hágase *tu* voluntad". Todos los que están en el infierno, están ahí porque así lo han querido».[34] Este hecho por sí solo no resuelve el problema del infierno, ya que aún podemos preguntarnos ¿por qué un Dios soberano no cambia de modo amoroso y no coercitivo los corazones de los condenados de modo que se sometan a él?

Sin embargo, si bien esta es una pregunta válida, nadie está en posición de hacerla. Los condenados están en el infierno porque eligieron ser independientes de Dios. Difícilmente pueden culpar a Dios por darles lo que quieren. Tampoco pueden preguntar justamente a Dios los redimidos, porque la única razón por la cual no están en el infierno es porque Dios transformó sus mentes para que lo elijan. Solo hay una persona que puede hacer preguntas respecto del infierno, y ya las hizo.

Jesús no recibió una respuesta cuando sollozó desde la cruz: «Dios mío, Dios mío, ¿por qué me has desamparado?»[35] Pero su sufrimiento ofrece un tercer punto de vista. Quizás no sepamos por qué Dios no salva a todos del infierno, pero lo que sí sabemos es que Dios mismo ha estado allí. El credo apostólico declara que Jesús descendió al infierno. En ese momento eterno en el cual el Hijo perfecto fue olvidado por su Padre de un modo que le resultó intolerable, Dios mismo experimentó los peores tormentos del infierno. Esto no nos explica por qué permite Dios la existencia del infierno, pero sí nos asegura que Dios es amor. Puede que no saque a todos del infierno, pero permitió que el infierno llegue a él.

En última instancia, creo que debemos desear que Dios vacíe el infierno. Me avergüenzo cuando teólogos adustos de manera cruel sostienen que los redimidos se deleitarán en la condenación de los malvados.[36] Tales sentimientos no son cristianos. Ni siquiera son normales. Desearía que Dios salvara a todos del infierno, pero no puedo decir que espero que suceda. La esperanza bíblica mana de la revelación de Dios. Espero mi resurrección y la redención del mundo porque Jesús prometió hacer ambas cosas en su venida. Pero nunca prometió vaciar el infierno o evitar que las personas vayan allí, por lo tanto no puedo decir que lo espero. Pero sí lo deseo. Y tú también deberías desearlo.

LA PRESENCIA DEL FUTURO

Hasta ahora sostuve que el sufrimiento en el infierno es objetivamente real y eterno, en oposición a la postura de Neil y Dan que se resume en remordimiento subjetivo, y la creencia de los aniquilacionistas de que sus habitantes dejarán de existir. ¿Pero qué pasa con la inquietud inicial que dio comienzo a este capítulo? Aun si estoy en lo correcto, ¿mi preocupación por evitar el infierno en la próxima vida no me distrae de vivir para el reino de Dios en esta vida?

Lo haría si lo que estoy tratando es ganar la salvación. En ese caso, debo pasar todo mi tiempo haciendo la clase de prácticas religiosas que ganan la aprobación de Dios. ¿Pero qué sucede si, como expliqué en el capítulo 3, sé que mi salvación ya está asegurada en Cristo? Como dijo Lutero, entonces estaría libre para «entregarme como un Cristo a mi prójimo, del mismo modo en que Cristo se ofreció a sí mismo por mí. No haré nada en esta vida que no sea necesario, beneficioso y saludable para mi prójimo, ya que mediante la fe tengo abundancia de todo tipo de bienes en Cristo».[37]

Lejos de ser una distracción, una comprensión correcta de la vida después de la muerte (y de lo que Jesús ha logrado para nosotros allí) es la única motivación cristiana para esta vida (véase figura 9.1). Los mejores obreros en el reino entienden que fueron bendecidos «en las regiones celestiales con toda bendición espiritual en Cristo».[38] Quienes más recibieron pueden dar más, y no hay nada mejor que saber que nuestro destino final ya está establecido.

Y nada refleja más amor que prevenir a los demás sobre el peligro que hay delante. Contra la acusación de Dan de que personas como yo son fariseos que se creen moralmente superiores por decir que las personas deben tener ciertas creencias para evitar el infierno, respondo que no carecemos de amor si lo que decimos es verdad. Como expuse en el capítulo 2, si todos necesitan al Espíritu Santo para que les otorgue un nuevo nacimiento y si el Espíritu Santo usa la verdad para llevar a cabo ese trabajo, entonces se requiere el conocimiento de ciertos hechos para nacer de nuevo y escapar del terror del infierno. No es desamorado contarle esto a otros. Sería desamorado no hacerlo.

Pero esta necesidad de saber algo para ser salvo, asume que el conocimiento es posible. Esto nos lleva a la disputa fundamental entre los conservadores modernos y los innovadores posmodernos. ¿Qué sabemos, y cómo lo sabemos? Examinaremos esta controversia a continuación.

CAPÍTULO 10

¿ES POSIBLE SABER ALGO?

Los cristianos conservadores creen que la Palabra de Dios puede resolver prácticamente cualquier problema. Cuando era un niño, mi pastor nos decía que la cura para el cáncer se encontraba en la Biblia. Seguramente estaba en las profundidades del Antiguo Testamento (es probable que enterrada en Levítico), pero podíamos encontrarla si sabíamos dónde buscar y qué estábamos buscando. Aún seguimos buscando.

Por supuesto, tener el *Libro de todas las repuestas* puede originar un poco de arrogancia. Hace poco conocí a unos conservadores que, discutiendo puntos de vista alternativos respecto de las mujeres en el ministerio y el conocimiento que Dios tiene del futuro, declaraban con toda seguridad que sus oponentes sencillamente «no creen la Biblia». ¡Como si su interpretación de la Biblia fuera la única lectura posible![1]

A veces se hace imposible enseñarles a los conservadores por su arrogancia. Hace poco un hombre se retiró apenas comenzado mi sermón y cuando le preguntaron la razón, respondió que tenía cierto conocimiento bíblico y que no aprobaría mi mensaje con su presencia. Me pregunto cómo este hombre podrá aprender alguna vez algo nuevo si rechaza todo lo que escucha por primera vez. ¡También me pregunto cómo pudo objetar mi sermón completamente ortodoxo!

Pareciera que los conservadores creen que no alcanza con tener las respuestas correctas si no las dicen enérgicamente. No deben dejar dudas respecto de lo que creen, no solo en las doctrinas fundacionales, sino también en lo referente a temas más tangenciales como el bautismo, el pastorado femenino, y los eventos que rodean la segunda venida de Cristo. Cualquier evasiva (por ejemplo, decir «tal vez» o «es posible» en lugar de «así ha dicho el Señor») o apreciación de otro punto de vista huele a debilidad que lleva al liberalismo.

Contrario a los conservadores, cuyo mayor temor es no saber la respuesta correcta, los innovadores posmodernos temen ser atrapados sin una buena pregunta. Aprovechan cada oportunidad de perderse en el misterio de Dios. Un líder explica: «Crecí pensando que habíamos descifrado la Biblia, que sabíamos lo que significaba. Ahora no tengo idea qué quiere decir la mayor parte de ella. Y sin embargo creo que se trata de un logro, como que la vida antes era en blanco y negro, y ahora es en colores».[2]

En tanto los cristianos conservadores se muestran renuentes a expresar dudas por temor a ser juzgados como débiles o faltos de fe, los innovadores posmodernos parecen competir respecto a quién tiene más dudas, y se muestran así más genuino. Donde los predicadores conservadores enfatizan las pruebas de la existencia de Dios, los pastores posmodernos suelen confesar las repetidas veces en que dudaron de Dios o su Palabra.

Si bien su honestidad es refrescante, algunos posmodernos pueden ser tan humildes que parecen titubear. Después de escucharlos compartir sus dudas e interrogantes acerca de la fe cristiana, uno podría preguntarse en qué siguen creyendo. ¿Qué podemos hacer con un predicador que dice, «hasta donde sabemos, la tumba está vacía»? ¿O con un maestro que cuestiona la explicación bíblica de Cristo por algo que leyó en los evangelios gnósticos? Una cosa es admitir que Dios es más grande que nuestra «cajita» conservadora; otra muy distinta es sugerir que nuestras creencias centrales son discutibles.

No es de gran ayuda que los innovadores posmodernos pateen muchas de las preguntas importantes dentro de los designios inescrutables del misterio. A principios de este año asistí a una conferencia sobre la iglesia misional. Cuando preguntaron por una definición para el término *misional*, un líder de la conferencia proclamó misteriosamente que el concepto era demasiado sublime para que él pudiera explicarlo. Luego nos pidió que aceptáramos su incapacidad para definirlo como prueba de que lo entendía, queriendo decir que cualquiera que pudiera ponerlo en palabras estaría probando que en realidad no lo comprende. Por lo tanto, si creemos que sabemos, no es así; y si no sabemos, entonces sabemos. ¡Ahí me di cuenta de que acababa de perder dos días de mi vida por causa de algo que hasta los líderes sabían muy poco!

Este capítulo explicará por qué los conservadores modernos y los innovadores posmodernos están tan en desacuerdo sobre el valor de las preguntas y las respuestas. Examinaremos las diferencias entre las perspectivas modernas y posmodernas de la verdad y luego combinaremos los mejores elementos de ambas en una vía bíblica hacia delante.[3]

UN FUNDAMENTO TAN FIRME

El mundo moderno quería con desesperación un fundamento sólido para el conocimiento. Acababan de soportar las guerras de religión (1618-48), en las cuales varias denominaciones se destruyeron mutuamente a causa de sus discrepancias sobre las interpretaciones de la fe cristiana. Los católicos romanos mataban calvinistas y luteranos; luteranos y calvinistas peleaban contra los católicos y él uno contra el otro, y todos ellos les daban una golpiza a los anabaptistas, los que tenían la desgracia de ser pacifistas.

Los cansados europeos se dieron cuenta de que sus guerras religiosas eran un callejón sin salida. Quienes estaban comprometidos con sus denominaciones, finalmente aceptaron estar en desacuerdo, pero la mayoría de los europeos buscó unir a todos en torno a lo que creían en común. Esto sería posible si comenzaban por la razón humana en lugar de la revelación divina. Como los grupos cristianos discrepaban respecto de dónde encontrar revelación y cómo leerla, comenzar con la revelación solo podría terminar en más batallas. Pero si comenzaban con lo que cada mente podía descubrir, podrían encontrar suficiente terreno común para trascender sus insignificantes disputas y convivir en armonía.

La búsqueda europea por conocimiento en común asumió que su blanco debía ser objetivo en lugar de subjetivo, universal en lugar de particular, y absoluto en lugar de relativo, cambiable e incierto. Estos pensadores modernos considerarían verdadera una creencia solo si podían estar absolutamente seguros de que era verdad para todas las personas. Cualquier cosa menos que eso daría lugar al relativismo y llevaría otra vez a Europa a un desastre religioso, en el cual cada tradición pensaría que su verdad era mejor que la del resto.

Este alto estándar de conocimiento impulsó a los filósofos modernos a poner mucho énfasis en las pruebas. Solo al probar sus creencias más allá de toda duda, podían decir con certeza que estaban adquiriendo un conocimiento que trascendía las divisiones religiosas de Europa. Lograron esta certeza prestando atención al fundamento de su conocimiento. Liderados por René Descartes, quien enfatizaba la razón, y por John Locke, quien enfatizaba que las personas aprendían a través de sus cinco sentidos, el mundo moderno sostenía que debíamos empezar nuestra búsqueda de conocimiento con creencias evidentes en sí mismas, incorregibles, o evidentes a los sentidos.

Las creencias evidentes en sí mismas son proposiciones cuya verdad es obvia, como 2 + 2 = 4. La mayoría de las personas no cuenta con sus dedos o mentalmente cuando escuchan esta ecuación, porque su verdad es más que evidente para ellos. Creencias incorregibles y creencias de las cuales no hay posibilidad de dudar. Una creencia de este tipo sucede cuando te bajas de uno de esos juegos de los parques de atracciones que giran a gran velocidad. Mientras el mundo gira en círculos cada vez más cerrados en derredor tuyo, solo una creencia permanece constante: estás mareado, y lo sabes. El vértigo es una de las pocas creencias incorregibles de la vida, porque a diferencia de la mayoría de las creencias, es demasiado difícil negarla cuando viene.

Además de estos puntos de partida racionales, los filósofos modernos decían que también podemos comenzar por un fundamento empírico. A pesar de ser indulgentes con las limitaciones de nuestros sentidos (por ejemplo, sabemos que la pajilla en el refresco en realidad no es tan curva como parece al mirarla a través del vaso), de todos modos creemos que lo que nos informan nuestros ojos y oídos es confiable. De este modo, además de las creencias evidentes en sí mismas e incorregibles, los modernos dicen que también podemos creer todo aquello que sea evidente a nuestros sentidos.

De este fundamento seguro, podemos inferir otras creencias, como por ejemplo que el cielo es azul, el triángulo tiene tres lados, y si tu esposa es infeliz, probablemente sea tu culpa. Si podemos rastrear de modo lógico cada una de estas proposiciones de regreso a nuestro fundamento, y si nuestro fundamento es una verdad indudable, entonces podemos declarar con absoluta confianza que las conocemos (véase figura 10.1).[4]

Desafortunadamente, la necesidad moderna de pruebas racionales y empíricas llevó a muchos a desechar la creencia en Dios. No podían comprobar a Dios, porque su existencia no parecía ser evidente en sí misma, indudable, evidente a los sentidos, o deducible de su fundamento. Nadie vio jamás a Dios, y la presencia del mal ha dado razones para dudar de él. En tanto debería dudarse de todo lo dudable, muchos filósofos modernos concluyeron que no tenían otra alternativa que renunciar a la creencia en Dios.

El cristianismo moderno respondió de dos modos muy diferentes. Los teólogos liberales, como Friedrich Schleiermacher rescataron la fe en Dios al fundarla en la experiencia religiosa. Este teólogo declaró que Dios es tan solo nuestro subjetivo «sentimiento de dependencia absoluta». Todos son conscientes de que dependen de algo para su existencia, y este sentimiento es lo que significa ser religioso. Schleiermacher sostenía que las personas pueden expresar sus sentimientos de diferentes maneras (por ejemplo, el judaísmo habla de la retribución, en tanto el cristianismo enfatiza la redención), pero en esencia todos están describiendo al mismo Dios inefable.[5]

Los modernos conservadores comprendieron que el énfasis de Schleiermacher en los sentimientos recuperaba la fe en Dios a expensas de permitir que cada cual crea cualquier cosa que sienta acerca de Dios. Los teólogos de Princeton Charles Hodge, Alexander Archibald Hodge, y B. B. Warfield volvieron al fundamento «objetivo» de la modernidad, pero esta vez argumentando que la razón prueba elementos claves del cristianismo. Creían que los pensadores

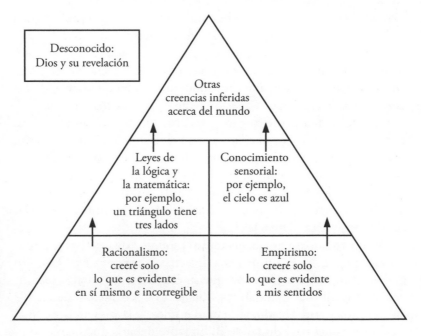

Fig. 10.1. La estructura moderna del conocimiento

modernos estaban en lo cierto al creer solo aquello que podían probar, pero se equivocaban en creer que la fe cristiana carecía de pruebas. Los seguidores de Warfield y Hodges desarrollaron argumentos lógicos que debían persuadir a toda persona racional y honesta de que Dios existe y que la Biblia es su revelación. De este modo, esperaban encontrar y vencer el escepticismo moderno en sus propios términos, demostrando más allá de toda duda razonable, que la Biblia era la Palabra de Dios objetiva, universal y absoluta.[6]

MANTENIÉNDOLO REAL

Los innovadores posmodernos no están impresionados. Sacuden sus cabezas ante la arrogancia moderna. ¿Los pensadores modernos (tanto seculares como cristianos) de veras presumían de comprobar sus creencias? ¿Cómo podían olvidarse de su finitud? Como nuestra perspectiva es limitada, nunca podemos tener certeza de saber la verdad absoluta sobre algo. Y eso es algo bueno, porque como presenciamos en el mundo moderno, quienes «tienen el conocimiento» suelen usar su superioridad para oprimir a otros.[7]

Los innovadores posmodernos refutan esta peligrosa arrogancia de la modernidad con un humilde énfasis en la naturaleza subjetiva, particular y relacional del conocimiento (véase figura 10.2). Contra la idea moderna de que percibimos el mundo de modo directo tal como es, los innovadores posmodernos correctamente observaron que todo lo que vemos y escuchamos está filtrado por nuestra perspectiva única. Somos incapaces de salirnos de nosotros mismos y ver el mundo en crudo, de modo que debemos interpretar todo lo que sabemos.[8]

Por ejemplo, la evidencia del cambio climático global. Las personas pueden coincidir en que los casquetes de hielo glaciar se están derritiendo, pero algunos discrepan de modo tajante respecto a lo que esto significa. Muchos concluyen que el mundo se está calentando y que si no dejamos de contaminar la atmósfera con emisiones de carbono, sufriremos consecuencias catastróficas. Otros pocos sugieren que el calentamiento actual puede ser cíclico, y aun si no lo es, el calentamiento global puede producir suficientes beneficios como para compensar sus problemas.[9]

Esta diversidad de opiniones hace que los innovadores posmodernos reconozcan que todo conocimiento es particular. Así como los miembros del Sierra Club[a] interpretan el cambio climático global de modo diferente al de los jefes de Exxon Mobil, de igual manera nuestro conocimiento de todo está determinado, hasta cierto punto, por nuestra comunidad. Los de raza negra difieren de los de raza blanca en su modo de ver el mundo, los hombres de las mujeres, los cristianos de los musulmanes, y los adinerados occidentales de los pobres del mundo en desarrollo. El conocimiento no viene en un talle único que le queda a todos, sino que como un buen traje, es medido y adaptado al gusto de cada comunidad.

Hay algunos beneficios obvios de esta perspectiva posmoderna del conocimiento. Primero, nos recuerda la enseñanza cristiana de que somos finitos y caídos, por lo que debemos sospechar de todo reclamo de conocimiento. Las Escrituras nos advirtieron acerca de nuestra tendencia pecaminosa de oprimir a otros, mucho antes de que los modernos descubrieran que «el conocimiento es poder».[10] Segundo, provee un fuerte remedio para aquellos que utilizan el poder de «tener el conocimiento» para victimizar a otros. Pocas cosas son más inquietantes para un opresor que enterarse de que sus miradas están tan condicionadas por su cultura que otros no tienen por qué reconocer su superioridad.

Sin embargo, también hay un gran peligro. Si la modernidad era demasiado confiada («podemos saber todo aquello que podemos probar»), los innovadores posmodernos suelen carecer de confianza («dado que no podemos probar nada»). Si todo lo que decimos saber es interpretado a través de nuestro punto de vista único, ¿cómo podemos saber si nuestro punto de vista es el correcto? ¿Cómo saber si nuestra perspectiva atraviesa el revoltijo de reclamos contradictorios para conectarse con la realidad, describiéndola como realmente es? Al fin y al cabo, ¿nos quedamos solo con nuestras interpretaciones de la realidad en lugar de la realidad misma?[11]

Quizás la revelación puede resolver nuestro problema. Tal vez no podemos sublevarnos y aprehender la realidad, pero Dios puede rebajarse a nuestro nivel y revelarnos la verdad. Algunos innovadores posmodernos insisten en que esto no nos libera del atolladero, porque no hay manera de determinar si cada revelación pretendida proviene realmente de Dios. Según John Caputo, todo lo que sabemos con certeza es que creemos haber recibido una revelación. Pero su creencia discrepa con las creencias de otras

---

a   N. del T.: El Sierra Club es una organización medioambiental grande e influyente con base en Estados Unidos. Su misión es explorar, disfrutar y proteger los tesoros naturales.

comunidades de fe, muchas de las cuales dudan de nuestra revelación. Por lo tanto, debemos reconocer humildemente que nuestra supuesta revelación no nos da el monopolio de la verdad, sino que es solo una perspectiva entre muchas otras.[12]

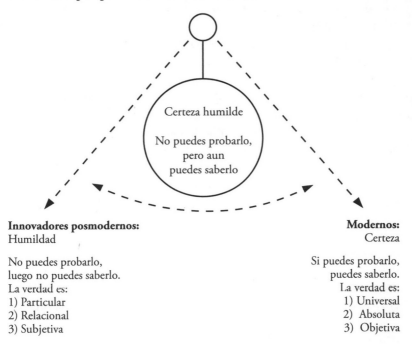

Fig. 10.2. ¿Cómo sabes?

Aun si la revelación pudiera probarse por sí misma, los innovadores posmodernos nos recuerdan que no describe a Dios con precisión. Como Dios nos trasciende en todo sentido, debe adaptar su revelación a lo que pueden captar nuestras mentes limitadas, usando pequeños conceptos y palabras para expresar su inconmensurable majestad. Esta distancia infinita entre Dios y nosotros lleva a John Franke a concluir que «incluso la revelación no provee a los seres humanos de un conocimiento que corresponde exactamente con el de Dios».[13] Franke explica en detalle lo que quiere decir con «no corresponde exactamente» utilizando una ilustración de Merold Westphal, quien explica la brecha entre Dios y su revelación con un «ejemplo casero»:

Le digo a mi hijo que no se meta monedas en la boca y me pregunta ¿por qué? No tiene acceso a mi lenguaje sobre virus y bacterias, por lo que me rebajo a su lenguaje con un mensaje a su medida: «Hay pequeños insectos en las monedas, tan pequeños que no puedes verlos, pero te pueden enfermar mucho si se meten dentro tuyo». Esta explicación no se corresponde con lo real, del modo en que lo comprendo, pero es «la verdad» en el punto que él puede entender, y debe creerla y actuar en función de ella. Mi profesor, Kenneth Kantzer… nos dijo: «La Biblia es la *desinformación* acerca de Dios revelada en forma divina».[14]

Si bien aprecio el énfasis en la trascendencia divina de Franke y Westphal, su «elevada visión» de Dios ¿no nos lleva inintencionadamente a un agnosticismo piadoso? Si lo que sé no se corresponde de modo exacto con lo que Dios sabe, y si su revelación equivale a desinformación, luego no puedo decir que conozco algo acerca de él. Peter Rollins busca el resultado lógico de su reclamo y otorga el siguiente punto. Como nuestras palabras *«nunca hablan de Dios, sino solo acerca de nuestro entendimiento de Dios»*, Rollins recomienda «creer *en* Dios y dudar de lo que creemos *acerca* de Dios».[15] «Al preguntarme cómo podía creer que mi propia tradición religiosa era verdadera, la única respuesta que podía dar a este interrogante era, "no puedo"… yo estaba bastante seguro en asegurar que mi propia religión no era verdadera»[16], dice Rollins.

Quizás es por esto que, como vimos en los capítulos 7 y 8, algunos innovadores posmodernos no se entusiasman con evangelizar a quienes practican otras religiones. Si no estás convencido de que tus creencias son más verdaderas que las de cualquier otra persona, entonces no querrás imponérselas.

Un líder explica: «¿Nuestra religión es la única que entiende el verdadero sentido de la vida? ¿O Dios deposita su verdad también en otras? Bueno, es Dios quien decide, no nosotros … La gente tiene razón en temer a cualquier religión que no acepte su lugar a los pies del misterio santo. Si el Dios cristiano no es más grande que el cristianismo, entonces sencillamente no se puede confiar en el cristianismo».[17]

Damos por sentado que los cristianos modernos presumen en exceso de su capacidad para probar la verdad, ¿pero los innovadores posmodernos deben excusarse y retractarse tanto? ¿Hay una tercera opción, más bíblica, entre estos dos extremos, una que sea apropiadamente modesta pero aun así afirme saber verdades específicas acerca de Dios y su mundo?[18] Contra el proyecto moderno, coincido en que no hay manera de probarle a nadie de modo irrefutable mis creencias. Pero contrario a lo que asume la mayoría de los innovadores posmodernos, esto no me deja sin acceso al conocimiento universal, verdadero para todos. Tengo la verdad aunque no pueda probarla. A continuación explico el porqué.

VERDAD SIN PRUEBAS

Los pensadores modernos (seculares y cristianos) y los innovadores posmodernos cometen el mismo error: comienzan por sí mismos. Ambos grupos alegan conocer sólo lo que sus mentes pueden probar. Difieren en que, mientras los modernos suponen con ingenuidad que pueden probar mucho, los innovadores posmodernos reconocen que nuestras mentes limitadas no pueden probar nada.

Ningún grupo deja espacio suficiente para Dios. Muchos modernos son no teístas porque no pueden deducir a Dios de su fundamento racional y empírico. Algunos modernos sí creen en Dios, pero solo porque creen de modo equivocado que sus argumentos prueban su existencia. Los innovadores posmodernos también *creen* en Dios, pero están tan fastidiados con las limitaciones de su perspectiva que no parecen *saber* mucho acerca de él.[19]

¿Pero por qué comenzar por nosotros mismos? Si comenzar por nosotros mismos lleva a una arrogancia ingenua o a una ignorancia humilde, quizás estamos comenzando por el lugar equivocado. ¿Qué pasaría si, en lugar de empezar por nosotros mismos e intentar razonar hasta Dios, hacemos de Dios el fundamento de nuestro conocimiento?

Según C. S. Lewis, poner a Dios como nuestro fundamento es el único modo de saber algo; Lewis dijo que si no hay Dios, la historia del mundo es una serie de eventos fortuitos y azarosos. Pero la casualidad es irracional (atribuimos cosas a la casualidad cuando no hay un motivo para ella). Si, como todo lo demás en el mundo, mi mente es producto de la casualidad, ¿por qué debería confiar en ella? Sería tonto confiar en una racionalidad que descansa en la irracionalidad. Por lo tanto, creer en Dios es la única razón para confiar en mi razón.[20]

Alvin Platinga reformula el argumento de un modo positivo.

Observa que las creencias verdaderas necesitan respaldo para ser consideradas como conocimiento. Estar seguros de lo que creemos no es suficiente; también necesitamos una razón creíble para nuestra certeza. Por ejemplo, considere un huracán que fue pronosticado con éxito por un meteorólogo y una bruja. Aunque ambos acertaron el pronóstico, la mayoría de los occidentales diría que el meteorólogo tenía conocimiento del evento, porque el radar Doppler provee una razón más fuerte (y sobrevalorada) para creer, que una bola de cristal.

¿Qué justificación sugiere Platinga que necesitamos para nuestras creencias? Simplemente la siguiente: si tenemos buenas razones para creer que nuestras mentes y órganos sensoriales funcionan correctamente y estamos en un ambiente propicio para que estos detecten la verdad, entonces debemos creer con seguridad lo que percibamos en el mundo. ¿Y que razón tenemos para creer esto? Nuestra creencia en Dios. Solo si creemos que hay un Dios que nos hace desarrollarnos en este mundo, tenemos un respaldo para confiar en lo que nuestros ojos y oídos informan que está pasando a nuestro alrededor. Según Platinga, quienes no creen en Dios no pueden reclamar ningún tipo de conocimiento.[21]

¿Pero cómo puedo empezar con creer en Dios? ¿Eso no es fideísmo? En caso de que hayas extraviado tus notas de Introducción a la Filosofía, te recuerdo que «fideista» es lo peor que le puedes decir a una persona pensante. Es como decirle «liberal» a un conservador, «fundamentalista de derecha» a un liberal, u «hola, camarero» a un miembro de la Ivy League[a]. Fideísmo significa que estás volando a ciegas, que tu fe es un salto ilusorio al vacío. Los fideistas no tienen ninguna buena razón para creer lo que creen; ellos tan solo creen y esperan lo mejor. Puede que tengan suerte y adivinen correctamente, pero las probabilidades en su contra son muchas.

¿Mi creencia fundacional en Dios es un manotazo desesperado en la oscuridad? No, porque no solo deseo que Dios exista. Sé que existe. Y también lo saben todos los demás. A pesar de los argumentos que los escépticos levantan contra la existencia de Dios, el apóstol Pablo declara en Romanos 1:18-20 que todos saben que

---

a   N. del T.: La Ivy League, Liga Ivy o Liga de la Hiedra es una asociación y una conferencia deportiva de ocho universidades privadas del noreste de los Estados Unidos. El término tiene unas connotaciones académicas de excelencia también como cierta cantidad de elitismo (todas pertenecen a la Costa Este, concretamente a algunos de los primeros Trece Estados fundadores). Estas universidades también se las referieren como "Las ocho antiguas" o "Las Hiedras" (the Ivies).

hay un Dios, y quien argumenta ignorancia no tiene excusa.

Cuando viví en Beijing, durante dos años intenté convencer a mi amiga china de creer en Dios. Le dije a Sun Yi que tiene que haber un Creador sabio y poderoso que hizo nuestro hermoso mundo y establece nuestro concepto del bien y el mal. Pero su crianza atea la había condicionado para desviar mis mejores argumentos. Si la complejidad del mundo demanda un creador del mundo, ¿entonces la grandeza de Dios no requiere un creador de Dios? Si Dios es necesario para establecer la moralidad, ¿por qué la China comunista es menos corrupta que el Estados Unidos «cristiano»?

Nuestras conversaciones terminaban en puntos muertos, dejándome frustrado a mí por no haber podido pensar un mejor argumento y a Sun Yi engreídamente confiada de haber sostenido el suyo. Luego mi estudio bíblico me llevó a Romanos 1, donde aprendí que todas las personas tienen algún conocimiento básico de Dios. «Ajá», pensé, «quizás estuve encarando esto por el lado equivocado». Entonces la próxima vez que ella me preguntó por qué creía en Dios, simplemente le devolví la pregunta.

«Sun Yi», le dije, «No importa por qué creo en Dios. Pero dime, ¿por qué crees tú?» Nunca olvidaré su respuesta. «Ah», fue todo lo que dijo, pero sus ojos sonrientes se encontraron con los míos, y ambos supimos que el juego había terminado. Romanos 1 la puso en evidencia.[22]

El punto es este: nuestra creencia fundacional en Dios (la cual, según Romanos 1, todos están de acuerdo) provee la razón suficiente y necesaria para confiar en nuestras liberaciones de la razón. Los seres humanos, al ser de naturaleza caída y mente finita, debemos evaluar de modo crítico todo lo que creemos saber, pero estas limitaciones no evitan que aprendamos bastante acerca del mundo que nos rodea. Si bien podemos estar equivocados (y por lo tanto, estamos abiertos a ser corregidos) podemos creer justificadamente que el agua se congela a cero grados centígrados, que los árboles otoñales mudan sus hojas en un derroche de colores, y que escuchar a Mozart es más inspirador que las rondas de apertura de *American Idol*. Sin importar cuántas personas pueden disentir, nuestra creencia en Dios justifica nuestra inclinación a creer que lo que reportan nuestras mentes es verdad. Como dejaron claro Lewis y Platinga, sin esta creencia previa en Dios, carecemos de respaldo para saber cualquier cosa (véase figura 10.3).

UNA PALABRA DE PARTE DE DIOS

¿Pero cómo sabemos que Romanos 1 es verdad? ¿Y qué pasa con nuestras muchas creencias que trascienden lo que nuestras mentes pueden descubrir? Para esto necesitamos una segunda creencia fundacional, esta vez en la revelación. Como sucede con la existencia de Dios, no puedo probar que la Biblia es la Palabra de Dios, pero otra vez, no tengo que hacerlo. Juan Calvino escribió que las Escrituras se autentifican a sí mismas, queriendo decir que «llevan en sí mismas su propia credibilidad para poder ser recibidas sin contradicciones, y no tienen por qué ser sometidas a pruebas o argumentos».[23]

Fig 10.3. La estructura cristiana del conocimiento

Calvino creía que la Biblia prueba por sí misma ser la Palabra de Dios, que «las Escrituras se exhiben completamente como evidencia clara de su propia veracidad, como todo lo que es blanco y negro lo hace de su color, o todo lo dulce y amargo lo hace de su sabor».[24] Del mismo modo que es obvio que la nieve es blanca y es indiscutido que el azúcar es dulce, así quienes leen las Escrituras deben reconocer que son la Palabra de Dios.

Sin embargo, nuestra condición pecaminosa impide que percibamos la voz de Dios, esta es la razón por la cual Calvino dice que Dios envía su Espíritu para superar nuestra ceguera y permitirnos creer lo que ya deberíamos haber visto hace tiempo. Él escribe «Así como solo Dios es un testigo digno de sí mismo en su Palabra, del mismo modo la Palabra no encontrará aceptación en los corazones de los hombres sin antes ser sellada por el testimonio interno del Espíritu. El mismo Espíritu, por lo tanto, que ha hablado a través de los profetas debe penetrar en nuestros corazones para persuadirnos de que ellos proclaman con fidelidad lo que ha sido divinamente ordenado».[25]

El punto es este: como todos deberían reconocer que las Escrituras son la Palabra de Dios, estoy justificado en creer lo que ella me dice acerca de Dios, Jesús y el camino de la salvación. No necesito jugar el juego moderno, ocultando mi creencia hasta producir un argumento objetivo, universal y absoluto a favor de que la Biblia es la Palabra de Dios. Tampoco tengo que sucumbir a la timidez posmoderna, balbuceando humildemente que mi percibida revelación no necesariamente es más verdadera que cualquier otra. Puedo saber justificadamente que las Escrituras son la Palabra de Dios, porque cuando las leo el Espíritu Santo abre mis oídos para escuchar la voz de Dios. Esa es razón suficiente para creer, aun sin pruebas de que puedo hacer pública mi fe.[26]

¿Pero qué sucede con la objeción posmoderna de que la trascendencia de Dios evita que yo lo comprenda correctamente mediante su revelación? Coincido en que nunca llegaré a entender de un modo completo a Dios o a su revelación, pero eso no evita conocer verdaderamente a Dios. Calvino dijo que Dios nos habla del mismo modo que una madre le habla a su pequeño, con muchos «uuhs» y «aahs» y «cuchi cuchis».[27] Una madres es mucho más de lo que su pequeño puede comprender acerca de ella, pero sin embargo el niño entiende perfectamente que hay un adulto cariñoso que lo cuida. Del mismo modo, a pesar de que Dios siempre excederá el alcance de nuestra mente finita, queda mucho de él que sí comprendo. Lo perfecto no debe convertirse en enemigo de lo bueno.

En resumen, los modernos están en lo correcto cuando dicen que un mundo objetivo y real existe, en tanto los posmodernos tienen razón en refutar que nadie tiene un acceso puro y sin condicionantes a este mundo. Cuando combinamos los aportes de ambos, concluimos que a pesar de que interpretamos todo a través de nuestra perspectiva finita y defectuosa, aún podemos acceder con precisión, aunque de modo incompleto, a este mundo real.[28]

Podemos creer de modo autocrítico lo que nuestra mente y sentidos nos dicen porque creemos justificadamente que tanto nosotros
como nuestro mundo fuimos creados por Dios. Podemos creer de
forma autocrítica lo que aprendemos de las Escrituras porque creemos que fueron inspiradas por Dios. En lugar de ceder al extremo
moderno de la certeza arrogante, o al extremo posmoderno de la
tímida incertidumbre, podemos declarar con humilde seguridad
que aunque no podemos comprobarlo, sí sabemos bastante.

Pero quizás consideramos muy superficialmente el rol de las Escrituras en nuestras creencias fundacionales. Algunos innovadores
posmodernos se preguntan si ese rol se justifica, y muchos cuestio-
nan su veracidad y en qué sentido está escrita por Dios. Estudiare-
mos esta controversia en el próximo capítulo.

CAPÍTULO 11

¿LA BIBLIA ES LA VERDADERA PALABRA DE DIOS?

La casa de mis amigos se incendió el mes pasado. Además de agradecer a Dios por salvar sus vidas, notamos con curiosidad que su Biblia no se había quemado. Cuando mi amigo le mencionó este hecho a su liquidador de seguros, el agente cristiano le respondió que en sus veinte años de trayectoria liquidando demandas, nunca vio una Biblia quemada (¿en serio, ni siquiera un Nuevo Testamento de los gedeones?) Aparentemente, Dios protege su Palabra haciendo sus páginas resistentes al fuego, aunque como descubrió mi amigo, Dios podría perfeccionarlo si también las hiciera resistentes al daño del agua.

Esta reverencia mística a la Biblia es común en iglesias conservadoras, en las cuales nuestra estima por su autoridad divina suele oscurecer su lado humano. Como consecuencia, en lugar de considerar el contexto de las Escrituras para poder entender de modo correcto el mensaje que quisieron transmitir los hombres que las escribieron, solemos cometer el error de hacer aplicaciones directas sobre nuestras vidas. He escuchado a líderes de mi país decir que hay que marchar siete veces alrededor de una propiedad para reclamarla para Dios (aunque esto sería recomendable en el caso de que quieras demoler el edificio); que para ser más sano y feliz hay que hacer la dieta del Creador establecida en Levítico, y que para conseguir una esposa como Rebeca hay que seguir el ejemplo del siervo de Abraham (ir a donde están las chicas y esperar una señal).

Bueno, al menos estos son intentos para comprender la Biblia. Algunos conservadores ni siquiera lo intentan. Podría mencionar una larga lista de predicadores que comienzan cada sermón leyendo un versículo de las Escrituras, pero en lugar de explicar lo que ese pasaje significa, usan el texto como disparador para contar historias acerca de su propia vida con Dios. Quizás lean Marcos 14:34, donde Jesús dice a sus discípulos en Getsemaní, «quédense aquí y vigilen», y luego pasen los próximos treinta minutos contando las muchas veces y diferentes maneras en que ellos se quedaron allí vigilando. Estos predicadores pueden hablar efusivamente sobre su alta consideración por las Escrituras, pero en realidad la usan como un talismán sobrenatural para bendecir sus propios sermones, que son humanos.

Si los cristianos conservadores creen que Dios inspira capítulos y versículos (¿por qué otra razón alguien predicaría acerca de los 3:16 de la Biblia?), los innovadores posmodernos enfatizan el elemento humano de las Escrituras. Un líder asegura que no debemos asumir que «la Biblia es un producto divino, enviado del cielo por Dios». Sino más bien, «las personas escribieron algo, y el elemento de "Dios" vino después».[1] Otro líder toma la postura de Kart Barth, quien dice que las Escrituras no son una revelación sino un testigo de Jesucristo, quien es la revelación única de Dios.[2]

Respondo a estas declaraciones en sus respectivas notas finales. Aquí solo tengo espacio suficiente para tratar las dos principales objeciones de los innovadores posmodernos a la postura conservadora respecto de las Escrituras. Ellos creen que los conservadores cometen dos errores modernos: usamos la Biblia como fundamento del conocimiento, y creemos que fue escrita sin errores.[3]

Un comentario expresa ambas preocupaciones. En un seminario en el que participé, un teólogo evangélico advirtió acerca de ubicar la Biblia como fundamento, no sea que encontremos un error en ella y todo nuestro edificio de creencias se derrumbe. Mejor es pensar nuestras creencias como una red interrelacionada con la contribución de la Biblia como una parte importante. Luego, si encontramos errores en las Escrituras, sencillamente reconfiguramos nuestra red en lugar de sufrir un colapso total.

Este capítulo se detendrá en estas objeciones posmodernas, dando una respuesta conservadora y concluyendo con lo que podemos aprender de nuestros amigos posmodernos.

¿CUÁL ES TU AUTORIDAD?

Muchos innovadores posmodernos rechazan el enfoque de la modernidad sobre los fundamentos del conocimiento. Como expliqué en el capítulo 10, los filósofos modernos pensaban que podían probar sus creencias si comenzaban por un fundamento objetivo e indubitablemente cierto y razonaban a partir de allí. Pero su búsqueda de hechos indisputables y accesibles para todos, terminó en fracaso. Los posmodernos comprenden ahora que las personas provienen de tantas perspectivas diferentes que resulta casi imposible llegar a coincidir totalmente en algo.

Por lo tanto, en lugar de pretender haber construido el perfecto edificio de conocimiento sobre un fundamento inquebrantable, algunos innovadores posmodernos sostienen que deberíamos pensar nuestras creencias como si fueran una red interrelacionada. Este acercamiento no fundacional al conocimiento afirma que en lugar de razonar desde abajo hacia arriba, las inferencias entre creencias corren en múltiples direcciones. Más importante aún, en tanto ninguna creencia es fundacional, ninguna es inmune a las críticas. Ninguna creencia es aceptada por todos, y ninguna viene con un cien por ciento de certeza lógica. Debemos admitir que podemos estar equivocados.[4]

Si bien aprecio este humilde recordatorio de que mis creencias podrían ser equivocadas, me pregunto cómo puedo afirmar que si alguna de ellas es correcta. Si mis creencias no están construidas sobre un fundamento sólido, ¿entonces cómo sé que son verdaderas?

En su libro *Beyond Foundationalism* [Más allá del fundacionalismo], Stanley Grenz y John Franke argumentan que no necesitamos un fundamento (ya sea de la razón, la experiencia o incluso las Escrituras) para acceder a la verdad. Sostienen que nuestra fuente y autoridad final de conocimiento es «el Espíritu hablando en o a través de las Escrituras» a nuestra comunidad cristiana.[5] El Espíritu utiliza el significado original de las Escrituras para comunicar su voluntad, pero «nunca podemos concluir que la exégesis en sí misma puede agotar lo que nos dice el Espíritu a través del texto ... El Espíritu se apropia del texto con el objetivo de comunicárnoslo en *nuestra* situación, la cual, aunque pueda tener paralelismos en ciertos aspectos a la de la comunidad antigua, es de todos modos única».[6]

Si el Espíritu habla más allá del sentido original del texto bíblico, ¿cómo podemos asegurar que lo que pensamos que dice es verdad? Grenz y Franke responden que hay seguridad en los números. Nuestra autoridad no es lo que creemos que el Espíritu nos está diciendo a nosotros como individuos privados, sino lo que está diciendo a nuestra comunidad reunida.[7]

¿Pero qué pasa si toda nuestra comunidad lo está entendiendo de modo incorrecto? Grenz y Franke responden que la meta del discurso del Espíritu es darle poder a su iglesia para construir un mundo que refleje el propósito de Dios para la creación. Si nuestra interpretación de la voz del Espíritu nos permite hacer eso (si nuestra «visión teológica provee el marco para la construcción de una comunidad verdadera»), entonces podemos declarar con confianza que nuestro entendimiento de lo que dice el Espíritu es verdadero.[8]

Grenz y Franke, quienes son teológicamente más conservadores que muchos innovadores posmodernos, enfatizan el rol del Espíritu en nuestro uso de las Escrituras porque quieren proteger la soberanía de Dios. Defienden el reclamo de Dios como nuestra autoridad final frente al resto, sean estos la tradición, la razón e incluso las Escrituras. En su obra introductoria a Beyond Foundationalism, Franke escribe que «la autoridad última en la iglesia no es una fuente particular, ya sea la *Escritura*, tradición, razón, o experiencia, sino sólo el *Dios viviente*».[9] La Biblia no es una autoridad por derecho propio, sino solo «porque es el vehículo por el cual habla el Espíritu».[10]

LOS ERRORES DE LA INERRANCIA

Además de alegar que los conservadores ubican equivocadamente a la Biblia en su fundamento del conocimiento, los innovadores posmodernos también alegan que la entrega conservadora a la inerrancia bíblica es idólatra, obsoleta, no es bíblica y se ve comprometida por la ciencia moderna.

1. *Bibliolatría.* Los innovadores posmodernos suelen sugerir que los conservadores han elevado las Escrituras por encima del Dios que las inspira. No solo pusieron a la Biblia en vez de a Dios como su fundamento del conocimiento, sino que su insistencia en un texto inerrante los llevó a adorar palabras en lugar de a Dios. Carl Raschke expresa estas acusaciones: «La inerrancia es la idolatría de un texto. Es bibliolatría lisa y llana, ya que no puede ver más allá del entramado lógico del texto para encontrar al Otro que siempre nos está llamando a su reino y ante su trono».[11]

Raschke sostiene que la preocupación conservadora por la inerrancia bíblica los impulsa a convertir la Biblia en una lista de proposiciones que pueden corroborarse para precisión fáctica. ¿Hubo un gran diluvio? ¿Las plagas azotaron a Egipto? ¿Jesús alimentó a miles con cinco panes y dos pescados? Raschke considera que esta preocupación por hechos impersonales provoca que los conservadores se pierdan el punto mayor de que la Biblia es la promesa de Dios para nosotros. Como no podemos verificar una promesa hasta que se haga realidad, deberíamos dejar de inquietarnos por el modo de probar los hechos de las Escrituras y en lugar de esto enfocarnos en escuchar y obedecer la voz de Dios en el texto. Haciendo esto, mostramos que las Escrituras son la palabra de autoridad de Dios, sea o no sea inerrante.[12]

2. *Comprometida por la filosofía moderna.* Otros innovadores posmodernos argumentan que la inerrancia bíblica es una preocupación obsoleta del mundo moderno. Sostienen que cuando los liberales modernos construyeron sus creencias sobre el fundamento de experiencias religiosas, los conservadores modernos contrarrestaron esto fundando sus creencias en una Biblia inerrante. De este modo los conservadores, justificadamente podían pretender tener una verdad segura e infalible que podía competir con las creencias de los liberales modernos y los secularistas. Pero ahora que hemos superado la fijación moderna con los fundamentos, ya no necesitamos una Biblia inerrante para fundamentar nuestras creencias.[13]

3. *No bíblica.* Algunos innovadores posmodernos van aún más lejos y argumentan que fundamentar nuestras creencias en una Biblia inerrante no solo no es necesario, sino que tampoco es bíblico. Como Neo le comenta al pastor Dan, las Escrituras dicen que «la iglesia es el fundamento de la verdad… Pero a menos que él esté equivocado, la Biblia nunca se llama a sí misma el fundamento».[14] Brian McLaren explica: «Es interesante que cuando las Escrituras hablan de sí mismas, no usan el lenguaje que solemos usar para explicar su valor. Para los cristianos modernos occidentales, palabras tales como *autoridad, inerrancia, infalibilidad, revelación, objetivo, absoluto,* y *literal* son cruciales… Casi nadie capta la ironía de recurrir a la autoridad de palabras y conceptos extrabíblicos para justificar las creencias de uno en la autoridad definitiva de la Biblia».[15] Dave Tomlinson agrega que «un problema fundamental con la doctrina de la inerrancia… es que la Biblia no reclama tanto para sí».[16]

En una entrevista un líder innovador posmoderno declaró que la idea de inerrancia bíblica está acompañada por un interrogante moderno más que bíblico: ¿la Biblia es científica o empíricamente confiable? Él dijo que la confiabilidad de las Escrituras no depende de que cada palabra y título sea científicamente cierto, porque la verdad de las Escrituras trasciende lo que la ciencia puede corroborar. Además, tratar de correlacionar las Escrituras con la ciencia es un juego perdido, porque lo que cree la ciencia cambia continuamente, al ir aprendiendo más sobre el mundo.

4. *Comprometida por la ciencia moderna.* Una objeción final a la inerrancia bíblica es que además de ser idólatra, obsoleta, innecesaria, y no bíblica, también parece capitular con el criterio de la ciencia moderna. Dave Tomlinson escribe: «La noción evangélica de inerrancia está basada en la postura de que las Escrituras deben tener el mismo tipo de precisión en informar eventos del pasado que el que posee un texto científico o de historia moderna objetiva».[17] El teólogo John Perry concuerda: «Específicamente, durante la mayor parte del siglo veinte, hubo una creciente preocupación entre los cristianos conservadores estadounidenses de que la Biblia era precisa en todos los asuntos, incluyendo la exacta redacción de eventos históricos detallados y cuestiones de ciencia».[18]

Como pensaban que las Escrituras debían seguir los estándares modernos para escribir historia, algunos cristianos conservadores se preocupaban por el modo de reconciliar versiones contrarias en los Evangelios. Lucas dice que durante el Sermón del monte Jesús estaba de pie, en tanto Mateo menciona que estaba sentado.[19] Lucas escribe que Jesús sanó a un mendigo que padecía ceguera camino a Jericó, mientras que Mateo y Marcos dicen que lo sanó a su regreso de esta ciudad.[20] Marcos declara que Pedro negó a Jesús tres veces antes de que el gallo cantara por segunda vez, pero otros Evangelios solo mencionan que el gallo cantó una vez.[21]

¿Cómo pueden ser verdad ambos escenarios? Algunos conservadores resuelven el conflicto uniendo las historias. Concluyen que Jesús debió haber estado parado y sentado durante partes diferentes de su sermón (parece probable), que sanó al hombre ciego mientras dejaba atrás la Antigua Jericó y entraba a la ciudad nueva (suena posible), y que Pedro habrá negado a Jesús en dos series de tres, con el gallo cantando después de cada serie (¿qué?).[22]

Este último caso ilustra el porqué algunos dicen que la inerrancia bíblica cede ante la ciencia moderna. ¿Debemos recurrir a semejante gimnasia interpretativa para preservar nuestra creencia en las Escrituras? ¿No hay otro modo de creer en la inerrancia bíblica sin sucumbir a estas objeciones posmodernas? A pesar de la impresión dada precedentemente, algunos cristianos conservadores pensaron en profundidad el significado y valor de la inerrancia bíblica. A continuación expongo lo que creemos.

LA VERDAD ACERCA DE LA INERRANCIA

1. *¿Bibliolatría?* Para principiantes. Contrario al comentario de Raschke de que los conservadores son culpables de bibliolatría porque «no pueden ver más allá... del texto para encontrar al Otro», nunca conocí a nadie que ponga la Biblia por sobre Dios. Como una novia que lee y vuelve a leer las cartas de su amado, cada conservador que conozco no lee la Biblia por ser la Biblia, sino porque allí oye la voz de Dios.

Así como cada persona que ama sabe que hay más de su amado de lo que las palabras pueden expresar, de igual modo cada cristiano reconoce que el Dios viviente trasciende su Palabra. Los conservadores coincidimos con otros en que Dios es más de lo que sus palabras pueden expresar, pero también insistimos en que no es menos.[23] Nuestra creencia de que la Palabra de Dios comunica con precisión la verdad acerca de él no implica que pensemos que lo comprenda completamente.

Pero si bien puede que no elevemos la Biblia por sobre Dios, Raschke tiene razón en sostener que centrarnos en los hechos de las Escrituras puede distraernos de buscar a la Persona que las escribió. Trataré esta tentación al final de este capítulo, pero por ahora observe que si bien la inerrancia bíblica es esencial, no lo es todo. Nunca debemos olvidar que la Biblia es más que solo verdad, es la Palabra de Dios.

2. *¿No bíblica y moderna?* ¿Qué pasa con las acusaciones de que la inerrancia es una idea moderna? Los primeros cristianos seguramente creían que las Escrituras eran verdaderas y confiables, pero hasta el período moderno no dijeron de modo directo que no tenían errores en ningún aspecto. ¿Esto no prueba que la inerrancia bíblica es una creencia moderna, quizás apropiada para esa época, pero carente de sentido para las personas posmodernas? Si la inerrancia de la Biblia es tan importante, ¿por qué fue establecida con claridad solo recientemente?[24]

a. *Por qué la inerrancia llegó tarde.* El motivo de esto es que antes no era necesaria. La doctrina suele desarrollarse como respuesta a la herejía. La iglesia declara lo que cree cuando debe refutar lo que no cree. Hasta que las personas modernas no comenzaron a negar la precisión de las Escrituras, no se le había ocurrido a nadie insistir en la inerrancia de la Biblia.

En 1689 era suficiente para los bautistas sostener que la Biblia es «la regla certera e infalible para el conocimiento, la fe y la obediencia que constituyen la salvación».[25] Esta poderosa declaración es inadecuada hoy, porque en los tres siglos de intervalo, algunos dijeron que la Biblia era confiable en asuntos de salvación, pero no respecto a otras áreas menores de historia y ciencia.

Los cristianos conservadores se dieron cuenta de que el espíritu de sus primeras confesiones requería que vayan más allá de ellas. Por lo tanto el congreso evangélico de 1978 fue más allá, estableciendo en su Declaración de Chicago sobre la Inerrancia Bíblica que «las Escrituras son sin error o falta en todas sus enseñanzas», no solo en lo referente al modo de ser salvos, sino también en lo que respecta a «los actos de creación de Dios», «los eventos de la historia del mundo», y «su propio origen literario».[26]

Además, como otras declaraciones que cree la iglesia, la doctrina de la inerrancia bíblica fue una corrección oportuna de una mala idea. El hecho de que esta corrección sucediera en el período moderno no cuenta en su contra, del mismo modo que no desacreditamos la doctrina de la Trinidad porque fue desarrollada recién en el cuarto siglo, la justificación solo por fe porque no fue determinada sino hasta el siglo dieciséis, o la extensión de la presciencia de Dios porque se debatió recién en la última década.

b. *Por qué la inerrancia no es propiedad de la modernidad* ¿Pero la creencia en la inerrancia bíblica no nos compromete con el punto de vista obsoleto del fundacionalismo moderno? No necesariamente. Los teólogos posmodernos como Grenz y Franke objetan al denominado *fundacionalismo duro*. Esta era la manera dominante de conocer en el mundo moderno, el cual, como explicara en el capítulo 10, busca fundamentar toda creencia sobre una base indudablemente cierta, y sin ningún tipo de equivocación.

Hoy la mayoría considera que este sueño moderno era demasiado ingenuo. En su lugar, muchos cristianos aceptan al llamado *fundacionalismo débil*. Se lo considera débil porque es menos estricto respecto de qué creencias pueden pertenecer al fundamento de uno. En lugar de demandar certeza absoluta, los fundacionalistas débiles nos permiten empezar con cualquier fundamento que parezca verosímil.[27]

Mi estructura cristiana de conocimiento del capítulo anterior es un ejemplo de fundacionalismo débil, porque a pesar de que no puedo probar mi creencia en Dios, o que las Escrituras son la

Palabra de Dios, se me permite empezar por allí. Debo estar preparado para defender estas creencias contra cualquier objeción, pero no necesito ocultar mi creencia hasta que pueda probarla. Además puedo fundamentar mis creencias en la Biblia sin sucumbir a las acusaciones de Grenz y Franke de que soy demasiado moderno.[28]

c. *Por qué el fundacionalismo débil es mejor que el antifundacionalismo.* Prefiero la autoridad de las Escrituras a la dependencia de Grenz y Franke «del Espíritu hablando en o a través de las Escrituras», porque a pesar de su cuidadoso argumento, nos dejan con la pregunta: cómo determinar si un mensaje particular proviene de Dios. Parece posible que toda una iglesia malinterprete lo que el Espíritu Santo está diciendo a través de la Biblia. Aun si todos coinciden y aquello en lo que coinciden parece funcionar, no hay garantía de que hayan escuchado correctamente la voz del Espíritu.[29]

El problema empeora cuando Grenz y Franke entienden que habiendo separado el texto bíblico del hablar con autoridad del Espíritu, no hay nada que evite que el Espíritu hable por otros medios. Por lo tanto, además de escuchar la dirección del Espíritu en las Escrituras, ellos aseguran que la iglesia también puede «escuchar atentamente la voz del Espíritu en el mundo, rebosando en la superficie a través de artefactos y símbolos construidos por los seres humanos».[30] Ya es bastante difícil que la iglesia se ponga de acuerdo en lo que el Espíritu dice a través de las Escrituras; ¡imagine la dificultad de escuchar su voz en el mundo diverso de la cultura humana![31]

Como la comunidad puede extraviarse con facilidad, parece mejor depositar nuestra confianza en la estable Palabra de Dios. Por supuesto, malinterpretaremos sus textos a menudo, pero esto solo nos da más razones para establecerla como nuestro punto de partida. Si sabemos que será inevitable que se infiltre el error en nuestra comprensión de la voluntad de Dios, ¿no deberíamos hacer todo lo posible para limitarlo a la fase de interpretación? Es mejor establecer una fuente de conocimiento (Escrituras) y una interpretación falible que tener tanto una fuente variable (¿quién decide cuándo y qué dice Dios?) como una interpretación (¿quién decide qué significa?).[32]

Y contrario a lo que Neo le dice al pastor Dan, hay una apoyatura bíblica para usar las Escrituras como fundamento del conocimiento. Pablo declara que la iglesia está edificada «sobre el fundamento de los apóstoles y los profetas, siendo Cristo Jesús mismo la piedra angular».[33] Por mucho tiempo la iglesia ha sostenido que «apóstoles y profetas» aquí representa sus escritos, o que es la manera que Pablo tiene para decir que la iglesia está fundamentada en la verdad de las Escrituras.

d. *Por qué la inerrancia es creíble.* Ya sea que el fundacionalismo esté en lo cierto o no, en realidad no es el punto importante, porque contrario a lo que algunos alegan, el fundacionalismo no es la razón por la cual los conservadores creen en la inerrancia bíblica.[34] Creemos que la Biblia es inerrante no porque necesitemos apuntalar nuestro fundamento con una certeza incuestionable, sino porque creemos que la Biblia es la Palabra de Dios. Expresado como silogismo, creemos lo siguiente:

Premisa mayor: La Palabra de Dios no contiene errores.

Premisa menor: La Biblia es la Palabra de Dios.

Conclusión: Luego, la Biblia no contiene errores.

Quienes niegan nuestra conclusión deben negar que la Biblia sea la Palabra de Dios o cuestionar en qué sentido la Biblia es sin error. La primera postura, sostenida por Kart Barth y con una popularidad creciente entre los evangélicos, es devastadora para la autoridad bíblica y nuestro conocimiento de la voluntad de Dios.[35] La última suele ser una fuente de confusión, por lo tanto, déjeme aclarar lo que queremos decir cuando decimos que la Biblia es inerrante.

SOLO LA VERDAD

Los autores premodernos de las Escrituras no siempre escribieron con la precisión objetiva que esperamos hoy. Como el mundo moderno privilegia la ciencia y los hechos, los historiadores modernos intentan reproducir ilustraciones verbales del pasado, informando de modo exacto quién dijo qué y qué sucedió luego en un orden preciso.[36]

Con estos estándares, los Evangelios están plagados de errores, porque no siempre concuerdan siquiera en el orden básico de los sucesos. Lucas dice que Jesús llamó a Mateo antes del Sermón del monte, en tanto Mateo pone su llamado después.[37] Lucas declara que Satanás le ofreció el mundo a Jesús antes de tentarlo a saltar del templo, mientras que Mateo invierte este orden.[38] De acuerdo a los criterios modernos, estas versiones no pueden ser todas ciertas.

Considera las citas encontradas en los Evangelios. Cuando Jesús preguntó a sus discípulos quién pensaban que era, Pedro dijo «Tú eres el Cristo» (Marcos 8:29), «El Cristo de Dios» (Lucas 9:20), o «Tú eres el Cristo, el Hijo del Dios viviente» (Mateo 16:16). Conforme a los estándares modernos, al menos dos de estos Evangelios documentaron las palabras de Pedro de modo descuidado y, gracias a su descuido, nunca sabremos en realidad lo que Pedro dijo.

Pero así como objetaríamos si algún historiador futuro nos corrige por no haber escrito conforme a sus criterios, de igual modo no deberíamos sujetar a los autores del siglo primero del Nuevo Testamento a nuestros estándares del siglo veintiuno. Los autores premodernos estaban más interesados en *qué* que en *cuándo*, en el significado de los acontecimientos que en su cronología. Ellos moldearon, modificaron y reorganizaron el material de maneras que los historiadores modernos nunca utilizarían.

Por ejemplo, Mateo organizó su Evangelio en torno a cinco discursos principales de Cristo. Quizás ubicó su propio llamado después del Sermón del monte (primer discurso) para que aparezca próximo a la comisión de Jesús de los doce discípulos (segundo discurso). Lucas ubica la elección de los doce discípulos antes del Sermón del monte, por lo que tendría sentido que incluya allí el llamado de Mateo.

Del mismo modo, es apropiado que Mateo culmine la tentación de Cristo con el ofrecimiento del mundo de parte de Satanás, porque su Evangelio enfatiza que Jesús vino a recuperar el mundo. Mateo comienza con el rechazo de Jesús a este ofrecimiento y finaliza con el Cristo resucitado declarando: «Se me ha dado toda autoridad en el cielo y en la tierra».[39] De manera alternativa, Lucas tal vez concluya con la tentación en la parte más alta del templo porque sucedió en Jerusalén, centro geográfico de su Evangelio.[40] Así como los Evangelios no tuvieron necesidad de seguir un estricto orden cronológico de los acontecimientos, se sintieron igualmente libres para parafrasear lo dicho en lugar de autolimitarse a citas exactas. Allí donde Marcos pone a Pedro diciendo que Jesús es el Mesías, Lucas lo hace más enfático agregando que Jesús es «el Mesías de Dios». Mateo resuelve la implicación lógica de la confesión de Pedro y, con un título mesiánico común en su Evangelio, hace que Pedro declare que Jesús también es «el Hijo del Dios viviente».[41]

Además, cuando decimos que la Biblia es inerrante, no queremos decir que trata de alcanzar los estándares modernos para los informes históricos. Pero tampoco queremos decir, como algunos creen, que la Biblia sólo es verdadera cuando habla de salvación y puede ser potencialmente falsa cuando se refiere a temas menores, como «geología, meteorología, cosmología, botánica, astronomía, geografía, etc.» [42]

En cambio, queremos decir que todo lo que la Biblia afirma (cuando es comprendido de acuerdo a su cosmovisión premoderna, oriental y de sentido común) es completamente verdadero y sin error. De este modo, tomamos la afirmación de Josué de que el sol se detuvo, no como una prueba científica de que el sol gira alrededor de la tierra, sino simplemente como una descripción de cómo le parecieron las cosas a él.[43] Leemos la declaración de Jesús de que el grano de mostaza «es la más pequeña de todas las semillas» no como una afirmación científica sobre la semilla más pequeña posible, sino como una observación general que ilustra una enseñanza espiritual.[44]

Interpretamos la profecía de Jesús de que «no quedará piedra sobre piedra» del templo no como una aseveración precisa que debe cumplirse de modo literal, sino como una promesa descriptiva de la destrucción del templo. A pesar de la continua presencia de la pared occidental del templo, podemos decir que las palabras de Jesús se cumplieron.[45]

Y evitamos la tentación de meter la historia de la creación en nuestro pensamiento moderno, inventando motivos por los cuales la luz del día 1 precede al sol del día 4 y diciendo, como el predicador que visitó mi pueblo, que quien no concuerde con la lectura científica de Génesis 1 es un liberal que no cree en la Biblia. En lugar de esto, leemos Génesis 1 como lo que es, una narrativa literaria que describe la creación de Dios de nuestro buen mundo.[46]

Inerrancia no significa que las Escrituras tratarán todas nuestras preocupaciones contemporáneas o responderán a cada pregunta que le hagamos. Sencillamente significa que cuando entendemos adecuadamente dentro de su propio género y propósito, cada pasaje de las Escrituras dice la verdad acerca de lo que sea que afirme.

Esta es una manera útil de pensar la inerrancia. Los autores humanos de las Escrituras seguramente sostenían algunas creencias incorrectas. Algunos pensarían que la tierra era plana y el centro del universo, que las mujeres eran inferiores a los hombres, y que la hemorragia era un modo terrible de erradicar las enfermedades (no fue hace mucho tiempo que nuestros mejores doctores desangraron a George Washington hasta morir). La inerrancia nos recuerda que el Espíritu Santo evitó que estas miradas equivocadas entren en las Escrituras. Escribió las palabras de las Escrituras con y mediante autores humanos, de modo tal que incluyeran solo lo que es verdad.[47]

ESENCIAL, PERO NO TODO

Como en los capítulos previos, aquí podemos eliminar los extremos de los conservadores y posmoderno y decidirnos por una perspectiva bíblica que balancee las preocupaciones de ambos (véase figura 11.1).

Fig. 11.1. La batalla por la Biblia

Las Escrituras fueron escritas por Dios y por hombres

Nuestra autoridad es la Palabra inerrante y el Espíritu

Innovadores posmodernos:
Autoría humana

Nuestra autoridad es el Espíritu Santo hablando a través de las Escrituras

La inerrancia es obsoleta, ingenua y convierte a la Biblia en un ídolo

Conservadores:
Autoría divina

Nuestra autoridad es la Biblia, inspirada y aplicada por el Espíritu

La inerrancia deriva lógicamente de la autoría divina y provee la certeza necesaria para confiar en las Escrituras

Primero, los conservadores enfatizan el lado divino de las Escrituras y los innovadores posmodernos acentúan su elemento humano. ¿Por qué no decir que las Escrituras fueron hechas en su totalidad por Dios y los hombres? Dios es el autor principal de las Escrituras, porque «toda la Escritura es inspirada por Dios», y «los profetas hablaron de parte de Dios, impulsados por el Espíritu Santo», pero la iniciativa de Dios no reduce a los autores humanos a participantes pasivos.[48]

Contrario a B. B. Warfield, quien dijo que los autores humanos de las Escrituras eran nada más que un vidrio de color a través del cual pasaba la luz de Dios, pareciera que los autores se unieron activamente al Espíritu de Dios cuando escribieron las Escrituras.[49] Lucas no era un simple cristal a través del cual Dios escribió la historia de Cristo y su iglesia, sino que el evangelista «habiendo investigado todo esto con esmero desde su origen» decide escribirlo para su Evangelio y para Hechos. De igual modo, fue Pablo quien saludó a sus amigos en el último capítulo de Romanos, no tan solo Dios enviando saludos a través de Pablo.[50] Así como Jesús es completamente Dios y hombre, de igual modo no debemos desairar a los autores divinos ni humanos de las Escrituras.

Segundo, contra la tentación conservadora de enfatizar las Escrituras más que el Espíritu y el intento de Grenz y Franke de enfatizar al Espíritu más que las Escrituras, creo que nuestra autoridad es la Palabra y el Espíritu. Aprendimos en el capítulo 2 que el Espíritu y las Escrituras están inseparablemente unidos, por lo que sería un error elevar uno a expensas del otro. Las Escrituras reciben su autoridad del Espíritu, y el Espíritu habla con autoridad a través de las Escrituras. No podemos tener a uno sin el otro.

Por último, los innovadores posmodernos observan correctamente que la inerrancia no es lo mejor que podemos decir sobre la Biblia. Ni siquiera se aplica a las partes más importantes de las Escrituras. La Biblia contiene órdenes («háganlo todo para la gloria de Dios»), interrogantes («¿cuál es el mandamiento más importante?»), oraciones («¡Señor, sálvame!»), y alabanzas («¿Quién puede proclamar las proezas del Señor, o expresar toda su alabanza?»).[51] Ninguno de estos es verdadero o falso, porque ninguno describe un estado de cosas que puede ser corroborado. Órdenes, interrogantes, oraciones y alabanzas son profundamente significativos, pero no diríamos que son verdaderos.

Esto nos recuerda que la Biblia es mucho más que un libro verdadero. Muchos libros son verdaderos (espero que éste sea uno), pero solo uno es la Palabra de Dios. Lo que es más, la Biblia es mucho más que un depósito de hechos acerca de Dios y el mundo. Es la Palabra viva que usa sus categorías más elevadas de órdenes, promesas, oraciones y alabanzas para crear y nutrir nuestras vidas con Dios. Nunca debemos dejar que nuestra enérgica defensa de la veracidad de las Escrituras nos distraiga de su punto principal.

Y sin embargo, a pesar de que la inerrancia no captura los picos más elevados de las Escrituras, sí provee el fundamento sobre el cual descansan. Órdenes, alabanza, oraciones y preguntas pueden no ser directamente verdaderos o falsos, pero sí dependen de hechos más fundacionales que sí lo son. «Háganlo todo para la gloria de Dios» y «alaba al Señor» no tienen sentido a menos que Dios exista: «¡Señor, sálvame!» es inútil si Jesús no puede ayudar, y preguntar cuál es el mandamiento más importante es vano si Dios no nos reveló su voluntad. La Palabra de Dios es más que verdadera, pero no puede ser menos.[52]

Los innovadores posmodernos sostienen correctamente que no podemos probar que la Biblia es inerrante, porque no podemos viajar atrás en el tiempo y verificar sus afirmaciones históricas. Es demasiado tarde para probar que Jesús caminó sobre el agua, sanó a un enfermo de lepra y se levantó de la muerte.[53] Pero como vimos en el capítulo 10, no necesitamos pruebas para argumentar verdad. A menos que tengamos buenas razones para pensar lo contrario, estamos justificados en creer que la Palabra de Dios (porque es la *Palabra de Dios*) no se equivoca.

Y debemos, porque ¿cómo podemos creer cualquier parte de las Escrituras si otra parte es incorrecta? ¿Cómo podemos confiar en las verdades más elevadas de las Escrituras si sus alegatos menores son falsos? Si debemos creer la Palabra de Dios para ser salvos, entonces la inerrancia de las Escrituras juega un rol vital en nuestra salvación. Sería difícil tener fe sin ella.[54]

Muchos innovadores posmodernos no están de acuerdo con esta última declaración, en parte porque piensan que están forjando una nueva fe para la cual las viejas reglas no aplican. Mi capítulo final desafía estos supuestos, argumentando que quienes ignoran los errores de la historia es probable que los repitan. Inevitablemente somos determinados por la historia, aun cuando menos nos damos cuenta de ello. En las palabras de William Faulkner, «el pasado no está muerto. De hecho, no es ni siquiera pasado».

CAPÍTULO 12

EL FUTURO SUPERA AL PASADO

El año pasado, durante los días de celebración de la Pascua, un sitio de Internet evangélico publicó un blog intentando persuadir a los cristianos liberales a creer en la resurrección. Ésto es algo muy difícil de lograr, dado que los verdaderos liberales no creen en milagros, mucho menos en uno que involucra a una persona levantándose de la muerte.

La autora que escribía en el blog, Diana Butler Bass, tenía a un liberal en su esquina del cuadrilátero. Ella citó al obispo Corrigan, quien al ser preguntado si creía en la resurrección respondió: «Sí. Creo en la resurrección. La he visto demasiadas veces como para no creer».

Esta agradable respuesta en realidad elude el asunto. La pregunta de fondo para el obispo Corrigan era si creía en la resurrección *física* de Jesús y sus seguidores. Como no quería admitir que no lo hacía, Corrigan sencillamente cambió de tema. Él había visto personas malas convertirse en buenas, por lo tanto sí, él sí cree en una resurrección *moral*.

En lugar de confrontar su evasión, Butler Bass sugirió que el comentario de Corrigan provee un camino a través de la brecha liberal-conservadora, y «señala un modo diferente de aceptar y creer la resurrección». Contra los liberales, que convirtieron la resurrección «en una alegoría o metáfora espiritual» y los conservadores, quienes intentan probar que Jesús se levantó de la muerte, podemos creer en la resurrección por las vidas cambiadas. Además, la resurrección tiene evidencias históricas (como creen los conservadores), y tiene un significado personal (como enfatizan los liberales).

Butler Bass concluye, «La evidencia de la resurrección está en derredor nuestro. *No en algún texto antiguo*, en los huesos de Jesús, o en una muestra de ADN. Más bien la evidencia histórica de la resurrección es Jesús viviendo en nosotros; es el poder transformador del Espíritu Santo, reviviendo lo que estaba muerto. Nosotros somos la evidencia».[1]

A pesar de que Butler Bass afirmó haber encontrado una tercera vía que supera el estancamiento liberal-conservador, su argumento parece haber entregado mucho a los liberales. No queda claro si ella está de acuerdo con la redefinición de la resurrección del obispo Corrigan o si simplemente la está usando para comenzar una conversación con los cristianos liberales. De cualquier modo, no funciona, porque la primera opción destruye el corazón de la fe cristiana y la última sostiene que la razón para creer que Jesús vive es nuestro cambio moral y no las Escrituras («algún texto antiguo»).

Antes de que los conservadores cloqueen como santurrones, recuerda las muchas veces que cantamos con gozo el himno que dice: «¿Me preguntas cómo sé que vive? ¡Él vi-i-ive en mi corazón!» Decimos que Jesús vive porque «Él camina junto a mí y habla conmigo a lo largo del estrecho camino de la vida».[2] ¿Cómo difiere este himno del argumento de Butler Bass? Ambos parecen tener una subjetividad sin esperanzas. Corazones cálidos y vidas cambiadas no pueden probar que Jesús se levantó de la muerte. Después de leer 1 Corintios 15, ¿alguien puede imaginarse al apóstol Pablo defendiendo la resurrección con alguno de estos dos argumentos?

En tanto el argumento de Butler Bass no es persuasivo, su deseo de una nueva opción es lo que piensan muchos innovadores posmodernos. Brian McLaren recuerda la vez que fue presentado en una convención de jóvenes obreros, donde, tras indagar al público sobre cuántas personas se consideraban liberales o conservadores, el orador (Mark Oestreicher) preguntó: «¿Y cuántos de ustedes desearían que haya una tercer alternativa, algo que trascienda las limitadas estructuras de los liberales y conservadores?» McLaren escribió que «la sala estalló en aplausos y ovaciones. Luego Mark dijo de modo muy amable que yo era un peregrino en busca de esa tercer alternativa».[3]

Este capítulo examinará este deseo de trascender los campos opuestos del cristianismo liberal y conservador. Estableceré la línea de base liberal-conservadora del mundo moderno, explicaré cómo los innovadores posmodernos intentan vencer esta brecha, y luego concluiré con una mejor tercer vía hacia delante.

A TRAVÉS DEL PASADO

El cristianismo en el mundo moderno se dividió entre liberales y conservadores. Como los liberales no creían los aspectos sobrenaturales de las Escrituras, redujeron la fe cristiana a los principios morales detrás de las historias. No creían que Jesús alimentó a más de cinco mil personas con el almuerzo de un niño, pero la historia sí ilustra la importancia de compartir. Si seguimos el ejemplo del muchacho y compartimos lo que tenemos, entonces otros también compartirán lo que tienen, hasta que todos sean alimentados.

Los liberales no creían que Jesús se levantó corporalmente de la muerte, pero pensaban que seguían aceptando su resurrección. Así como Jesús clamó en fe desde la cruz y fue recompensado con una «resurrección», del mismo modo podemos seguir su ejemplo y confiados clamar a Dios en nuestra hora más oscura.[4] La resurrección nos recuerda que viene la primavera, cuando se siente el poder de la nueva vida en la brisa fresca que sopla a través de nuestro reverdecido mundo y los brotes de tulipanes.

Immanuel Kant fue pionero en la tendencia liberal de transformar las historias milagrosas de las Escrituras en principios éticos universales. En su libro *La religión dentro de los límites de la mera razón* (1793), Kant expresó que Jesús no es Dios y que no murió y resucitó por nuestros pecados. Pero en lugar de descartar la bellísima historia de Jesús, Kant dijo que deberíamos seguir su ejemplo en nuestra búsqueda de ser mejores personas. No importa lo que creamos acerca de Jesús, si oramos, nos bautizamos, o participamos de la cena del Señor. En tanto vayamos transformándonos en mejores personas, estamos cumpliendo el objetivo de la fe cristiana.[5]

Los líderes liberales de fines del siglo diecinueve eran Albrecht Ritschl y Adolf Harnack. Ambos pensaban que la crítica histórica había desaprobado la deidad de Cristo, su resurrección física y otros milagros fantásticos. Ritschl y Harnack creían que podían descubrir la esencia del mensaje bíblico deshojando la superficie de estos argumentos sobrenaturales. Según Harnack, este núcleo inmutable se resumía en tres puntos: la venida del reino de Dios, el valor infinito del alma humana y el mandamiento de amarnos unos a otros.[6]

Esta inquietud liberal por el amor y la ética se expresó de manera poderosa en las lecturas de Walter Rauschenbusch de 1917, *A Theology for the Social Gospel* [Una teología para el evangelio social]. Rauschenbusch sostenía que el cristianismo tradicional se había enfocado de manera excesiva en la relación individual con Dios, dejando de lado su importantísimo aspecto social. En lugar de centrarse en doctrinas específicas, actos individuales de piedad, o lo que puede suceder en la vida eterna, Rauschenbusch dijo que todo el sentido del evangelio era mejorar las condiciones sociales actuales. Jesús mostró el camino llevando en la cruz males sociales tales como intolerancia religiosa, injusticia política, sublevaciones, y desprecio social. Al confesar nuestra participación en estos males sociales, nos avergonzaremos de nuestra complicidad en la muerte de Cristo y buscaremos traer su reino a la tierra.[7]

El desprecio liberal hacia las doctrinas tradicionales provocó un contragolpe de los conservadores. Su pensador líder, J. Gresham Machen, respondió en 1923 con su clásico libro *Cristiandad y Liberalismo*, en el que declara que «el liberalismo moderno no solo es una religión diferente del cristianismo, sino que pertenece a una clase totalmente diferente de religiones».[8] Machen acepta que los individuos liberales puedan ser salvos, pero solo Dios sabe «si la actitud hacia Dios de ciertos individuos "liberales" es fe salvadora o no. Pero sin lugar a dudas: sean o no sean cristianos los liberales, por lo menos es muy claro que el liberalismo no es cristianismo».[9]

Machen percibió que era difícil tratar con los liberales porque mantenían sus creencias en una vaguedad intencional.[10] Los pastores liberales reconocían que estaban sirviendo a congregaciones en las cuales muchos aún creían en las historias milagrosas de las Escrituras. Estos pastores decían que debían escoger entre convertirse en «traidores confiables» que explicaban con honestidad su escepticismo moderno y luego eran abandonados para convertirse en ministros unitarios, o ser «mentirosos leales» que decían lo que su gente quería oír, pero querían decir algo diferente a lo que decían. Como el obispo Corrigan que redefinió la resurrección, los liberales que eligieron convertirse en «mentirosos leales» podían permanecer en sus iglesias y trabajar paulatinamente para modernizar la fe de su gente.[11]

Los compañeros conservadores de Machen pensaban que los «mentirosos leales» eran el tipo más peligroso de liberales, y buscaban ponerlos al descubierto declarando cinco doctrinas fundamentales que todo cristiano debe creer:

1. La inerrancia e infalibilidad de las Escrituras (contra el uso liberal de críticas más elevadas para desafiar la veracidad de la Biblia).
2. El nacimiento virginal y la deidad de Jesucristo (contra la postura liberal de que Jesús era solo humano).

3.   La expiación sustitutiva de Cristo (contra la posición liberal de que Jesús salva mediante la provisión de un ejemplo moral).
4.   La resurrección literal, física de Jesús (contra el naturalismo, el cual guió a los liberales a desestimar los eventos sobrenaturales de las Escrituras como meros símbolos de verdades espirituales).
5.   El regreso literal, físico de Jesús (otra vez, contra el naturalismo).[12]

Los liberales se rehusaron a entrar en este juego. Sencillamente volvieron a enfatizar la ética social y repitieron su lema: «La doctrina divide; el amor une». Esta estrategia liberal de evadir y esconder enfureció a los conservadores «fundamentalistas» porque no podían impedir ser considerados como los agresores. Sus inquietudes doctrinales parecían innecesariamente divisorias. ¿Por qué no dejarían tranquilos a los pacíficos liberales?

Muchos fundamentalistas se sumaron y asumieron este rol combativo. Una historia del fundamentalismo (escrita por un fundamentalista) muestra una Biblia con un puño en su tapa. El autor describe su movimiento como la «exposición *militante* de todas las afirmaciones y actitudes no bíblicas».[13] Los fundamentalistas publicaban periódicos como *La espada del Señor*, y daban a sus predicadores apodos de macho, como «Bob el guerrero», «Duque», y «El tornado de Texas». Como observó de modo perspicaz el historiador George Mariden: «Un fundamentalista es un evangélico que está enojado por algo».[14]

Hacia 1930, los «Fighting Fundies» [Guerreros fundamentalistas] habían atemorizado a tantos que se vieron forzados a dejar sus denominaciones y comenzar las suyas propias. Durante las siguientes décadas se lamieron las heridas fundando escuelas, agencias misioneras y programas radiales que fueron ferozmente separados del mundo. Luego, en la década de 1959, con la ayuda de Billy Graham, los conservadores montaron un contraataque.[15] Se autodenominaron «evangélicos» para diferenciarse de la generación anterior de luchadores callejeros fundamentalistas. Comenzaron escuelas, como el seminario Fuller, cuya calidad académica adquirió gran prestigio. Crearon una revista llamada *Christianity Today* [Cristianismo hoy], un lugar de reunión para la erudición conservadora en la Evangelical

Theological Society (Sociedad teológica evangélica), y un sector poderoso de votantes conocido como la Derecha Religiosa.

Luego tomaron la Casa Blanca. En 1976 la revista *Newsweek* publicó en su tapa una foto de Jimmy Carter y el título: «Año de los evangélicos». De allí en adelante cada presidente ha sostenido ser «nacido de nuevo», el código bíblico para los evangélicos de que es uno de ellos.

Pero ahora muchos se preguntan si este movimiento conservador está perdiendo su razón de ser. Con el temor de que los conservadores hayan comprometido su fe al identificar a Jesús con la plataforma del partido republicano y con el deseo de un cristianismo que una a las personas en lugar de separarlas (¿estás a favor o en contra del matrimonio entre homosexuales, el aborto, y la investigación embrionaria de células madres?), muchos están buscando una tercera vía que una lo mejor que tengan para ofrecer liberales y conservadores.[16]

EN EL PRESENTE

El primer movimiento hacia el centro lo hizo una familia de teólogos conocida como los *posliberales*. Estos pensadores, indirectamente asociados con Hans Frei y George Lindbeck de la Escuela Divinity de la Universidad de Yale, son antiguos liberales que quieren avanzar más allá de su desprecio tradicional típico por las doctrinas cristianas convencionales.[17]

Como otros fundacionalistas duros del período moderno, los liberales clásicos buscaron verdades universales que todos creyeran. No pensaron que podían encontrar este fundamento en la doctrina (ya que había demasiados desacuerdos respecto de ella), pero podían fundamentar la fe cristiana en las experiencias religiosas (Schleiermacher) o la moral (Ritschl, Harnack, y Rauschenbusch). Como todos tienen un sentimiento de dependencia absoluta y/o un sentido del bien y el mal, los liberales sostenían que todos podían adoptar una fe cristiana que se redujera a estos conceptos.

Los posliberales rechazaron de modo acertado este intento de ganar aceptación universal conformando el evangelio a la cultura prevaleciente. En lugar de reducir la fe cristiana a esos pocos principios que todos aceptarían, los posliberales reclamaban que los cristianos debían primero, y ante todo, ser leales a las narrativas bíblicas y su perspectiva única de Dios.

Como otros no-fundacionalistas de la era posmoderna, los posliberales creen que los reclamos de verdad son particulares en lugar de universales. Sostienen que la fe cristiana no establece verdades eternas que saltan a la vista con facilidad, sino simplemente posee en común la historia de las Escrituras desde la cosmovisión cristiana. Dado que la historia bíblica consiste de eventos históricos que no pueden probarse, no deberíamos esperar que otros acepten de forma automática nuestra interpretación de la realidad.

En cambio, los posliberales sostienen que las creencias cristianas funcionan como las reglas de un juego. Así como los jugadores de baloncesto deben seguir las reglas cuando juegan el juego de baloncesto, de igual modo, quienes participan en el juego cristiano deben seguir las reglas establecidas por las creencias cristianas. Una persona que corre con la pelota en la mano o *tacklea* a sus oponentes no está jugando al baloncesto; y una persona que niega la Trinidad y la deidad de Cristo no está participando en la fe cristiana.[18]

Si bien este énfasis en el rol de la doctrina es un gran avance sobre el liberalismo clásico, los posliberales nos dejan preguntándonos hasta qué punto son verdad nuestras creencias cristianas. Si nuestras creencias sencillamente proveen las reglas para jugar el juego cristiano, ¿cómo podemos decir si nuestro juego es más verdadero que otro?[19] ¿La fe cristiana simplemente describe nuestra postura o describe con precisión el modo en que las cosas son en el mundo? ¿Jesús y la historia de las Escrituras son verdad para todos o solo para los cristianos? ¿Cómo se relacionan las creencias de nuestra fe con las reglas de otras religiones?

George Lindbeck afirma que las creencias cristianas no necesitan estar en conflicto con las miradas de otras religiones. Cada religión viene con su propio reglamento para jugar su propio juego. Así como no se nos ocurriría criticar a un jugador de baloncesto por ignorar las reglas del béisbol, de igual modo no deberíamos culpar a un musulmán o un budista por fallar en jugar con las creencias del cristianismo. De este modo, Lindbeck espera que los posliberales puedan fomentar un diálogo entre credos, porque en lugar de buscar convertir a otros, «la tarea misionera de los cristianos puede ser, por momentos, alentar a marxistas a ser mejores marxistas, a judíos y musulmanes a ser mejores judíos y musulmanes, y a budistas a ser mejores budistas (aunque la verdad es que sus nociones de lo que es un "mejor marxista", etc., estará influenciado por sus normas cristianas)».[20]

En tanto los teólogos conservadores debaten si el posliberalismo cae en el relativismo, y hasta que punto (¿creen que el cristianismo es simplemente un juego o el único juego verdadero?), algunos se están uniendo a los posliberales en lo que Hans Frei llama una «generosa ortodoxia».[21] Estos posconservadores utilizan elementos del posliberalismo para superar los problemas observados en su pasado conservador y moverse hacia el centro (véase figura 12.1).

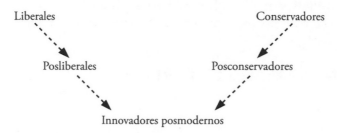

Fig. 12.1. Cómo llegamos a donde estamos

Primero, como el juego en sí mismo es más importante que sus reglas, los posconservadores reemplazan el enfoque conservador en la doctrina con un énfasis renovado en la piedad cristiana. Dicen, y están en lo cierto, que el sentido de la vida cristiana no es solo creer lo correcto, sino usar nuestras creencias para acercarnos a Dios y vivir para él.

Segundo, los posconservadores coinciden con los posliberales en que la Biblia es más que una colección de verdades eternas ilustradas con historias. Los principios de las Escrituras son importantes, pero existen para explicar la grandilocuente narrativa de la Biblia, que es el punto principal.

Tercero, los posconservadores reemplazan la búsqueda conservadora moderna de certeza con el énfasis posliberal en los juegos de lenguaje. En lugar de intentar corroborar la fe cristiana con argumentos universalmente accesibles y sin lugar a dudas ciertos, los posconservadores reconocieron que su fe solo podía ser bien comprendida y evaluada desde el interior de su comunidad cristiana.

Esta admisión de finitud lleva a los posconservadores a su característica más importante. Contrario a los conservadores, quienes tienden a denunciar todo aquello que se desvíe de su tradición, los posconservadores sostienen que debemos estar dispuestos a corregir y avanzar más allá de la tradición cuando sea necesario. De este modo, ellos están «reformados y reformándose constantemente», siempre listos para adoptar cualquier nueva luz que pueda hacerlos comprender las Escrituras al leerlas en su comunidad de fe.[22]

Hay mucho que considerar aquí: la Escritura es narrativa, nuestra fe es comunal, la doctrina no es un fin en sí misma, y la Escritura debe juzgar nuestra tradición. Sin embargo, parece que algunos posconservadores (aquellos que llamo innovadores posmodernos) están yendo demasiado lejos. En su deseo de unirse con los posliberales, ¿estos posconservadores están cayendo en los viejos hábitos liberales?[23]

CON EL PASADO EN EL PRESENTE

Muchos innovadores posmodernos son líderes en Emergent Village, una red de amigos comprometidos con encontrar una nueva forma de cristianismo que trascienda las categorías liberales y conservadoras. Emergent Village publicó recientemente su muy esperado *An Emergent Manifesto of Hope* [Un manifiesto emergente de esperanza], un libro en el cual sus pastores y pensadores líderes escribieron capítulos breves sobre diversos aspectos de su nueva manera de hacer iglesia. En tanto encontré muchas cosas en este libro que aplaudo y a las cuales adhiero, me dejó perplejo el hecho de que varios autores sugirieran (como lo hacen los liberales modernos) que no importa si creemos en Jesús, en tanto vivamos como él.

Los pasajes más perturbadores provienen de Samir Selmanovic, quien comienza su ensayo describiendo la renuencia de un jefe indio a convertirse a Cristo. El jefe se rehusaba a confiar en Cristo, porque no quería ir al paraíso si el resto de su familia iba al infierno. Selmanovic decía que la decisión del jefe fue «motivada por el Espíritu Santo», porque si bien él no prometió «lealtad al nombre de Cristo», este jefe sí «quería vivir como él y por lo tanto lo aceptó en un nivel más profundo». Porque Jesús es amor, la elección del jefe indio de no creer en Jesús, basada en el amor a su familia, es más acorde al «estilo de Cristo» que si hubiera aceptado «el nombre de Cristo».

¿Entonces el jefe indio siguió a Cristo no creyendo en él? Más allá de preguntarnos cómo interpretaría Selmanovic la severa advertencia de Jesús «el que quiere a su padre o a su madre más que a mí no es digno de mí; el que quiere a su hijo o a su hija más que a mí no es digno de mí», esta historia ilustra el final sombrío de un pensamiento liberal.[24] Una vez que concedemos que los pecadores no necesitan creer en Jesús para ser salvos, no hay nada en principio que nos impida concluir, como Selmanovic, ¡que algunos serán salvos por no creer en Jesús!

Pero Selmanovic no terminó ahí. Describe a su amigo Mark, quien se negó a ser cristiano porque lo consideró «un paso moral hacia atrás». Sin embargo, Mark sí creía que la vida era un obsequio. Él pensaba que «hay un alcance trascendente sobre nuestra existencia» que «la humanidad ha estado malgastando». Mark continuó: «Pero en medio de este desorden, veo la gracia de un nuevo comienzo a mi alrededor. Y dentro mío. Suelo fallar en responderle. En lugar de esto, participo de la locura. Cuando en mi vida interior me vuelvo a esta gracia para buscar una segunda oportunidad, siempre se me otorga. Creo que quiero pasar el resto de mi vida siendo un canal de esta misma bondad para otros».

Estos pensamientos introspectivos imprecisos, de algún modo llevaron a Selmanovic a conjeturar que si bien Mark no cree en Jesús, sí tiene una «doctrina de la creación, el pecado, la salvación y la nueva vida. Eso es Cristo, alojado en la vida de Mark, presente en esencia más que en nombre». Luego Selmanovic llega a la conclusión lógica, escribiendo que las historias del jefe indio y Mark «nos dejan preguntándonos si Cristo puede ser más que el cristianismo. O incluso algo *diferente del cristianismo*».[25]

Declaraciones como estas sugieren que por todo su discurso acerca de una tercera vía que trascienda la brecha liberal-conservadora, algunos innovadores posmodernos están presentando meras versiones posmodernas del liberalismo moderno. En tanto hay diferencias importantes (la mayoría de los innovadores posmodernos no niegan la deidad de Cristo, la revelación divina, o los milagros de las Escrituras), hacen el salto liberal de «la doctrina importa menos que la ética» a la postura de que las doctrinas históricas, específicas de la iglesia tal vez no importen en lo absoluto.[26] En efecto, muchas de sus «nuevas» ideas fueron tratadas hace más de ochenta años en el libro de Machen *Christianity and Liberalism* [Cristianismo y liberalismo] (1923).

¿NO VIMOS ESTO ANTES?

En los capítulos 2 y 3 aprendimos que algunos innovadores posmodernos enseñan que es más importante amar como Jesús que creer en él. De ningún modo debemos excluir a gente buena del reino solo porque no creen nuestra fe cristiana. Machen escribió que los liberales de sus días insistían en que «el cristianismo es una vida, no una doctrina», y que los conservadores deberían enfocarse en «los asuntos más importantes de la ley» (ética cristiana) en lugar de utilizar «los asuntos insignificantes» de la doctrina para dividir a la iglesia.[27]

Machen respondió que las doctrinas como la «expiación indirecta de Cristo por el pecado» no son «insignificantes» y que Cristo no es simplemente «un ejemplo de fe», sino «primariamente su objeto de fe». Explicó: «La religión de Pablo no consistió en tener fe en Dios *como la fe* que Jesús tenía en Dios; más bien consistió en tener fe *en Jesús*… El hecho claro es que la imitación de Jesús, si bien era importante para Pablo, fue devorada por algo aún mucho más importante. No el ejemplo de Jesús, sino su obra redentora, fue lo principal para Pablo».[28]

El capítulo 4 explicó que algunos innovadores posmodernos creen que las personas son básicamente buenas y libres de pecados serios. De igual modo, Machen observó que la creencia definitoria de la modernidad fue su «confianza suprema en la bondad humana». Escribió que «de acuerdo al liberalismo moderno, no hay tal cosa como el pecado. En las raíces mismas del movimiento liberal moderno está la pérdida de conciencia del pecado». Esta ausencia de pecado llevó a Machen a observar de modo erróneo que la iglesia liberal «está afanosamente comprometida con una tarea imposible; está afanosamente ocupada en llamar a los *justos* al arrepentimiento». Machen replica que el evangelio debe comenzar con el pecado, porque «sin la conciencia de pecado, todo el evangelio parecerá ser un relato vano».[29]

El capítulo 6 examinó la objeción de algunos innovadores posmodernos al entendimiento tradicional de la cruz: ¿Por qué Dios demanda el sacrificio de su Hijo inocente para satisfacer su ira? Machen notó que los liberales modernos hicieron la misma pregunta. Este autor escribió: «Los maestros liberales modernos … hablan con horror de la doctrina de un Dios "distanciado" o "enojado"», con esto insinúa que Dios «está esperando con frialdad hasta que se pague un precio antes de que Él conceda la salvación». Los liberales niegan que «una persona» pueda «sufrir por los pecados de otra», e «insisten en hablar del sacrificio de Cristo como si fuera un sacrificio hecho por cualquier otro que no es Dios». Insisten en que un Dios amoroso perdonaría sin castigo.[30]

Machen respondió que «el rechazo moderno de la doctrina de la ira de Dios proviene de una mirada liviana del pecado». Observó: «Si el pecado es un asunto tan insignificante como supone la iglesia liberal, entonces sí la maldición de la ley de Dios puede tomarse con mucha liviandad y Dios puede muy fácilmente dejar que el pasado, pasado esté». Pero «si un hombre ha llegado alguna vez a una verdadera convicción de pecado, tendrá poca dificultad en aceptar la doctrina de la cruz». Machen agregó que Dios no castiga a otro por nuestro pecado, sino que «Dios mismo, y no otro, hace el sacrificio por el pecado… la salvación es tan gratis *para nosotros* como el aire que respiramos; el terrible costo es de Dios, nuestro el beneficio».[31]

El capítulo 7 exploró la preocupación de los innovadores posmodernos por derribar los muros entre cristianos y no cristianos y enfatizar nuestro viaje en común con Dios. Machen coincide en que «el hombre cristiano puede aceptar todo lo que el liberal moderno quiere decir con la hermandad del hombre. Pero el cristiano también conoce una relación mucho más íntima que la relación general de hombre a hombre, y es para esta relación más íntima que se reserva el término de "hermano". La verdadera hermandad, de acuerdo a la enseñanza cristiana, es la hermandad de los redimidos».[32]

El capítulo 8 explicó la tendencia posmoderna de extender la salvación para incluir a aquellos que no creyeron en Cristo. Machen dijo que los liberales de sus días querían «una salvación que salve a todos los hombres de todo lugar, hayan escuchado acerca de Jesús o no, y cualquiera sea la clase de vida para la cual hayan sido criados». Él respondió que semejante apertura quitaría las ofensas del evangelio y cambiaría su significado histórico. Escribió: «Lo que golpeó más fuerte a los primeros observadores del cristianismo no fue sencillamente que la salvación fue ofrecida por medio del evangelio cristiano, sino que todos los demás medios fueron rechazados de modo muy resuelto. Los primeros misioneros cristianos demandaron una devoción absoluta y exclusiva a Cristo… La salvación, en otras palabras, no era meramente a través de Cristo, sino solo a través de Cristo».[33]

El capítulo 9 informó sobre el deseo de algunos innovadores posmodernos de enfocarse en esta vida más que en la vida eterna.

Machen dijo que los liberales de sus días creían que la preocupación por la próxima vida era «una forma de egoísmo». En consecuencia, «el predicador liberal tiene muy poco que decir acerca del otro mundo. Este mundo es en realidad el centro de todos sus pensamientos; la religión misma, e incluso Dios, se convierten en simples medios para el mejoramiento de las condiciones en esta tierra».[34]

Machen respondió que no debemos considerar al cristianismo como «un simple medio para un fin más elevado… El cristianismo efectivamente llevará a cabo muchas obras útiles en este mundo, pero si es aceptado para lograr estas obras útiles no es cristianismo». Quienes buscan primeramente el reino de Dios encontrarán que «lo demás te será añadido. Pero si buscas primero el reino de Dios y su justicia *para que* todo lo demás te sea añadido, te perderás tanto esas añadiduras como también el reino de Dios».[35]

Machen estaba de acuerdo con que nuestra fe cristiana debe cambiar nuestro modo de vivir aquí y ahora, pero insistió en que «no puede haber cristianismo aplicado a menos que haya un "cristianismo para aplicar". Ahí es donde el hombre cristiano difiere del liberal moderno. El liberal cree que el cristianismo aplicado es todo lo que hay en el cristianismo, el cristianismo siendo un simple modo de vivir; el hombre cristiano cree que el cristianismo aplicado es el resultado de un acto inicial de Dios».[36]

Además, Machen tal vez no estaría de acuerdo con los innovadores posmodernos que sugieren que el simple hecho de ser posmodernos les permite trascender la controversia moderna liberal-conservadora.[37]

En lugar de esto, Machen probablemente argumentaría que estos posmodernos repiten muchos de los errores del liberalismo moderno para llegar mucho más allá de él. Su «tercera vía» es demasiado parecida a la vieja vía como para convertirse en una nueva vía. A continuación presento un mejor camino hacia delante.

AL FUTURO

Podemos trascender la controversia liberal-conservadora si incorporamos los mejores elementos de ambos. Los liberales enfatizan la ética y los conservadores defienden las doctrinas específicas e históricas de la fe cristiana. ¿No necesitamos a ambas? ¿Es posible tener una sin la otra? (véase figura 12.2)

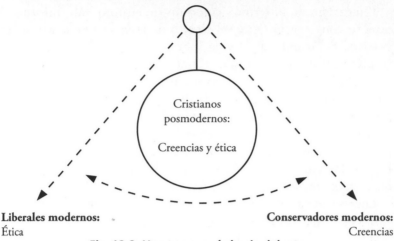

Liberales modernos: **Conservadores modernos:**
Ética   Creencias

Fig. 12.2. Una tercera vía hacia delante

1. *La ética requiere creencias.* En tanto la historia del liberalismo puede suponer que la ética cristiana es posible sin las creencias cristianas tradicionales, esto es así solo porque los liberales no han pensado con detenimiento las implicaciones de lo que creen. Si Jesús no se levantó de la muerte, entonces nosotros tampoco lo haremos. Y si no viviremos eternamente, ¿para qué vamos a preocuparnos en ser buenas personas? Si la vida de todos termina en una eterna nada, ¿importa en última instancia si hemos combatido la injusticia o alimentado a los pobres? Como concluye el apóstol Pablo: «Si los muertos no resucitan, "comamos y bebamos, que mañana moriremos"».[38]

El efecto devastador de la creencia liberal sobre la ética es ilustrado de forma memorable en la historia de ficción aunque muy realista, *The Flight of Peter Fromm* [El vuelo de Peter Fromm]. Peter Fromm era un apasionado joven pentecostal de Oklahoma que se inscribió en la universidad de Chicago para destruir a ese bastión del liberalismo desde adentro. Planeó avergonzar a sus profesores, rescatar las almas de sus compañeros y pulir sus habilidades para debatir por una defensa del fundamentalismo. Desafortunadamente, Peter pronto cayó bajo el hechizo de un profesor liberal, y el resto del libro describe su descenso hacia un caos ético. Rápidamente pierde su virginidad (porque la pureza sexual no era importante en la situación ética del liberalismo) y finalmente se volvió loco durante un sermón pascual culminante.

Peter comenzó su sermón como un «mentiroso leal», informando a su congregación que «el secreto de la pascua es la seguridad cristiana del triunfo de la vida sobre la muerte». Pero luego hizo una transición hacia un «traidor confiable», diciendo a su audiencia que es el espíritu de Jesús y no su cuerpo lo que permanece vivo. Como el obispo Corrigan, Peter dijo que el espíritu de Jesús está presente cuando las personas se aman unas a otras, buscan la justicia y tratan de encontrar la verdad. Sin importar qué tan sombrío parezca el presente, debemos recordar que a la noche más oscura le sigue la mañana, la primavera viene luego del invierno, y que el bien sobrepone al mal, porque Jesús está vivo.

Luego Peter se sonrió. Se dio cuenta de lo absurdo que es decir, «Jesús está vivo», cuando no lo siente así. ¿Dónde está la esperanza si la tumba no está vacía? Luego se rió con sorna, de modo burlón, maliciosamente. La multitud quedó boquiabierta y algunos se acercaron a la plataforma para escoltarlo hacia la salida. Peter los hizo retroceder a empujones y los derribó. Se arrancó sus vestiduras, corrió hacia el organista y orinó sobre su instrumento. Su terrible experiencia terminó misericordiosamente cuando se golpeó con un candelabro y cayó sobre el órgano en «un estallido de música discordante e intempestivo».[39]

Muchos predicadores liberales no llegan al extremo de Peter, pero esto solo se debe a que no han reflexionado en profundidad acerca de las implicaciones de sus creencias. A quienes no creen en la verdad histórica de la historia cristiana les resultará difícil, o imposible, justificar de modo lógico su vida de buenas obras.[40]

2. *Las creencias requieren ética*. Así como no podemos tener ética cristiana sin creencias cristianas, no creemos de modo genuino si no estamos viviendo nuestra fe. En *Los afectos religiosos*, Jonathan Edwards dijo que un sacrificio costoso es el signo más seguro de una fe genuina. Escribió: «Experimentar afecciones fácilmente produce palabras; y las palabras no cuestan nada; y la santidad se finge de modo más fácil en las palabras que en las acciones. La práctica cristiana es algo costoso y trabajoso … Es mucho más sencillo para los hipócritas hablar como santos que actuar como santos».[41]

Los hipócritas buscan la mayor prensa posible con el menor esfuerzo. Se asustan de todo lo que demande un precio. Si quieres saber si tu fe es genuina, considera cuánto te cuesta. ¿Resistes la tentación? ¿Amas a las personas con las que vives? ¿Das lo mejor de ti a otros? Quienes creen en Cristo (y han depositado toda su confianza en las promesas de su evangelio) de modo natural buscarán la manera de brindar su amor.

Scott y Amy Vogel estaban persiguiendo el sueño americano cuando Dios intervino. Scott estaba pasando el tiempo con viejos amigos cuando se dio cuenta de que por primera vez le inquietó que ellos probablemente fueran al infierno. ¿Qué estaba haciendo él para alcanzarlos? Luego su pastor predicó sobre el mandamiento de Dios de servir a quienes estén más necesitados. Scott respondió yendo a una excursión guiada por el vecindario, visitando fumaderos de crack, comedores comunitarios y personas que vivían en edificios abandonados.

Scott y Amy decidieron dar un paso radical. Serían los primeros en decir que esto no es para todos, pero vendieron su negocio de paisajismo y comenzaron un ministerio en los barrios marginales de la ciudad. Mientras estaban restaurando una casa antes utilizada como fumadero de crack, conocieron a un par de niños a quienes llevaron al oficio de sábado por la noche de su iglesia. Muy pronto estos niños quisieron llevar a sus amigos, y al poco tiempo los Vogel estaban haciendo su propia reunión de sábado por la noche y estudio bíblico para doscientos niños carenciados. Hoy su organización, *Urban Family Ministries*, se ha expandido a escuelas y vecindarios, proveyendo tutores y mentores para los niños, y reparaciones y limpieza de hogares para sus padres.

Le pedí a Scott que responda a las objeciones de los innovadores posmodernos. ¿Su preocupación por saber dónde van a vivir las personas la vida eterna lo distrajo de sus esfuerzos por mejorar el modo de vivir en esta vida? Y ¿su visión estrecha de que la salvación requiere confiar en Jesús hace más difícil aceptar a quienes no creen?

Scott mencionó que ve una conexión directa entre esta vida y la próxima, porque «la única manera en que las vidas de las personas pueden cambiar ahora es mediante una relación con Cristo». La misma Persona que asegura su futuro provee la salvación en el presente. Esta fuerte convicción no evita que Scott sirva a quienes no creen, porque Scott promete que ya sea que las personas se arrepientan y sigan a Cristo, o no lo hagan, «seguiré siendo tu amigo, amándote. Te serviré aun si rechazas a Dios».

Como debe ser. Lejos de ser un obstáculo para las buenas obras, las creencias cristianas tradicionales son el mejor (y diría el único) modo en que podemos amar a otros. Los cristianos genuinos nunca dejan de servir, porque nunca dejan de amar, y nunca dejan de amar, porque nunca dejan de creer.

UN INTERROGANTE QUE RESPONDE MUCHO

Puedo sintetizar el planteo de este libro con una pregunta acerca de dos historias. Primero, considera a Cristina, una madre y esposa cariñosa que trabaja duro, y se ofrece con alegría para ayudar ante cualquier necesidad. Ha construido varios hogares para *Habitat for Humanity*, donado litros de sangre para la Cruz Roja, liderado una tropa de niñas scout y un grupo de la asociación de padres y maestros, servido como «hermana mayor» a una niña en riesgo de su comunidad, ayudado con tareas escolares a niños que están solos en su casa después de la escuela porque sus padres trabajan, y adoptado tres niños abandonados por sus padres adictos a las drogas. En su tiempo libre, teje mosquiteros para los niños de Burundi. Sin embargo, a pesar de hacer que la Madre Teresa parezca una perezosa, Cristina nunca se arrepintió de sus pecados ni creyó en Jesús.

Ahora considera a Jack, un misionero estadounidense que vive con su esposa y cinco hijos en un país lejano y subdesarrollado. Como Jack es un ministro ordenado que recibe la mayor parte de su salario como subvención de vivienda, sus ingresos imponibles ubican a su familia debajo de la línea de pobreza. Por lo tanto, a pesar de su salario confortable y su casa de un millón de dólares, Jack aplica y recibe cincuenta mil dólares anuales en cheques de asistencia del gobierno donde reside (diez mil dólares por cada hijo). Cuando le preguntas a Jack si es correcto tomar cincuenta mil dólares anuales que no necesita de las personas que profesa amar, te responde que no ha hecho nada ilegal y que deberías ocuparte de tus propios asuntos.

Esta es la pregunta: ¿Qué persona parece más cercana a salvarse del infierno y vivir eternamente con Jesús? Los conservadores modernos, si bien horrorizados por la conducta de Jack, se verán más inclinados a darle su aprobación a él, porque su confianza en Jesús perdona cualquier pecado que pueda cometer. Los innovadores posmodernos es probable que prefieran a Cristina, porque un Dios amoroso seguramente mostrará más compasión por una persona bondadosa como ella que por un estafador hipócrita como Jack.

Lo que plantea este libro es que ambos están en problemas. Santiago dice que *la fe por sí sola, si no tiene obras, está muerta*, porque ¿cómo podemos sostener que creemos en Dios si no auxiliamos con su amor y servimos a nuestro prójimo?[42] Pablo agrega la otra parte, declarando que *las obras sin fe son vanas*. Las obras sin fe nos dan una razón para jactarnos (mira lo que hice), pero son inútiles en lo que respecta a sumar algo para nuestra salvación. Pablo lo explica de la siguiente manera: «En realidad, si Abraham hubiera sido justificado por las obras, habría tenido de qué jactarse, pero no delante de Dios».[43]

En lugar de enfatizar las creencias *o* la ética, ¿no podemos acordar que seguir a Jesús demanda *ambas*, fe *y* obras? Los conservadores deben admitir la peligrosa posición de Jack, sin preocuparse de estar concediendo demasiado al énfasis liberal sobre la ética social. Y los innovadores posmodernos deben reconocer que las obras de Cristina no alcanzan para salvarla, sin preocuparse de estar minimizando el valor de su caridad o de estar concediendo demasiado al énfasis conservador en las creencias correctas.

Es tentador perseguir al péndulo mientras se balancea de un lado a otro. Los innovadores posmodernos reaccionan al enfoque conservador en la fe enfatizando el modo de vivir, en tanto los conservadores responden al nuevo énfasis en la ética acentuando lo que creemos. Ambos tienden a presionarse mutuamente hacia el extremo opuesto, de modo que los innovadores posmodernos sugieren que las creencias no son necesarias para ser salvos, y los conservadores insinúen que las obras no lo son.

Detengamos el péndulo y adoptemos ambos lados. Dios nos ordena «que *creamos* en el nombre de su Hijo Jesucristo, y que nos *amemos* los unos a los otros, pues así lo ha dispuesto».[44] Los cristianos genuinos nunca dejan de servir, porque nunca dejan de amar, y nunca dejan de amar, porque nunca dejan de creer.

EPÍLOGO

Escribí este libro como un teólogo, intentando plantear con la mayor objetividad posible lo que considero son los méritos de mi postura. Ahora quisiera decir unas pocas palabras como un cristiano que ama la iglesia de Jesucristo.

Esta generación posmoderna está formulando interrogantes meditados y perspicaces que conforman el esquema de este libro. Creo que plantean estos asuntos no porque sean complicados, sino porque honestamente quieren respuestas. Por lo que, contrario a los innovadores posmodernos que responden a sus preguntas con más interrogantes, o algunos conservadores que dan un corte a sus preguntas con conclusiones prefabricadas, intento proveer respuestas al escuchar (y aprender de) sus interrogantes.

Considero que esto es importante porque (sin ser demasiado dramático al respecto) tanto vidas individuales como iglesias enteras están en riesgo. Muchos innovadores posmodernos crecieron en iglesias conservadoras que anclaban su fe en doctrinas históricas del cristianismo. Pero muchos de sus seguidores no tuvieron este trasfondo. ¿Qué será de esta nueva generación? Se les ha dicho que la vida cristiana se resume a hacer buenas obras y formular buenas preguntas. Si bien ambos son valiosos, no alcanzan para sostener la fe cristiana.

Temo que, a pesar de sus buenas intenciones, muchos innovadores posmodernos están secularizando la iglesia sin darse cuenta. Lo que hace única nuestra fe cristiana no es su capacidad para realizar buenas obras o buenas preguntas, sino su creencia distintiva en un Padre divino que envió a su Hijo a nuestro mundo para vivir, morir y resucitar, para que todos aquellos a quienes el Espíritu reviste de poder puedan creer la historia, arrepentirse de sus pecados y vivir por siempre. Si perdemos la necesidad de esta historia (si llenamos nuestras iglesias con personas que o bien no saben la historia, o bien no saben por qué deben creerla), entonces perderemos nuestra identidad cristiana.

A pesar de que nunca escapa de las preguntas, la fe cristiana está fundamentada en la verdad. Dios nunca instruyó a sus hijos a abrir sus mentes a la belleza y el entendimiento de otras religiones. No le dijo a Israel que dado que «toda verdad es verdad de Dios», deberían investigar la religión de Egipto o deducir la perspicacia de la adoración a Baal. Más bien les ordenó: «Desháganse de los dioses que sus antepasados adoraron al otro lado del río Éufrates y en Egipto, y sirvan sólo al Señor».[1] De igual modo Pablo dijo: «Destruimos argumentos y toda altivez que se levanta contra el conocimiento de Dios, y llevamos cautivo todo pensamiento para que se someta a Cristo».[2] Por esta razón Pablo no le agradeció a los atenienses por ampliar su visión de Dios con su altar anónimo, sino que les habló de la resurrección y de su necesidad de arrepentimiento.[3]

Los innovadores posmodernos suelen señalar que, contrario a sus homólogos conservadores, no están preocupados en defender su fe. Pero quizás se dan este lujo porque rara vez son criticados por aquellos ajenos a la fe. Y quizás rara vez son atacados porque rara vez dicen, si es que lo hacen, algo que pudiera ofender a una típica persona posmoderna. No deberíamos buscar antagonizar, pero tampoco deberíamos evitar proclamar los aspectos escandalosos del evangelio. Quienes oculten sus partes ofensivas probablemente adquieran popularidad, pero ya no serán cristianos.

No estoy seguro de que este libro persuada a muchos innovadores posmodernos, porque es posible que estén profundamente envueltos en su nueva marca de cristianismo. Pero espero convencer a sus seguidores de que el credo cristiano importa tanto como (pero no más que) la vida cristiana. Deseo esto no solo por su bien, sino para el bien de mis hijos, quienes pronto comenzarán a explorar el centro y las fronteras de su fe cristiana. Oro para que estén rodeados de pares que valoren tanto las preguntas como las respuestas, la fe como la práctica. Que ellos (y todos los hijos de Dios en cada generación) nunca dejen de preguntarse, amar o creer.

Aprecio tus pensamientos acerca de lo que acabas de leer. Por favor compártelos conmigo. Encontrarás información de contacto al final de este libro.

NOTAS

Introducción

1. Para quienes no captaron el chiste, muchos cristianos posmodernos no están contentos con la crítica de D. A. Carson en su libro *Becoming Conversant with the Emerging Church*, Grand Rapids, ed. Zondervan, 2005. En tanto la lista de diez signos principales de los posmodernos es de mi autoría. La mayor parte de la lista conservadora la recibí por correo electrónico hace mucho tiempo, y no puedo rastrear su origen.

2. Stanley J. Grenz y Roger Olson, *Twentieth-Century Theology*, Downers Grove, Ill., InterVarsity, 1992, pp. 15-23.

3. Seguiré la guía de David Wells y James Smith y limitaré mi enfoque a la posmodernidad (la expresión popular y usualmente inconsciente de la era) más que al posmodernismo, la aplicación de ideales posmodernos al fin más elevado de la cultura, como arte, arquitectura, y literatura. Véanse David F. Wells, *Above All Earthly Powers*, Leicester, InterVarsity, Grand Rapids, Eerdmans, 2005, p. 64; y James K. A. Smith, *Who's Afraid of Postmodernism?*, Grand rapids, Brazos, 2006, p. 20.

4. Introducciones muy útiles al posmodernismo incluyen las siguientes: Heath White, *Post-modernism 101*, Grand Rapids, Brazos, 2006; Smith, *Who's Afraid of Postmodernism?*; Robert C. Greer, *Mapping Postmodernism*, Downers Grove, Ill., InterVarsity, 2003; Stanley J. Grenz, *A primer on Postmodernism*, Grand Rapids, Eerdmans, 1996; Richard Appignanesi y Chris Garratt, *Introducing Postmodernism*, New York, Totem, 1995; Steven Best y Douglas Kellner, *Postmodern Theory: Critical Interrogations*, New York, Guildford, 1991; y *The Postmodern Turn*, New York, Guildford, 1997. En *Above All Earthly Powers*, pp. 75-79 y 91-124, David Wells sostiene que el pluralismo de la posmodernidad no solo se motiva en la compasión por los oprimidos, sino también el consumismo con su plétora de opciones y la inmigración con su importación de nuevas religiones.

5. Véase, por ejemplo, la explicación de Diana Butler Bass, *The Practicing Congregation, Herndon*, Va., Alban, 2004, pp. 72-76.

6. Síntesis de la teología de Schleiermacher y sus sucesores liberales aparecen en Grenz y Olson, *Twentieth-Century Theology*, pp. 39-62; y James C. Livingston, *Modern Christian Thought*, 2da. ed., Minneapolis, Fortress, 1997, 2006, pp. 1:93-105; 270-98.

7. Para conocer más acerca de este movimiento fundamentalista, véase Livingston, *Modern Christian Thought*, 1:299-326; 2:387-416; y Joel A. Carpenter, *Revive Us Again*, New York, Oxford University Press, 1997.

8. Observe los títulos de estos libros escritos por un líder innovador posmoderno: Brian McLaren, *A New Kind of Christian* (Un nuevo tipo de cristiano), San Francisco, Jossey-Bass, 2001, y *Everything Must Change:*

Jesus, Global Crises, and a Revolution of Hope (Todo debe cambiar: Jesús, crisis globales y una revolución de esperanza), Nashville, Nelson, 2007. Por supuesto, hay una diversidad de opiniones entre los innovadores posmodernos. No quiero dar a entender que los innovadores posmodernos concuerdan totalmente en todos los asuntos, sino simplemente que poseen una perspectiva común sobre la iglesia y la teología.

9. Los innovadores posmodernos también desestiman algunas creencias conservadoras como productos de la modernidad, como la inerrancia de las Escrituras y el elemento penal de la expiación sustitutiva de Cristo.

Capítulo 1: Un nuevo tipo de cristiano

1. A pesar de no estar equitativamente balanceados —ochenta por ciento de este libro argumentará por la creencia correcta y veinte por ciento por la práctica correcta. He presentado la argumentación de esta manera por varias razones. Primero, algunos líderes están sugiriendo que ya no es necesario creer las creencias históricas y específicas de la iglesia, pero algunos, si es que los hay, sostienen que es necesario practicar la vida cristiana. Segundo, el primer grupo está captando la atención de nuestra próxima generación, por lo tanto parece importante examinar sus reclamos. Tercero, la solución a un fracaso en la correcta forma de vivir parece simple y directa: practica lo que predicas, en tanto los argumentos a favor y en contra de lo que creemos son difíciles de resolver y por lo tanto requieren más tiempo. Cuarto, a pesar de que el cristianismo auténtico requiere tanto la creencia como la práctica correctas, la primera parece fundacional de la segunda (es imposible aplicar lo que no conoces). De esta manera, la presente conversación acerca de la necesidad de fe cristiana amenaza con eliminar la posibilidad de practicar la vida cristiana.

2. Los Padres Capadocios quizás fueron los primeros en reconocer que la doctrina se desarrolla con el tiempo. Mientras discutían largamente la deidad del Espíritu Santo, algo no especificado hasta el siglo cuarto, Basilio percibió que estaban comentando asuntos «pasados por alto en silencio por las generaciones anteriores», y Gregorio Nacianceno observó, «Ves luces dándonos entendimiento gradualmente». Véanse Basilio, *Epistle 159* y Gregorio Nacianceno, *Orations 31*, en *Creeds, Councils, and Controversias*, J. Stevenson, Londres, SPCK, 1966, rev. 1989, pp. 83, 85. Compare Kart Barth, *Church Dogmatics*, G. W. Bromiley, y T. F. Torrance, trad. G. W. Bromiley, vol. 1, parte 1, Edimburgo, T. & T. Clark, 1975, pp. 15-16: «La tarea de los dogmáticos, por lo tanto, no es simplemente combinar, repetir y transcribir un número de verdades de la revelación que ya están a la mano, que fueron expresados de una vez y para siempre, y la redacción y significado por los cuales son definidas con autenticidad... Por consiguiente, tales dogmáticos no preguntan qué dijeron los apóstoles y profetas, sino qué debemos decir nosotros basados en los apóstoles y profetas».

3. Martín Lutero, «Table Talk», en *Luther's Works*, Theodore G. Tappert and Helmut, T. Lehmann, trad. Theodore Tappert, Filadelfia, Fortress, 1967, 54:539: «Quien quiera ser inteligente no debe coincidir con nada que otros estimen. Debe hacer algo de sí mismo. Esto es lo que hace ese hombre que desea dar vuelta toda la astronomía. Incluso en estos asuntos dejados en desorden creo en las Sagradas Escrituras, porque Josué ordenó al sol, y no a la tierra, que permanezca quieto (Jos. 10:12)».

4. Efesios 6:5; Colosenses 3:22; 1 Timoteo 6:1-2; Tito 2:9-10; y Filemón 10-18. Otros pretendidos respaldos bíblicos a la esclavitud incluyen la maldición de Noé sobre Cam, las prácticas de los patriarcas del Antiguo Testamento de poseer esclavos, y la regulación de la esclavitud en la ley. Véanse Kevin Giles, «The Biblical Argument for Slavery: Can the Bible Mislead? A Case Study in Hermeneutics», *Evangelical Quertely* 66, Nº 1, 1994, pp. 3-17, y Larry R. Morrison, «The Religious Defense of American Slavery before 1830», *Journal of Religious Thought* 37, 1980-81, pp. 16-29.

5. Anselmo, «Proslogion, Chapter 8», en *Anselm of Canterbury: The Major Works*, Brian Davies and G. R. Evans, New York, Oxford University Press, 1998, p. 91.

6. Juan11:35

7. Otros desarrollos influyentes en la cultura incluyen matemática y filosofía. Respecto de la matemática: La demostración de Einstein de la estrecha relación entre espacio y tiempo inspiró a algunos teólogos a revisar cómo se relaciona Dios con el tiempo. Los teólogos siempre dijeron que Dios es inmanente y trascendente en lo referente al espacio: está a la vez aquí y en todos lados. Si en cuanto al espacio Dios es inmanente y trascendente, ¿por qué no lo es también en su relación con el tiempo? En lugar de elegir entre un Dios temporal o atemporal, ¿por qué no decir que él es ambos? En su inmanencia Dios experimenta tiempo con nosotros, y en su trascendencia continúa existiendo de forma simultánea fuera del tiempo.

En relación a la filosofía: Muchos filósofos están reemplazando la antigua definición de *persona* como «sustancia racional» con una visión contemporánea de que persona denota un ser que está en relación con otras personas. Esta nueva perspectiva desencadenó excitantes y significativos avances en nuestro entendimiento de Dios, quien ahora es concebido con más precisión como una comunidad de tres personas relacionadas, que como una solitaria sustancia pensante. De este modo, la iglesia está redescubriendo al Dios bíblico como el modelo para nuestras relaciones.

8. A Jesús se lo denomina el *logos*, o *Palabra* de Dios, y a la Trinidad se la define como consistiendo de una *ousia* (esencia genérica) y tres *hypostaseis* (esencia individual, personal).

9. Agustín, *Confessions*, trad. Henry Chadwick, New York, Oxford University Press, 1991, p. 3.

10. Por una crítica política de esta mirada griega de Dios, véase Clark Pinnock, *Most Moved Mover*, Grand Rapids, Baker, 2001, pp. 65-111.

11. Pruebas de que la iglesia evangélica permanece bajo el hechizo de Platón se encuentran en el capítulo 6 del libro popular *Una vida con propósito*. Véase Rick Warren, *Una vida con propósito*, ed. Vida, Miami, Fl, 2003, pp. 48-53. Para una explicación no-platónica del sentido de la vida, véase Michael Wittmer, *Heaven is a Place on Earth*, Grand Rapids, Zondervan, 2004.

12. Incluso Agustín fue persuadido por esta lógica. Él sostuvo que la coerción, como imponer multas y exiliar a sus oponentes donatistas, era aceptable porque inspiraba a muchos a convertirse y unirse a la Iglesia Católica Romana. Véase Agustín, «Letter XCIII to Vicentious», en *The Nicene and Post-Nicene Fathers*, primera serie, ed. Philip Schaff, Edimburgo, T & T Clark; repr., Grand Rapids, Eerdmans, 1991, 1:382-401.

13. Frederick C. Copleston, *A History of Medieval Philosophy*, 1972; repr. Notre Dame, Ind.: University of Notre Dame Press, 1990, pp. 104-24, 150-59, 176-98.

14. Diogenes Allen, *Philosophy for Understanding Theology*, Atlanta: John Knox, 1985, pp. 152-69 explica cómo estos filósofos y científicos modernos erosionaron la cosmovisión aristotélica.

15. Heiko A. Oberman, *Luther: Man between God and the Devil*, New York, Image, 1992, p. 203.

16. Agradezco a Richard Muller por explicar este término y su significado.

17. Kenneth Woodward, un astuto observador religioso, cree que los pecados sexuales de Bill Clinton estuvieron arraigados en su libertad de interpretar la Biblia como lo consideró pertinente. Woodward argumenta que Clinton sencillamente estaba siguiendo el credo Bautista, «Nadie sino Jesús me dirá que debo creer». Véase «Sex, Sin and Salvation», *Newsweek*, noviembre 2, 1998, p. 37. Para una razón persuasiva para conocer la rica tradición de la iglesia, léase D. H. Williams, *Retrieving the Tradition and Renewing Evangelicals: A Primer for Suspicious Protestants*, Grand Rapids, Eerdmans, 1999.

18. Creo que este fue Mark Bailey, en mi clase de hermenéutica del Seminario Teológico de Dallas.

19. Observe las palabras de Jesús a su Padre en Getsemaní: «pero no se cumpla mi voluntad, sino la tuya» (Lucas 22:42).

20. Brian McLaren describe esta postura fundamentalista en *The Last Word and the Word after That*, San Francisco, Jossey-Bass, 2005, p. 136: «En el día del juicio final a Dios solo le importará abrir nuestros cráneos y chequear nuestros cerebros ... para ver si por allí tenemos las nociones correctas acerca de la salvación por gracia a través de la fe».

21. Agradezco a mi amigo Robert Reyes por esta ilustración.

Capítulo 2: ¿Debes creer algo para ser salvo?

1. David Van Biema, «The 25 Most Influential Evangelicals in America», *Time*, febrero 7, 2005, p. 45; y Debra Rosenberg, con Karen Breslau y Michael Hirsh, «Church Meets State», *Newsweek*, noviembre 13, 2006, p. 38.

2. Brian McLaren, «The Method, the Message, and the Ongoing Story», en *The Church in Emerging Culture*, ed. Leonard Sweet, Grand Rapids, Zondervan, 2003, pp. 218-20.

3. Brian McLaren, *The Last Word and the Word after That*, San Francisco, Jossey-Bass, 2005, p. 121. Es importante notar que las posturas que expresan los personajes en una historia no son necesariamente las creencias de su autor. Por otro lado, debemos asumir que el autor relata su historia para comunicar cierto mensaje, y que el mejor lugar para buscar este punto es en los diálogos de sus protagonistas o héroes de la historia. Por lo tanto, si bien no podemos decir con certeza que McLaren sostiene las mismas opiniones que el pastor Dan o Markus, tampoco deberíamos asumir que difieren totalmente.

4. Ibíd., 136. Compare Dave Tomlinson, *The Post-Evangelical*, Grand Rapids, Zondervan, 2003, p. 70: «Últimamente, nuestros pedigrís eclesiásticos, experiencias espirituales, o afirmaciones de credo no impresionan a Dios. San Pedro no nos preguntará en las puertas perladas a qué iglesia pertenecíamos o si creíamos en el nacimiento virginal».

5. McLaren, *Last Word*, p. 138.

6. Ibíd., 85. Compárese p. 138 en la que Markus sintetiza la postura de McLaren: «Salvación por gracia, juicio por obras».

7. Brian McLaren escribió el prólogo de este libro.

8. Spencer Burke y Barry Taylor, *A Heretic's Guide to Eternity*, San Francisco, Jossey-Bass, 2006, pp. 131-32.

9. Ibíd., 61. Compárese p. 206: «Como dije, la gracia es un asunto de "elegir no participar", no de "elegir participar". Dios nos quiere en su fiesta, solo porque existimos». McLaren insinúa la misma idea cuando hace que Markus diga, «Quizás el plan de Dios sea un plan en el cual las personas ya están incluidas y pueden optar por no participar, y no un plan en el que las personas no están incluidas, pero tienen la oportunidad de optar por participar. Si quieres permanecer fuera de la fiesta, puedes hacerlo. Nadie te obligará a disfrutarla» (McLaren, *Last Word*, 138).

10. Ibíd., 195, Burke explica: «Ya no estoy seguro de seguir creyendo en Dios exclusivamente como una persona ... La verdad es que ver a Dios como espíritu más que como persona no destruye mi fe ... El punto de vista de un panteísta apunta a un relacionamiento radical de toda realidad e infunde al mundo con la idea de que toda vida es sagrada, y por lo tanto se la debe nutrir y apreciar».

11. Ibíd., 197.

12. Juan 14:6.

13. Brian McLaren, *A Generous Orthodoxy*, Grand Rapids, Zondervan, 2004, p. 70.

14. Brian McLaren, *More Ready Than You Realize*, Grand Rapids, Zondervan, 2002, p. 50 (énfasis de McLaren).

15. Burke y Taylor, *Heretic's Guide*, pp. 126-27.

16. Algunos amables amigos comenzaron a criticar a los cristianos posmodernos por su falta de voluntad para tomar compromisos doctrinales. Véanse James K. A. Smith, *Who's Afraid of Postmodernism?*, Grand Rapids, Brazos, 2006, pp. 25-26, 116-26; y Scot McKnight, «The Future or Fad?», *Convenant Companion*, February 2006, pp. 7-10.

17. 1 Juan 3:23.

18. Nicodemo, un fariseo y «dirigente de los judíos» (Jn 3:1), reprendió a los otros miembros del Consejo por condenar a Jesús sin un juicio (Jn 7:50-51) y trajo «unos treinta y cuatro kilos de una mezcla de mirra y áloe», para enterrar a Jesús.

19. Juan 3:3. Es interesante que McLaren no incluye esta importante historia del reino de Dios en su libro sobre este tema. Quizás no la incluyó en *The Secret Message of Jesus* porque su llamado de regeneración no cuadra en su entendimiento del reino.

20. Juan 3:5. Considero el agua en este versículo, no como una referencia al bautismo, sino como «el trabajo limpiador y purificador del Espíritu de Dios». Véase W. L. Kynes, «New Birth», en *Dictionary of Jesus and the Gospels*, ed. Joel B. Green y Scot McKnight, Downers Grove, Ill., InterVarsity, 1992, p. 575. Compárese con Tito 3:5, donde Pablo dice que somos salvos «mediante el lavamiento de la regeneración y de la renovación por el Espíritu Santo».

21. Juan 3:9.

22. Juan 3:16, 18, 36 (énfasis mío). Compárese con Juan 1:12-13: «Mas a cuantos lo recibieron, a los que creen en su nombre, les dio el derecho de ser hijos de Dios. Éstos no nacen de la sangre, ni por deseos naturales, ni por voluntad humana, sino que nacen de Dios». Me pregunto cómo interpretarán los innovadores posmodernos este pasaje más que claro de Juan. La falta de comentarios en sus escritos parece significativa.

23. 2 Tesalonicenses 2:13 (énfasis mío).

24. Romanos 10:13-15.

25. D. Martín, *Luthers Werke: Kritische Gesamtausgabe*, Weimar, 1883, 38:136 (en adelante, WA). Agradezco a Richard Muller por el comentario «como rayo del cielo».

26. Juan Calvino, *Institución de la Religión Cristiana* 1.9.3, trad. y ed. Cipriano de Valera, 1597, 1:95.

27. Calvino, *Institución* 1.9.1. Véase también Juan Calvino, «Reply to Sadolet», en *Calvin: Theological Treatises*, ed. J. K. S. Reid, Filadelfia, Westminster, 1954, pp. 229-31.

28. Agustín también habla al respecto en «Rebuke and Grace», cap. 11 (7),

en *The Works of Saint Augustine: A Translation for the 21st. Century*, trad. Roland J. Teske y ed. John E. Rotelle, Hyde Park, N.Y., New City, 1999, 1/26:116. La mayoría de los cristianos hacen excepciones esperanzadas de los niños y las personas con discapacidad mental, porque pareciera que un Dios justo y amoroso no podría condenar a aquellos cuyas mentes son incapaces de recibir o rechazar el evangelio. No tenemos un respaldo bíblico claro para esta postura (y por buenas razones). Imagina si Dios hubiera prometido que todos los bebés van al cielo: ¿No habría cristianos bien intencionados que masacren niños musulmanes pensando que les están haciendo un favor? Por lo que, si bien es totalmente comprensible no tener una promesa divina, todavía podemos descansar en el carácter de Dios de hacerle bien a nuestros hijos y no condenarlos al infierno por no haber respondido al mensaje que no podían comprender. Pero note que los niños y quienes tienen una discapacidad mental son la excepción, no la regla para el juicio de la raza humana.

29. Hechos 16:29-31 (énfasis mío).
30. Santiago 2:19.
31. Juan 2:23-24 (la palabra griega traducida como «creer» es pisteuō, la misma palabra traducida como «creer» en «mucho ... creyeron en su nombre»).
32. Los reformadores usaron tres palabras del latín para explicar los componentes necesarios de la fe. Primero, las personas deben poseer *notitia*, o conocimiento de algo (lo «notan»). Luego avanzan a *assensus*, donde aceptan o aprueban lo que saben (lo «asienten»). Finalmente van más allá del simple conocimiento, a la fe genuina cuando expresan *fiducia*, una confianza de corazón que descansa plenamente en el objeto de conocimiento.
33. Hechos 10:43.
34. Marcos 1:15.
35. Hechos 20:21.
36. Colosenses 1:15-20 y Juan 1:1-14 explican el doble rol de Jesús como creador y redentor. Romanos 5:10 y Colosenses 1:21-22 afirman que antes de nuestra salvación éramos enemigos de Dios.
37. «The Athanasian Creed», en *The Book of Concord*, trad. y ed. Theodore G. Tappert, Filadelfia, Fortress, 1959, pp. 19-21.

Capítulo 3: ¿Las creencias correctas obstaculizan las buenas obras?

1. Hebreos 10:25.
2. Brian McLaren, *More Ready Than You Realize*, Grand Rapids, Zondervan, 2002, p. 41.
3. Brian McLaren, *The Last Word and the Word After That*, San Francisco, Jossey-Bass, 2005, p. 197 (énfasis mío).
4. Brian McLaren, *The Secret Message of Jesus*, Nashville, Word, 2006, p. 163.
5. Brian McLaren, *A Generous Orthodoxy*, Grand Rapids, Zondervan,

2004, p. 247 (énfasis de McLaren). Véase también Tony Jones, *The New Christians*, San Francisco, Jossey-Bass, 2008, p. 71.

6. Brian McLaren, *Secret Message of Jesus*, p. 167 (énfasis de McLaren).

7. Ibíd., p. 169 (énfasis mío).

8. Brian McLaren, *Generous Orthodoxy* pp. 109-10 (énfasis de McLaren).

9. Citado por Peter J. Walter y Tyler Clark, «Missing the Point: The Absolute Truth Behind Postmodernism, Emergent and the Emerging Church», *Relevant Magazine*, julio - agosto 2006, p. 72. Compárese con Jones, *New Christians*, 79: «Concentrarse en la doctrina correcta es también el reflejo de un tiempo pasado. Comenzando con el iluminismo del siglo dieciocho, la era moderna se jactó de la razón y la vida de la mente por sobre todos los demás aspectos de la existencia humana... como suele suceder, el péndulo se balanceó demasiado en una dirección, y se sobrevaloró el intelecto humano.

«... concentrarse en un aspecto del cristianismo (la doctrina que al final el intelecto acepta o rechaza) es una articulación del cristianismo moderno, y es claramente útil para muchas personas. Pero muchos seguidores leales de Cristo se están volviendo más reticentes a depositar demasiada confianza en el intelecto humano. Sencillamente, nos ha fallado demasiadas veces».

10. LeRon Shults, «Doctrinal Statement», correo electrónico de *Emergent*, mayo 4, 2006, en Jones, *New Christians*, pp. 233-35. Más ejemplos de valorar la conducta por sobre la creencia se encuentran en Doug Paggitt y Tony Jones, ed., *An Emergent Manifesto of Hope*, Grand Rapids, Baker, 2007, pp. 43-44, 56, 101-6, 191-96.

11. Peter Rollins, How (Not) to Speak of God, Brewster, Mass, Paraclete, 2006, pp. 7-8, 17.

12. Ibíd., p. 131.

13. Ibíd., pp. 3, 66.

14. Ibíd., p. 56.

15. Ibíd., p. 133.

16. Véanse Mateo 18:15-18; 1 Corintios 5:1-13.

17. Eddie Gibas y Ryan K. Bolger, *Emerging Churches*, Grand Rapids, Baker, 2005, p. 131.

18. Rollins, *How (Not) to Speak of God*, pp. 53-54.

19. Peter Rollins, citado en Gibbs y Bolger, *Emerging Churches*, p. 132.

20. Rollins, *How (Not) to Speak of God*, p. 42.

21. Le debo esta frase a Cornelio Platinga Jr. Véase también Arthur C. McGill, *Suffering: A Test of Theological Method*, Filadelfia, Westminster, 1982, pp. 53-82.

22. Mateo 3:17.

23. Juan 14:31.

24. Lucas 22:42.

25. Juan 14:26; 15:26; 16:7, 13-15.

26. Juan 8:50, 54; 14:13; 16:14; 17:1-5, 24.
27. Mateo 12:31-32.
28. Filipenses 2:6-11 (énfasis mío).
29. Gerald F. Hawthorne, *Philippians*, Word Biblical Commentary 43, Dallas, Word, 1983, p. 85. Hawthrone explica que el término griego *hyparchōn* aquí se traduce mejor como «porque» que como «siendo» y que como la traducción de la New American Standard Bible de «aunque», como si el hecho de ser Dios fuera un obstáculo para ser humilde, no pudiera ser más erróneo. Le agradezco a Cornelio Platinga Jr. por hacerme notar esto.
30. Agustín, «Las confesiones», 11.14, ed. John E. Rotelle, trad. Maria Boulding, *The Works of Saint Augustine, A Translation for the 21st Century*, Hyde Park, N. Y., New City, 1997, p. 294.
31. 1 Juan 4:8.
32. Mateo 16:24-25.
33. Esto es verdad para el protestantismo cristiano. El catolicismo romano enseña que nuestra aprobación por Dios se lleva a cabo solo por gracia, pero no solo por fe. La gracia nos permite convertirnos en justos, lo que luego amerita el ser aprobados por Dios (opuesto a Lutero, quien sostenía que somos declarados justos por el mérito de Cristo, aunque no lo somos).
34. Tito 2:11-14.
35. Lucas 7:36-47.
36. Martín Lutero, citado en Roland Bainton, *Here I Stand*, New York, Abingdon-Cokesbury, 1950, p. 45. Para la cita original en alemán, véase WA 38:143.25.
37. Martín Luetro, citado en Roland Bainton, *Here I Stand*, New York, Abingdon-Cokesbury, 1950, p. 45. Para la cita original en alemán, véase WA 38:143.25.
38. Martín Lutero, citado en Bainton, *Here I Stand*, 59.
39. Martín Lutero, «Preface to the Complete Edition of Luther's Latin Writings (Wittenberg, 1545)», en *Luther's Works* 34:337.
40. Martín Lutero, citado en Baiton, *Here I Stand*, p. 65. La fuente de esta cita es el prefacio a la edición de sus escritos de 1545 y puede leerse en *Luther's Works* 34:337.
41. Martín Lutero, «The Freedom of a Christian», en *Martin Luther's Basic Theological Writings*, 2da. ed., ed. Timothy F. Lull, Minneapolis, Fortress, 2005, p. 392.
42. Martín Lutero, «The Freedom of a Christian», p. 406 (énfasis mío).
43. Véase Herbert Simon, «A Mechanism for Social Selection and Successful Altruism», *Science* 250, diciembre, 1990, pp. 1665-68, citado en la conferencia de Alvin Platinga «Science and Christian Belief: Conflict or Concord?», en las series de enero del Calvin College, Grand Rapids, enero 18, 2005.

44. 1 Juan 4:19.
45. Santiago 2:26; 1 Corintios 13:2.

Capítulo 4: ¿La gente es por lo general buena o básicamente mala?

1. Abraham Kuyper, *Principles of Sacred Theology*, trad. J. Hendrik De Vries, Scribner, 1898; reimp., Grand Rapids, Baker, 1980, pp. 150-75. Kuyper explica cómo aparece esta antítesis en la ciencia, en 1898, en sus *Lectures on Calvinism* (1931; reimp., Grand Rapids, Eerdmans, 1999), pp. 130-41. No tiene valor que Kuyper no dijera mucho acerca de cómo difiere una interpretación cristiana de la ciencia de otras religiones monoteístas, sino que limitara sus comentarios al asunto apremiante en los Países Bajos en sus días: la diferencia entre el cristianismo y el humanismo secular.
2. 1 Corintios 6:9-11.
3. Isaac Watts, «At the Cross» (1707; estribillo de Ralph E. Hudson, 1885; dominio público, énfasis mío).
4. Karl Barth describe la impotencia del pecado, diciendo que es «lo que Dios no quiso, no quiere y no querrá, de lo que no es en absoluto, o solo es como Dios no lo desea, de aquello que solo vive como lo que Dios rechazó y condenó y excluyó». Véanse Karl Barth, *Church Dogmatics* 4.1, trad. G. W. Bromiley, ed. G. W. Bromiley y T. F. Torrace, Edimburgo, T & T Clark, 1956, p. 409.
5. F. Bente, *Historical Introductions of the Book of Concord*, St. Louis, Concordia, 1965, p. 144.
6. Spencer Burke y Barry Taylor, *A Heretic's Guide to Eternity*, San Francisco, Jossey-Bass, 2006, pp. 63, 69 (énfasis mío).
7. Ibíd., p. 64.
8. Tony Jones, *The New Christians*, San Francisco, Jossey-Bass, 2008, p. 78.
9. Ibíd., p. 78. La interpretación de Jones de esta metáfora es sorprendentemente literal. Pierde de vista que el abismo entre dos acantilados es una imagen física ilustrando una verdad espiritual, y no una afirmación literal que describe al pecado como una cuestión de distancia.
10. Mateo 15:18-20.
11. Jones, *New Christians*, p. 78. El comentario de Jones sucede dentro de una historia en la que niega la necesidad de sustitución penal (pp. 76-79) y agrega, «Lo que sucedió, económicamente hablando (la transacción cósmica ocurrida el viernes santo es un tema para ser discutido en círculos teológicos hasta el final de los tiempos». Sin importar cómo salva la cruz, Jones insiste en que «la crucifixión de Jesucristo es el ímpetu por relaciones sanadas y sanas en un mundo que las necesita con desesperación». (pp. 78-79). Me pregunto cómo Jones puede estar seguro de que la cruz sanará nuestras relaciones sociales si no sabe cómo nos limpia de nuestro pecado personal.
12. Doug Paggitt, «The Emerging Church and Embodied Theology», en

Listening to the Beliefs of Emerging Churches, Grand Rapids, Zondervan, 2007, pp. 128-29. En un libro reciente, *A Christianity Worth Believing* (San Francisco, Jossey-Bass, 2008), Paggitt va más allá, considerando la posición de Pelagio y adoptándola (pp. 120-70).

13. Lewis B. Sedes, *Mere Morality: What God Expects from Ordinary People*, Grand Rapids, Eerdmans, 1983.

14. Véase http://www.worldpress.org/Americas/2408.cfm. Accedido en abril 21, 2008.

15. Juan Calvino, *Institución de la Religión Cristiana* 2.2.15-16, trad. y ed. Cipriano de Valera, 1597.

16. Génesis 4:20-22.

17. Véase Agustín, «The Perfection of Human Righteousness», cap. 14 (32), en *The Works of Saint Augustine: A Translation for the 21st Century* 1/23, trad. Roland J. Teske y ed. John E. Rotelle, Hyde Park, N.Y., New City, 1997, p. 306; y Calvino, *Institución* 1.1.1-3; 14.9.

18. Agustín, «Nature and Grace», cap. 57 (49), en *Works of Saint Agustine* 1/23, p. 254.

19. Una notable excepción son las iglesias que se levantaron del movimiento Campbellite, un intento estadounidense de los siglos dieciocho y diecinueve de restaurar lo que consideraban la pureza bíblica de la iglesia. Un ejemplo son las Iglesias de Cristo, las cuales, a pesar de negar la doctrina del pecado original, sí asumen que el pecado es universal, y por lo tanto requiere del bautismo para ser perdonado.

20. Esta es una paráfrasis de Henri Blocher, *Original Sin*, Grand Rapids, Eerdmans, 1999, p. 91.

21. Agustín, «Nature and Grace», cap. 65 (53), en *Works of Saint Augustine* 1/23, p. 256. Compare con «Grace and Free Choice», cap. 9 (4), 10 (5), 32 (16), 33 (17), 41 (20); y «Rebuke and Grace», cap. 32 (11), en *Works of Saint Augustine* 1/26, pp. 77-78, 93-94, 99-100, y 131.

22. Agustín, «Rebuke and Grace», cap. 3 (2) y 38 (12), en *Works of Saint Augustine* 1/26, pp. 110, 136. El término «invenciblemente» proviene de *Saint Augustine: Anti-Pelagian Writtings,* en *A Select Library of the Nicene and Post-Nicene Fathers of the Christian Church*, vol. 5, ed. Philip Schaff, trad. Peter Holmes, Robert Ernst Wallis, y Benjamin Warfield, Edimburgo, T & T Clark; reimp., Grand Rapids, Eerdmans, 1991, p. 487.

23. Agustín, «Grace and Free Choices», cap. 15 (6), en *Works of Saint Augustine* 1/26, p. 81.

24. Agustín dejó abierta la posibilidad de que los cristianos puedan llegar a la perfección en esta vida. Véase «Nature and Grace», cap. 49 (42); «The Perfection of Human Righteousness», cap. 13 (6); y «Grace and Free Choice», cap. 31 (15), en *Works of Saint Augustine* 1/23, pp. 249-50, 294 y 1/26, pp. 91-92.

25. «Epitome of the Formula of Concord», pt. 4, sec. 8, en *The Book of Concord*, trad. Theodore Tappert, Filadelfia, Fortress, 1959, p. 552. Martín

Lutero enseñó que «las obras son aceptables no por sí mismas, sino por la fe» y que «solo la fe hace buenas, aceptables y dignas a todas las demás obras, en eso confía Dios y no duda que por ella todas las cosas que hace un hombre están bien hechas» (WA 6:206, 190. Compárese con WA 6:202, 208; y 10/3:289.7-10 («On Good Works»).

26. Calvino, *Institución* 3.17.4.

27. Juan Calvino, *The Sermons of M. John Calvin upon the Fifth Book of Moses Called Deuteronomie*, trad. Arthur Golding, Londres, 1583; reimp., Carlisle, Pa., Banner of Truth Trust, 1987, p. 944 (énfasis mío). Compárese con Calvino, *Institución* 3.14.9; 3.17.3, 8. Compárese con Anthony A. Hoekema, «Taking Them for Good», *Reformed Journal* 38 (1988), pp. 8-10. Véase también *La Confesión de Fe de Westminster*, cap. 16, art. 6: «Sin embargo, a pesar de lo anterior, siendo aceptadas las personas de los creyentes por medio de Cristo, sus buenas obras también son aceptadas en Él; no como si fueran en esta vida enteramente irreprochables e irreprensibles a la vista de Dios; sino que a Él, mirándolas en su Hijo, le place aceptar y recompensar lo que es sincero aun cuando sea acompañado de muchas debilidades e imperfecciones».

28. John Wesley, *A Plain Account of Christian Perfection, as Taught by John Wesley*, Salem, Ohio, Schmul, 1981.

29. Isaías 64:6; compárese con Romanos 4:1-8.

30. Jeremías 17:9. Martín Lutero coincide con mi experiencia: «Nuestra carne es tan malvada que suele decepcionarnos en medio de la tribulación y la humildad, de modo que estamos complacidos con nuestra humildad y decepcionados de nosotros mismos, y de nuestra propia confesión de pecados; nos enorgullecemos de acusarnos a nosotros mismos de ser orgullosos» (WA 5:564), citado en Paul Althaus, *The Theology of Martin Luther*, trad. Robert T. Schultz, Filadelfia, Fortress, 1966, p. 149.

31. John Newton, en la película *Amazing Grace*, Los Angeles, Bristol Bay Productions, 2007, dirigida por Michael Apted, escrita por Steve Knight.

32. Este reclamo es presentado por John Wesley, *Plain Account of Christian Perfection*, pp. 70, 119; y Johannes Dietenberg, *Whether the Christians Are Able to Merit Heaven through Their Good Works*, Strassburg, 1523, p. 27.

33. Agradezco a Richard Muller por esta ilustración.

34. Mateo 25:23.

35. Salmo 103:12-14.

36. Romanos 3:23.

37. Génesis 3:5.

38. Hechos 16:31 y Romanos 10:9. Otros pasajes que enfatizan el señorío de Cristo incluyen a 1 Corintios 8:6; 12:3; 2 Corintios 4:5; Filipenses 2:11; Colosenses 2:6; 1 Timoteo 6:15; 1 Pedro 3:15; Apocalipsis 11:15; 17:14; y 19:16.

39. 1 Corintios 12:3.

Capítulo 5: ¿Quiénes son peores: los homosexuales o los intolerantes que los persiguen?

1. Para conocer más acerca de Soulforce, puede visitar su sitio de Internet en www.soulforce.org.

2. El espacio no permite una discusión profunda sobre el punto de vista bíblico, por lo que me enfocaré a los argumentos principales y recomendaré libros para un estudio más exhaustivo. Los libros que se oponen a la práctica homosexual, entre otros, son: Robert A. Cagnon, *The Bible and Homosexual Practice: Texts and Hermeneutics* (Nashville, Abingdon, 2001); Staley J. Grenz, *Welcoming but Not Affirming* (Louisville, Westminster John Knox, 1998); Marion L. Soards, *Scripture and Homosexuality* (Louisville, Westminster John Knox, 1995); Donald J. Wold, *Out of Order* (Grand Rapids, Kregel, 2000); y William J. Webb, *Slaves, Women and Homosexuals* (Downers Grove, Ill., InterVarsity, 2001). Los libros que apoyan la práctica homosexual incluyen a Jack Rogers, *Jesus, the Bible, and Homosexuality* (Louisville, John Knox, 2006); Robin Scroggs, *The New Testament and Homosexuality* (Filadelfia, Fortress, 1983); Pim Pronk, *Against Nature?* trad. John Vriend (Grand Rapids, Eerdmans, 1993); y David G. Myers y Letha Dawson Scanzoni, *What God Has Joined Together: The Christian Case for Gay Marriage* (San Francisco, HarperSanFrancisco, 2005). Para un diálogo entre posturas, véase Dan O. Via y Robert A. J. Gagnon, *Homosexuality and the Bible: Two Views* (Minneapolis, Fortress, 2003); Jeffrey S. Siker, ed., *Homosexuality in the Church: Both Sides of the Debate* (Louisville, Westmisnter John Knox, 1994) y Timothy Bradshaw, ed., *The Way Forward?* 2da. ed. (Cambridge, Hodder and Stoughton, 1997, Grand Rapids, Eerdmans, 2004).

3. Génesis 2:24 (RV).

4. Jon Stewart, *The Daily Show*, Junio 6, 2006.

5. Levítico 18:6-23; compárese con 20:10-21.

6. Myers y Scanzoni, *What God Has Joined Together*, p. 90.

7. Los lectores atentos probablemente notarán que Levítico 18:19 prohibe tener sexo con una mujer en período menstrual. ¿No es éste un ejemplo de actividad sexual que hoy toleramos? Y si esto hoy es permitido moralmente, ¿entonces por qué no lo son también las relaciones homosexuales? Respondo que (1) a pesar de que ya no lo consideramos como una violación a la ley de Dios, podemos entender por qué Dios consideraría el tener relaciones con una mujer que está menstruando como un acto profanador (Lv. 18:24; 15:24). Su inclusión en una lista de otros actos sexuales (incluidos los homosexuales) indica la desaprobación de Dios de todos ellos. (2) A diferencia de los otros actos sexuales de la lista, solo éste se refiere a una *cuestión temporal* y no al *compañero* sexual. Además, si bien reconozco que el sexo durante la menstruación no es un pecado, mi postura de que sería moralmente incorrecto tener relaciones con cualquier *pareja* de la lista se sigue sosteniendo.

8. Levítico 18:24-25.

9. Grenz, *Welcoming but Not Affirming*, pp. 56-59; Soards, *Scripture and Homosexuality*, pp. 18-20; Cagnon, «The Bible and Homosexual Practice: Key Issues», en *Homosexuality and the Bible: Two Views*, pp. 67, 82-84; y Wold, *Out of Order*, pp. 189-96.

10. Scroggs, *The New Testament and Homosexuality*, pp. 128-29; Myers y Scanzoni, *What God Has Joined Together*, pp. 84, 94; y Via, «The Bible, the Church and Homosexuality», en *Homosexuality and the Bible: Two Views*, p. 11.

11. Grenz, *Welcoming but Not Affirming*, p. 137; Soards, *Scripture and Homosexuality*, pp. 47-50; y Gagnon, *The Bible and Homosexual Practice*, pp. 350-361, sostienen que la actividad homosexual consensuada entre adultos efectivamente tuvo lugar en la antigüedad en Grecia y Roma, por lo que Pablo no debía ignorar el concepto de matrimonio homosexual.

12. Romanos 1:18, 25.

13. Romanos 1:24, 26-27.

14. Myers y Scanzoni, *What God Has Joined Together*, p. 98; y Lewis B. Smides, «Like the Wideness of the Sea?» 6 (accedido en agosto 7, 2006), www.soulforce.org/article/638.

15. Myers y Scanzoni, *What God Has Joined Together*, pp. 99-100; Allen Verhey, *Remembering Jesus: Christian Community, Scripture, and the Moral Life* (Grand Rapids, Eerdmans, 2002), p. 237; Lewis B. Smedes, «Like the Wideness of the Sea?» 5-6 (accedido en abril 28, 2007), www.soulforce.org/article/638; y Mel White, «What the Bible Says —and Doesn´t Say— about Homosexuality», 15-16 (accedido en abril 28, 2007), www.soulforce.org/article/homosexuality-bible.

16. Via, «The Bible, the Church, and Homosexuality», p. 14.

17. Grenz, *Welcoming but Not Affirming*, p. 49, observa que el texto griego de Romanos 1:26 literalmente dice «*las* funciones sexuales naturales», y no «*sus* naturales» preferencias sexuales.

18. Soards, *Scripture and Homosexuality*, pp. 23-24.

19. Stanley Grenz estudia la posición histórica de la iglesia contra la homosexualidad en *Welcoming but Not Affirming*, pp. 63-80.

20. Smedes, «Like the Wideness of the Sea?» pp. 5, 7.

21. Aunque quizás Romanos 1:24-32 no describa un espiral descendente, parece significativo que la tercera vez que se revela la ira de Dios (tras el pecado hetero y homosexual), Dios entrega a las personas a semejantes pecados espirituales como «avaricia ... envidia, homicidios, disensiones, engaño y malicia. Son chismosos, calumniadores, enemigos de Dios, insolentes, soberbios y arrogantes; maquinan maldades; se rebelan contra sus padres; son insensatos, desleales, insensibles, despiadados». Los pecados espirituales pueden ser peores, o al menos tan malos como los pecados sexuales.

22. Brian McLaren, *The Last Word and the Word After That*, San Francisco,

Jossey-Bass, 2005, p. 23.

23. Ibíd., p. 21: «Uno de cada dos mil nacimientos con vida requiere atención de un especialista en sexualidad». Esto representa solo un cero coma cero cinco por ciento de la población, lo que por cierto es una proporción muy pequeña como para cambiar la regla general.

24. Agradezco a Becky Hammond por esta perspectiva.

25. Agradezco a Ben Irwin por su modo útil de plantear este asunto.

26. Walter Rauschenbusch, *A Theology for the Social Gospel*, 1945, reimp., Nashville, Abingdon, 1978, p. 36.

27. Isaías 3:15; 10:1-2.

28. Isaías 6:5.

29. Mateo 5:21-22, 27-28; 6:5-6, 16-18.

30. Mateo 23:4; 25:31-46; Lucas 10:25-37.

31. Romanos 13:8-14. Las Escrituras no parecen hacer una distinción clara entre pecado público y privado, sino que los entremezcla. Jesús agrupa los pecados que uno comete solo con aquellos que dañan a otros de modo directo en su lista de pecados que surgen del corazón de un individuo: «malos pensamientos, la inmoralidad sexual, los robos, los homicidios, los adulterios, la avaricia, la maldad, el engaño, el libertinaje, la envidia, la calumnia, la arrogancia y la necedad» (Mr 7:21-22). Pablo hace lo mismo cuando describe los pecados de la carne tales como «inmoralidad sexual, impureza y libertinaje; idolatría y brujería; odio, discordia, celos, arrebatos de ira, rivalidades, disensiones, sectarismos y envidia; borracheras, orgías, y otras cosas parecidas» (Gá 5:19-21).

32. Tim Stafford, «Ed Dobson Loves Homosexuals», *Christianity Today*, julio 19, 1993, p. 22. Véase también Dean Merrill, «The Education of Ed Dobson: How a Lieutenant in the Moral Majority Rediscovered the Power of the Local Church», *Christianity Today*, agosto 11, 1997, pp. 26-30.

Capítulo 6: ¿La cruz es abuso divino del Hijo?

1. Robert Lowry, «¿Qué me puede dar perdón?» (1876; dominio público).

2. Charitie Less Bancroft, «Before the Throne» (1863; dominio público).

3. John Goldingay desafía la postura tradicional de que los sacrificios del Antiguo Testamento cargan de modo indirecto con el castigo, en lugar del adorador que los ofrece. Escribe: «El sacrificio no implica sustitución penal en el sentido de que una entidad carga con el castigo de otra. Al imponer las manos sobre la ofrenda, los oferentes se identifican con ella y le pasan no su culpa, sino sus manchas. La ofrenda, entonces, no es indirectamente castigada, sino indirectamente limpia» (John Goldingay, «Old Testament Sacrifice and the Death of Christ», en *Atonement Today*, ed. John Goldingay, Londres, SPCK, 1995, p. 10. Goldingay no provee un argumento para este punto de vista, por lo tanto, no veo una razón para tomar esta postura contra la consideración tradicional de que los sacrificios del Antiguo Testamento cargaban tanto con la mancha como

con la culpa del pecado (no eran simplemente «limpios», sino que morían por el pecado del adorador). Henri Blocher se pregunta: «Cuando J. Goldingay sostiene que los oferentes "pasan [a la víctima] no su culpa, sino sus manchas", nosotros preguntamos: ¿qué es la mancha espiritual del pecado si no su culpa ante Dios?» Véase Henri Blocher, «The Sacrifice of Jesus Christ: The Current Theological Situation», *European Journal of Theology* 8, 1999:31.

4. Romanos 3:25; Gálatas 3:13; 2 Corintios 5:21.

5. Anselmo, «Why God Became Man», en *Anselm of Canterbury: The Major Works*, ed. Brian Davies and G. R. Evans, New York, Oxford University Press, 1998, pp. 260-356.

6. Juan Calvino, *Institución de la Religión Cristiana* 2.16.5, trad. y ed. Cipriano de Valera, 1597, 1:509: «Porque no bastaba para deshacer nuestra condenación que Cristo muriese con una muerte cualquiera, sino que para satisfacer a nuestra redención fue necesario que escogiese un género de muerte mediante el cual, echando sobre sus espaldas nuestra condenación, y tomando por su cuenta la satisfacción, nos librase de ambas cosas. Si unos salteadores le hubieran dado muerte, o hubiera perdido la vida en algún alboroto o sedición popular, en semejante muerte no habría evidencia de reparación ante Dios. Mas al ser presentado como delincuente ante el tribunal de un juez, y al procederse contra Él de acuerdo con los requisitos de la justicia, acusándolo con testigos y sentenciándolo a muerte por boca del mismo juez, con todo eso comprendemos que en sí mismo representaba a los delincuentes y malhechores».

7. Un capítulo no es espacio suficiente para demostrar la veracidad de la postura de la sustitución penal, por lo que limitaré mi enfoque a sus objeciones contemporáneas. Los lectores que deseen ahondar más profundamente en los argumentos a favor y en contra de la sustitución penal deberían comenzar con las cuatro posturas presentadas en James Bailby y Paul R. Eddy, ed., *The Nature of the Atonement* (Downers Grove, Ill., InterVarsity, 2004); David Peterson, ed., *Where Wrath and Mercy Meet* (Waynesboro, Ga., Paternóster, 2001); Leon Morris, *The Apostolic Preaching of the Cross* (Londres, Tyndale, 1955); y John R. W. Stott, *The Cross of Christ* (Downers Grove, Ill., InterVarsity, 1986). Sus presuntas deficiencias son examinadas en Joel B. Green y Mark D. Baker, *Recovering the Scandal of the Cross*, pp. 116-52.

8. Joel B. Green, «Kaleidoscopic View», en Beilby y Eddy, *Nature of the Atonement*, pp. 165-71, y Green y Baker, *Recovering the Scandal of the Cross*, pp. 116-52.

9. Gustaf Aulén, *Christus Victor*, trad. A. G. Herbert, New York, Macmillan, 1969, pp. 16-60.

10. C. S. Lewis, *El león, la bruja y el guardarropas* (ed. Caribe, Miami, Fl., 1977), p. 147. Greg Boyd, quien aboga por la concepción del Christus Victor, acepta que esta posición deja sin responder «precisamente

el cómo el Calvario y la resurrección derrotan los poderes». Véanse Gregory A. Boyd, «Christus Victor View», en Beilby y Eddy, *Nature of the Atonement*, p. 37.

11. Hebreos 2:14-15: «Por tanto, ya que ellos son de carne y hueso, él también compartió esa naturaleza humana para anular, mediante la muerte, al que tiene el dominio de la muerte —es decir, al diablo—, y librar a todos los que por temor a la muerte estaban sometidos a esclavitud durante toda la vida».

12. Peter Abailard, «Exposition of the Epistle to the Romans (An Excerpt from the Second Book)», en *A Scholastic Miscellany: Anselm to Ockham*, Library of Christian Classics, vol. 10, ed. y trad. Eugene R. Fairweather, Londres, SCM Press, Filadelfia, Westminster, 1956, pp. 283-84.

13. 1 Juan 3:16; 4:9-12; 1 Pedro 2:21.

14. Agradezco a mi amigo Zachary Bartels por esta ilustración. Véase http://www.imdb.com/title/tt0199232.

15. 1 Juan 4:19.

16. Los lectores atentos quizás se pregunten por qué dejé afuera otras teorías de la expiación, como las posturas gubernamental y de la recapitulación (considero la última como un método —el modo en que la sustitución penal y Christus Victor se llevaron a cabo— más que como una teoría autónoma). Respondo que si bien todas las teorías hacen un aporte importante, elegí enfocarme en las teorías claves que tratan de modo directo nuestros problemas principales. Así como un equipo de fútbol americano necesita once jugadores para plantear una jugada ofensiva y sin embargo la mayor atención recae sobre el mariscal, retrocediendo, y el receptor, de igual modo estoy de acuerdo con que necesitamos cada teoría de la expiación, aun cuando nos enfoquemos en las tres mayores. Un libro reciente que argumenta de modo persuasivo a favor de la incorporación de todas las teorías de la expiación es Scot McKnight, *A Community Called Atonement*, Nashville, Abingdon, 2007.

17. Boyd, «Christus Victor View», 48; Green y Baker, *Recovering the Scandal of the Cross*, 25; y Scot McKnight, «What Is the Gospel?» seminario Talking Points en el seminario teológico Grand Rapids, septiembre 25, 2006, http://grts.cornerstone.edu/resources/tpoints/fa06.

18. Boyd, «Christus Victor View», pp. 47-49; Green, «Kaleidoscopic Response», en Beilby y Eddy, *Nature of the Atonement*, p. 114; y Green y Baker, *Recovering the Scandal of the Cross*, p. 149.

19. Martin Brecht, *Martin Luther: Shaping and Defining the Reformation, 1521-1532*, trad. James L. Schaaf, Minneapolis, Fortress, 1990, pp. 288-89.

20. Martin Brecht, *Martin Luther: The Preservation of the Church, 1532-1546*, trad. James L. Schaaf, Minneapolis, Fortress, 1993, pp. 262-64.

21. Pueden encontrarse versiones feministas en Joanne Carlson Brown y Carole R. Bohn, ed., *Christianity, Patriarchy, and Abuse: A Feminist*

Critique, New York, Pilgrim, 1989. Véase especialmente los siguientes capítulos: Joanne Carlos Brown y Rebecca Parker, «For God So Loved the World?», pp. 1-30; Rita Nakashima Brock, «And a Little Child Will Lead Us: Christology and Child Abuse», pp. 42-61; and Beverly W. Harrison y Carter Heyward, «Pain and Pleasure: Avoiding the Confussions of Christian Tradition in Feminist Theory», pp. 148-73.

Otras objeciones incluyen que la sustitución penal es (1) demasiado moderna (expresada por primera vez en la reforma del siglo dieciséis y teniendo su apogeo en el evangelismo de los siglos diecinueve y veinte), (2) culturalmente irrelevante para las culturas orientales que se preocupan por eliminar la vergüenza más que la culpa, y (3) impersonal, porque supone que Dios no puede perdonar sin forzar un estándar superior, abstracto de justicia.

(1) Contra la objeción moderna, respondo junto a C. S. Lewis que no podemos decir verdades según un reloj. El origen de una creencia no tiene parte en su verdad o falsedad. No todas las ideas modernas están equivocadas, así como no todas las nociones posmodernas son correctas. La veracidad de cualquier creencia debe determinarse en un terreno diferente al tiempo.

(2) Joel Green y Mark Baker sostienen que como la sustitución penal fue desarrollada por cristianos occidentales que buscaban un modo de eliminar su culpa, esta forma de entender la expiación no puede transferirse a las culturas orientales en las cuales las personas están más preocupadas por la vergüenza. Las culturas orientales están buscando la solución a un problema diferente, por consiguiente no comprenderán nuestra perspectiva penal del evangelio. Para comunicarnos con ellos de modo efectivo, debemos descubrir cómo la salvación sana nuestra vergüenza. Y dado que la Biblia es un libro oriental, esta redefinición de la cruz en categorías orientales en realidad nos acerca a su sentido original (Green y Baker, *Recovering the Scandal of the Cross*, pp. 153-70).

Green y Baker sostienen un punto interesante: las culturas orientales se preocupan por la vergüenza y por salvar el prestigio. Mi mente occidental no podía entender a los dos chinos adultos gritándose mutuamente por un pequeño choque de bicicletas, sin que ninguno pudiera dar un paso al costado, ante la multitud que se había reunido. Por lo que sospecho que aquí hay algo importante. De todos modos, considero que Green y Baker le dan demasiada importancia a su caso. En mis años en China, jamás conocí a una persona que se quejara de no poder entender mi explicación del evangelio porque se centraba demasiado en la culpa y no lo suficiente en la vergüenza. Quizás esto se deba a que la culpa y la vergüenza están íntimamente relacionadas. La vergüenza genuina surge de la culpa genuina. Estamos en verdad avergonzados solo cuando somos de veras culpables.

Por lo tanto, la sustitución penal parece fundacional, incluso para una cultura basada en la vergüenza. Jesús no murió en la cruz solo para que las personas pudieran guardar las apariencias. Sí cargó con nuestra vergüenza, pero solo porque cargó con nuestra culpa subyacente. Jesús eliminó a ambas, nuestra culpa y vergüenza, y no podemos tener a una sin la otra.

(3) Esta objeción se olvida de que la ley de Dios está fundamentada en la naturaleza de Dios. Por lo tanto, Dios se obliga a sí mismo, más que a un principio abstracto cuando responde al pecado con ira y justicia. Su afrenta personal por el pecado es tan profunda que compara nuestro pecado con el adulterio. Véase Thomas R. Schreiner, «Penal Substitution View», en Beilby y Eddy, *Nature of the Atonement*, pp. 77-78.

22. Steve Chalk y Alan Mann, *The Lost Message of Jesus*, Grand Rapids, Zondervan, 2003. Compárese con Brian D. McLaren, *The Story We Find Ourselves In*, San Francisco, Jossey-Bass, 2003, p. 102. En otro lugar Chalke afirma, «El problema teológico con la sustitución penal es que nos enfrenta a un Dios que primero y ante todo está interesado en la retribución que fluye de su ira contra los pecadores». Él agrega, «En la cruz Jesús no apaciguó el enojo de Dios tomando el castigo del pecado, sino que absorbió sus consecuencias y, en su resurrección, derrotó la muerte». Véase Steve Chalke, «Cross Purposes», *Christianity* (septiembre 2004), www.christianitymagazine.co.uk/engine.cfm?i=92&id=22&arch=1.

N. T. Wright sugiere que Chalke no quiso desacreditar todas las formas de sustitución penal, sino solo los modelos que representan a Dios como un Padre vengativo que descarga su ira sobre su Hijo inocente. Sin embargo, dado que la sustitución penal históricamente insiste en que Dios tiene ira que necesita ser satisfecha (esto, sin embargo, no lo hace vengativo), parece que Chalke sí tiene discrepancias con la sustitución penal tradicionalmente entendida. Véase N. T. Wright, «The Cross and the Caricatures» (Eastertide, 2007), 9, www.fulcrum-anglican.org.uk/page.cfm?ID=205.

23. Brian McLaren, *The Last Word and the Word After That* (San Francisco, Jossey-Bass, 2005), p. 40. Neil pregunta, «Daniel, ¿de veras crees que Dios es como un ser humano insignificante, lleno de ira y venganza? ¿Crees que Dios quiere torturar a las personas para vengarse por sus errores? ¿Piensas que Dios nos exigirá que perdonemos y luego no será capaz de hacer lo mismo?»

24. F. LeRon Shults y Steven Sandage, *The Faces of Forgiveness* (Grand Rapids, Baker, 2003), pp. 148-49. Compárese con Gregory A. Boyd, «Christus Victor Response», en Beilby y Eddy, *Nature of the Atonement*, p. 103: «Satanás, no Dios, sostiene que nadie puede ser realmente perdonado de modo gratuito: ¡alguien debe pagar!»

25. Brian D. McLaren, *More Ready Than You Realize*, Grand Rapids, Zondervan, 2002, p. 80.

26. Juan 10:17-18.

27. Mateo 12:1-14; 22:36-40; Romanos 13:8-10.
28. Santiago 1:13-15. Mi argumento de que Dios está complaciendo a su propia naturaleza cuando imparte justicia, refuta la postura de que a Dios lo incapacita o paraliza alguna propiedad más elevada y abstracta. Brian McLaren, *Last Word*, p. 40, pone a Neil a explicar esta objeción equivocada: «Dices que Dios no quiere que las personas vayan al infierno, pero se ve forzado a hacerlo contra su voluntad por mecanismos de la corte o los requerimientos de alguna abstracción superior llamada justicia o algo así. Él es un tipo agradable atrapado en un difícil aprieto. Quiere perdonarnos, pero tiene que jugar por las reglas de la corte».
29. Mateo 26:42.
30. 1 Juan 4:8; Isaías 13:13; 51:17; Juan 3:36; Romanos 1:18.
31. Filipenses 2:5-11; Apocalipsis 11:15.
32. Romanos 6:4. Compárese con 2 Corintios 5:17: «Por lo tanto, si alguno está en Cristo, es una nueva creación. ¡Lo viejo ha pasado, ha llegado ya lo nuevo!» En términos filosóficos, debemos morir éticamente (al pecado) para poder nacer a la nueva vida (tanto ontológica como éticamente).
33. Karl Barth, *Church Dogmatics* 4/1, trad. G. W. Bromiley, ed. G. W. Bromiley y T. F. Torrance, Edimburgo, T & T Clark, 1956, pp. 294-95.
34. Algunos conservadores sostienen que la sustitución penal es un fin en sí misma más que un medio para otro fin, como el Christus Victor. Si bien comprendo este argumento, aquí simplemente estoy preguntando por qué la ira de Dios debe ser satisfecha. Creo que la respuesta no es sencillamente por su propio bien (porque Dios pudo haber elegido dejar su ira insatisfecha y no salvar a nadie —y la existencia del infierno indica que la ira de Dios nunca se acaba del todo—), sino para poder librarnos del pecado, la muerte, y el diablo. De cualquier modo, creo firmemente que Jesús cargó el castigo del pecado en nuestro lugar cuando soportó la ira del Padre en la cruz.

    De igual modo, reconozco que mi relato de la batalla entre Dios y Satanás, para algunos, quizás no enfatice lo suficiente la soberanía de Dios. Respondo que creo que Dios decreta lo que pasará y que desde su perspectiva el resultado final de esta lucha cósmica nunca estuvo en duda. Pero así como nuestras elecciones no ponen en peligro la soberanía de Dios, su soberanía no elimina el significado de lo que sucede en la historia humana. Mi historia sigue la guía bíblica y se concentra en la última, la batalla real aunque no precaria entre Dios y Satanás por el control del mundo.
35. Génesis 3:15.
36. Mateo 4:8-10. Debo esta idea de «quitarse el sombrero» a Kart Barth, *Church Dogmatics* 4/1, p. 262: «Él solo tenía que quitarse el sombrero frente al usurpador».
37. Lucas 10:18; Juan 12:31. Para la autoridad de Satanás sobre el mundo, véanse Juan 14:30; 16:11; 2 Corintios 4:4; Efesios 2:2; 1 Juan 5:19.

Para el ministerio de Cristo derrotando a Satanás, véanse Mateo 4:23-24; 8:16-17, 28-34; 9:32-33; 10:1; 12:22-29; Lucas 10:17-20; 11:14-22; Hechos 2:32-36; 10:38; Colosenses 2:15; Hebreos 2:14; 1 Juan 3:8; Apocalipsis 11:15.
38. Colosenses 2:15.
39. Colosenses 1:20. Véase Boyd, «Christus Victor View», pp. 33-35.
40. Boyd, «Christus Victor», pp. 46-49.

Capítulo 7: ¿Puedes pertenecer antes de creer?

1. Brian McLaren, *More Ready Than You Realize*, Grand Rapids, Zondervan, 2002, pp. 83-87. Compárese con Brian McLaren, *A New Kind of Christian*, San Francisco, Jossey-Bass, 2001, p. 108, donde Neo dice que quizás invite a un buscador no cristiano a ir al «breve viaje misionero» de su iglesia para que pueda descubrir más acerca de su comunidad cristiana y su fe.
2. Nanette Sawyer, «What World Huckleberry Do?» en Doug Pagitt y Tony Jones, ed., *An Emergent Manifesto of Hope*, Grand Rapids, Baker, 2007, p. 44; y Eddie Gibbs y Ryan Bolger, *Emerging Churches*, Grand Rapids, Baker, 2005, pp. 119-20. Este uso de la cena del Señor parece similar a una temprana innovación estadounidense, cuando en 1700 Solomon Stoddard, el abuelo de Jonathan Edwards, abrió la eucaristía a no cristianos con la esperanza de que su gracia los convierta. Cincuenta años después Edwards fue excomulgado de la iglesia en Northampton, Massachussets, cuando intentó revocar la política de su predecesor.
3. Doug Pagitt hace esta pregunta en su sermón titulado «Iglesia» en la convención *Emergent YS*, Nashville, mayo 20, 2005.
4. Michael Frost y Alan Hirsch, *The Shaping of Things to Come*, Peabody, Mass., Hendrickson, 2003, p. 47.
5. Steve Chalke y Alan Mann, *The Lost Message of Jesus*, Grand Rapids, Zondervan, 2003, pp. 141-44.
6. Holly Rankin y Sue Wallace, citados en Gibbs y Bolger, *Emerging Churches*, pp. 120, 129-30.
7. Brian McLaren, *The Secret Message of Jesus*, Nashville, Nelson, 2006, pp. 168-69.
8. Frost and Hirsch, *Shaping of Things to Come*, p. 49.
9. Ibíd., p. 48.
10. Por ejemplo, véase Nanette Sawyer, «What Would Huckleberry Do?», pp. 43-44, quien se queja de que su pastor de la infancia «definía la identidad cristiana como el asentimiento a una lista de creencias ciertas, y a la comunidad cristiana como aquellas personas que estaban de acuerdo con esas creencias. Esto permitía interrogantes, dudas, o crecimiento en la fe. Hacía una comunidad de aceptación mutua totalmente condicionada a haber llegado a un destino intelectual particular. Al preguntarme si era cristiano, y aceptar mi respuesta preadolescente, me dijo

que no era parte de la comunidad. No estaba *adentro*; estaba *afuera*. Y así me encontré espiritualmente sin hogar» (énfasis de ella). Véase también Pagitt y Jones, *An Emergent Manifesto of Hope*, pp. 101-6, 191-96.

11. Spencer Burke y Barry Taylor, *A Heretic's Guide to Eternity*, San Francisco, Jossey-Bass, 2006, pp. 217-18.

12. Frost y Hirsch, *Shaping of Things to Come*, pp. 49-50.

13. Pip Piper, citado en Gibbs y Bolger, *Emerging Churches*, p. 131.

14. Dave Tomlinson, *The Post Evangelical*, Grand Rapids, Zondervan, 2003, p. 138.

15. Chalke, *Lost Message of Jesus*, pp. 147-52.

16. Gibbs y Bolger, *Emerging Churches*, 196-203.

17. Doug Pagitt, *Preaching Re-imagined*, Grand Rapids, Zondervan, 2005. Otras iglesias realizan reuniones que consisten de «una apertura musical, donde cualquiera puede participar cuando quiera. El oficio no llega a una resolución final, ni se espera que lo haga» (Gibbs y Bolger, *Enmerging Churches*, p. 69).

18. Gibbs y Bolger, *Emerging Churches*, p. 103: «Mark Scandrette (ReIMAGINE! San Francisco) siente que denominar iglesia a su "enjambre urbano" es formalizar su función y atenuar la experiencia. "Hay tanto peso en la idea de iglesia, que dudo en llamarla así". No hay una reunión oficial, pero la comunidad se reúne bastante seguido para participar juntos de la vida del reino. "Ya no tenía sentido tener intencionalidad en los asuntos espirituales. Por alguna razón, solo necesitábamos ser espontáneos y amigos y dejar que ese algo se desarrollara de modo natural"». Véanse más anécdotas en pp. 89, 100 y 103, con útiles correctivos en pp. 104 («la iglesia no puede confundirse con pasar el tiempo con amigos») y 106.

19. Friederich Schleiermacher, *On Religion: Speeches to Its Cultural Despisers*, New York, Cambridge University Press, 1988. Estudios útiles sobre la teología de Sachleiermacher incluyen a James C. Livingston, *Modern Christian Thought*, 2da. ed., 1997, reimp. Minneapolis, Fortress, 2006, 1:93-105; B. A. Gerrish, *A Prince of the Church*, Filadelfia, Fortress, 1984; Robert R. Williams, *Schleiermacher the Theologian*, Filadelfia, Fortress, 1978; y Keith W. Clements, ed., *Friedrich Schleiermacher: Pioneer of Modern Theology*, Minneapolis, Fortress, 1987, 1991.

20. Brian McLaren, *More Ready Than You Realize*, pp. 84-85. McLaren dice que no usa el término «pertenecer» para significar ser «un miembro oficial», sino simplemente ser «aceptado sin reservas en la comunidad» (86).

21. Cipriano, *Epistle* 72, sec. 21, en *The Ante-Nicene Fathers*, ed. Alexander Roberts y James Donaldson, Grand Rapids, Eerdmans, 1995, 5:384.

22. Juan Calvino, *Institución de la Religión Cristiana* 4.1.4, trad. y ed. Cipriano de Valera, 1597.

23. McLaren, *New Kind of Christian*, p. 130.

Capítulo 8: ¿El reino de Dios incluye a no cristianos?

1. Jon Meacham, «Pilgrim´s Progress», *Newsweek*, agosto 14, 2006, 43. El portavoz de Graham, A. Larry Ross, explicó con más detalle el comentario de Graham: «Como evangelista por más de seis décadas, el señor Graham proclamó de manera fiel el mensaje del evangelio de la Biblia de que Jesús es el único camino al cielo. De todos modos, la salvación es obra del Dios todopoderoso, y solo él sabe lo que hay en cada corazón humano».

   Brian McLaren manifiesta la misma renuencia de Graham al comentar sobre el destino de los no cristianos. Responde al interrogante sobre su destino declarando, «¿Por qué me consideras calificado para hacer esta declaración? ¿No es ese un asunto de Dios? ¿No queda claro que no creo que esa sea una pregunta correcta para un cristiano misional?» (Brian McLaren, *A Generous Orthodoxy*, Grand Rapids, Zondervan, 2004, p. 112).

2. Brian McLaren, *The Secret Message of Jesus*, Nashville, Nelson, 2006, pp. 216-17 (itálicas de McLaren; negritas, mías).

3. Compárese con McLaren, *Generous Orthodoxy*, p 264. Aquí McLaren apela a la controversia del «Espectro C1-C6» en misiones, en la cual los misiólogos debaten si las personas deben, y hasta qué punto, renunciar a sus religiones no cristianas para seguir a Jesús. Como es su costumbre, McLaren evita dar una respuesta directa a esta pregunta, pero parece favorecer el lado «no tanto». De modo provocativo escribe, «con esta luz, si bien no espero que todos los budistas se conviertan en cristianos (culturales), sí espero que quienes sientan el llamado se conviertan en budistas seguidores de Jesús; creo que deben tener la oportunidad y la invitación. No espero que todos los judíos o hinduistas se conviertan en miembros de la religión cristiana. Pero sí espero que quienes sientan el llamado se conviertan en judíos o hinduistas seguidores de Jesús. En última instancia, espero que Jesús salve al budismo, al islam y a cualquier otra religión, incluida la cristiana, la cual muchas veces parece necesitar salvación tanto como cualquier otra religión».

4. Dave Sutton, citado en Eddie Gibbs y Ryan K, Bolger, *Emerging Churches*, Grand Rapids, Baker, 2005, p. 133. Gibbs y Bolger explican en detalle: «Su actitud de servicio refleja una verdadera apertura a otras religiones. Rachelle MeeChapman explica, "Tratamos de darle la mayor cantidad de espacio posible para las personas. Nos enfocamos en lo que Dios está haciendo en las vidas de las personas, y tratamos de avivar la llama. No nos preocupan las diferencias, sino las posibles coincidencias. Quizás el resto de lo que Dios es resultará mediante la relación"» (p. 130).

5. Holly Rankin Zaher, citado por Gibbs y Bolger, *Emerging Churches*, p. 53.

6. Usar la palabra *salvo* no trata a cada religión en sus propios términos, sino que inclina nuestro interrogante hacia una dirección cristiana.

De todos modos, parece ser lo apropiado en este caso dado que estoy haciendo esta pregunta desde una perspectiva cristiana y no tratando de producir una comparación objetiva y exhaustiva de religiones.

El mejor lugar para comenzar un estudio sobre el estatus de no cristianos es en libros que contengan un diálogo entre múltiples miradas. Los mejores de estos son Dennis Okholm y Timothy Phillips, ed., *More Than One Way?* (Grand Rapids, Zondervan, 1995); John Sanders, ed., *What about Those Who Have Never Heard?* (Downers Grove, Ill., InterVarsity, 1995); y William V. Crockett y James G. Sigountos, eds., *Through No Fault of Their Own?* (Grand Rapids, Baker, 1991). Una presentación balanceada sobre esta cuestión puede también encontrarse en Millard Erickson, *How Shall They Be Saved?* (Grand Rapids, Baker, 1996).

Los argumentos más claros para el pluralismo se encuentran en John Hick, *A Christian Theology of Religions* (Louisville, Westminster John Knox, 1995) y *God Has Many Names* (Filadelfia, Westminster, 1980).

Libros individuales que argumentan a favor del inclusivismo abarcan a Clark Pinnock, *A Wideness in God's Mercy* (Grand Rapids, Zondervan, 1992); John Sanders, *No Other Name* (Grand Rapids, Eerdmans, 1992); y Terrance L. Tiessen, *Who Can Be Saved?* (Downers Grove, Ill., InterVarsity, 2004).

Libros que defienden diversos grados de exclusivismo incluyen a James R. Edwards, *Is Jesus the Only Savior?* (Grand Rapids, Eerdmans, 2005); Daniel Strange, *The Possibility of Salvation among the Unevangelised* (Carlisle, Reino Unido, y Waynesboro, Ga., Paternoster, 2001); Ronald H. Nash, *Is Jesus the Only Savior?* (Grand Rapids, Zondervan, 1994); John Piper, *Let the Nations Be Glad!* (Grand Rapids, Baker, 1993); Ramesh Richard, *The Population of Heaven* (Chicago, Moody, 1994); y Harold Netland, *Encountering Religious Pluralism* (Downers Grove, Ill., InterVarsity, Leicester, Apollos, 2001).

7. Karl Barth es el defensor más capaz de esta posición. Argumenta desde su perspectiva calvinista que un Dios omnipotente y omnibenevolente es probable que emplee su poder para pasar por alto de un modo amoroso nuestro rechazo pecaminoso hacia él, y salvarnos de todos modos. Sin embargo, Barth se niega a afirmarlo, porque garantizar lo que Dios debería hacer compromete la libertad de Dios. Ver Karl Barth, *Church Dogmatics*, 2/2, ed. G. W. Bromiley y T. F. Torrance, trad. G. W. Bromiley, J. C. Campbell, Iain Wilson, J. Strathearn McNab, Harold Knight, y R. A. Stewart (Edimburgo, T & T Clark, 1957), pp. 27, 51, 101, 177, 186-87, 195, 218-20, 316, 317, 325, 333, 352, 416-19, 422-23, 453; *Church Dogmatics* 4/3, ed. G. W. Bromiley y T. F. Torrance, trad. G. W. Bromiley (Edimburgo, T & T Clark, 1961), pp. 463-65, 468, 476; «The Humanity of God», en *God, Grace, and Gospel*, trad. James Strathearn McNab, *Scottish Journal of Theology Occasional Papers*, No 8 (Edimburgo, Oliver y Boyd, 1959), pp. 43-50.

Los innovadores posmodernos que valoran la libertad humana pueden mirar a Origen, quien uso nuestra habilidad infinita para elegir como razón para ser universalista. Desafortunadamente, Origen creyó que tomaría una serie de reencarnaciones en nuevos mundos hasta que todos usaran su libertad para llegar a ser perfectos, y aun entonces, podemos usar nuestra libertad para regresar al pecado, lo que a cambio nos provocaría ser recreados en cuerpos malvados. De este modo, a pesar del énfasis de Origen en la libertad humana, su visión platónica de nuestros cuerpos y su noción de que renaceremos continuamente hasta que comprendamos, desacredita su postura para la mayoría de los cristianos. Véase Origen, *On First Principles*, 1.6.3; 2.1.1-2; 2.8.3; 3.5.3; 3.6.3, en *The Ante-Nicene Fathers*, ed. Alexander Roberts y James Donaldson (Grand Rapids, Eerdmans, 1994), 4.261, 268, 287-88, 341-42, 345.

Usted puede aprender más acerca del universalismo en Robin A. Parry y Christopher H. Partridge, eds., *Universal Salvation? The Current Debate* (Grand Rapids, Eerdmans, 2003); y Jan Bonda, The One Purpose of God, trad. Reinder Bruinsma (Uitgeverij ten Have, 1993; Grand Rapids, Eerdmans, 1998).

8. Brian McLaren, *The Last Word and the Word After That*, San Francisco, Jossey-Bass, 2005, p. 138. Compárese con McLaren, *Generous Orthodoxy*, p. 109, donde observa que el universalismo «puede llevar muy fácilmente a la complacencia sobre la justicia aquí y ahora, y crear un nuevo tipo de apatía linda, relajada y magnánima».

9. Spencer Burke y Barry Taylor, *A Heretic's Guide to Eternity*, San Francisco, Jossey-Bass, 2006, pp. 196-202.

10. Compárese con Gregory MacDonald, *The Evangelical Universalist*, Eugene, Ore., Cascade, 2006, pp. 6-7, 28-32, 130-31. Bajo el seudónimo de Gregory MacDonald, este teólogo evangélico argumenta sobre líneas similares que todas las criaturas, incluido Lucifer, se arrepentirán de sus pecados y se someterán a Cristo una vez que experimenten los tormentos del infierno. Por lo tanto, nadie va al infierno por mucho tiempo, sino que todos finalmente serán redimidos.

11. Eddie Gibbs y Ryan K. Bolger, *Emerging Churches*, Grand Rapids, Baker, 2005, p. 132.

12. Burke y Taylor, *A Heretic's Guide to Eternity*, pp. 196-97.

13. Por ejemplo, ver la actitud desdeñosa de McLaren hacia el pluralismo en *A Generous Orthodoxy*, p. 249: «Cuando digo que estamos unidos y atados a toda persona mediante la encarnación de Cristo, no estoy diciendo *todas las religiones son iguales, no importa lo que creas, la verdad es relativa*, bla, bla, bla» (énfasis de McLaren). Compárese con McLaren, *Last Word*, p. 183.

Sin embargo, si bien los innovadores posmodernos tienden a negar que otras religiones puedan otorgar salvación, sí enfatizan que otras religiones están en lo cierto en muchos apectos. Samir Selmanovic, «The

Sweet Problem of Inclusiveness», en Doug Pagitt y Tony Jones, eds., *An Emergent Manifesto of Hope* (Grand Rapids, Baker, 2007), pp. 194-95, dice: «¿Nuestra religión es la única que entiende el verdadero sentido de la vida? ¿O Dios pone su verdad también en otras? Bueno, es Dios el que decide, no nosotros. El evangelio no es *nuestro* evangelio, sino el evangelio del reino de Dios, y lo que pertenece al reino de Dios no puede ser secuestrado por el cristianismo. Dios es soberano, como el viento. Sopla donde elige hacerlo» (énfasis de Selmanovic).

Selmanovic agrega que los «cristianos emergentes» celebran la verdad encontrada en otras religiones. Escribe: «No queremos solo tolerar la piedad de "los otros" como si lamentáramos la posibilidad. La piedad de no cristianos no es una anomalía en nuestra teología. En lugar de agregarla como un apéndice a nuestra declaración de creencias, queremos ubicarla en el centro y celebrarla como (con toda seguridad) es celebrada en los cielos. El evangelio nos enseñó a regocijarnos en la bondad que podemos encontrar en otros».

14. El inclusivismo es cada vez más popular entre toda clase de cristianos evangélicos. John Sanders, *No Other Name*, p. 21, cita estudios que muestran que hace más de veinte años un tercio de los estudiantes de universidades y seminarios evangélicos sostenían «algún tipo de esperanza sobre la posible salvación de los no evangelizados. Entre los profesores de universidades de arte evangélicas liberales, solo el 56 por ciento descartaba toda esperanza para los no evangelizados». El número ha crecido considerablemente con el comienzo de la influencia posmoderna en los círculos evangélicos. Puede leer la información de este estudio en James Davidson Hunter, *Evangelicalism: The Coming Generation*, Chicago, University of Chicago Press, 1987, pp. 34-40.

Efectivamente, noticias de último momento respaldan mi sospecha. Según un sondeo reciente del año 2007 conducido por el Pew Forum on Religion and Public Life, 57 por ciento de los evangélicos que asisten a la iglesia dijeron creer que muchas religiones pueden conducir a la vida eterna. Sin embargo, la mayoría de los autodenominados cristianos evangélicos no solo están cómodos con el inclusivismo, sino que han ido más allá de él para adoptar el pluralismo religioso. Puede leer el informe completo en http://religions.pewforum.org.

15. John Sanders, *No Other Name*, p. 215: Los inclusivistas creen que «la obra de Jesús es ontológicamente necesaria para la salvación (nadie será salvo sin ella), pero no es necesaria epistemológicamente (no se necesita ser consciente de esta obra para beneficiarse de ella)». Los inclusivistas encuentran respaldo para su postura en pasajes bíblicos que enfatizan el amor de Dios por el mundo (Jn 12:32; Ro 5:18; 2 Co 5:15; 1 Ti 2:4; 2 P 3:9; y 1 Jn 2:2) y la aceptación de Dios de creyentes que aún no eran cristianos (por ej., Cornelio en Hechos 10).

16. Clark Pinnock, «An Inclusivist View», en Okholm y Phillips, *More Than*

One Way?, p. 101; y John Sanders, «Inclusivism», en *What About Those Who Have Never Heard?*, p. 54.

17. Tiessen, *Who Can Be Saved?*, pp. 125-37; Pinnock, *Wideness in God's Mercy*, pp. 157-58; y Clark Pinnock, «Toward an Evangelical Theology of Religions», *Journal of the Evangelical Theological Society* 33 (1990): 367. Véase también John Wesley, «On Faith», en *The Works of John Wesley*, 3ra. ed., 14 vol. (Peabody, Mass., Hendrickson, 1986), 7:197. Wesley sostenía que los no evangelizados no podían ser culpados por no creer en Jesús. Escribió: «En tanto que a ellos poco se les da, poco se les pedirá ... por lo tanto, nada más se esperará de ellos, que vivir conforme a la luz que tuvieron. Pero muchos de ellos ... poseemos grandes razones para tener esperanza, que aunque vivieron entre los paganos, tenían un espíritu diferente; siendo enseñados por Dios, mediante su voz interior, en todo lo esencial de la religión verdadera».

18. Sanders, *No Other Name*, pp. 233-36; Sanders, «Inclusivism», p. 36; y Pinnock, «Inclusivist View», pp. 117-18.

19. «Dogmatic Constitution on the Church» (Lumen Gentium), p. 16, en Austin P. Flannery, ed., *Documents of Vatican II* (Grand Rapids, Eerdmans, 1975), p. 351. Véase también la discusión de otras religiones en el *Catechism of the Catholic Church* §836-48 (Liguori, Mo., Liguori, 1994), pp. 222-25.

20. Pinnock, *Wideness in God's Mercy*, pp. 157-58. Véase también Sanders, «Inclusivism», pp. 36-37: «La gente es aceptada por Dios si responde en fe, a pesar de su conocimiento limitado. Dios juzga a las personas sobre la base de la luz que tienen y el modo en que responden a esa luz».

21. C. S. Lewis, *La última batalla*, ed. Destino, Bs. As., 2006, p. 235.

22. W. H. Lewis y Walter Hooper, eds., *Letters of C. S. Lewis*, New York, Harcourt Brace Jovanovich, 1966, rev. y ampliado, 1993, p. 428.

23. Karl Rahner acuñó la frase «cristianos anónimos», la que inclina de modo injusto la cuestión de la religión a favor de los cristianos (¿por qué no llamar a los cristianos «budistas anónimos»?). Véanse Harvie M. Conn, «Do Other Religions Save?», en Crockett y Sigountos, *Through No Fault of Their Own?*, p. 201.

Véase Karl Rahner, *Theological Investigations*, vol. 5, New York, Seabury, 1966, p. 131: «El cristianismo no confronta simplemente al miembro de una religión extra cristiana como mero no cristiano, sino como quien puede y ya debe ser considerado en esa y otras consideraciones como cristiano anónimo. Sería incorrecto considerar a los paganos como quienes aún no han sido tocados de ninguna manera por la gracia y la verdad de Dios».

Compárense con Pinnock, «Inclusivist View», pp. 119-20; Nash, *Is Jesus the Only Savior?*, pp. 111-12; y Sanders, *No Other Name*, pp. 224-32.

24. Romanos 3:23. El intento de Pablo de incluir a cada judío y gentil se explica en Douglas Moo, *The Epistle to the Romans*, Grand Rapids,

Eerdmans, 1996, pp. 93-98, 201. Romanos 1:18-32 explica el pecado de todo gentil; 2:17-29 documenta el pecado de cada judío; 3:9 clarifica que Pablo está hablando de todos y no de solo algunos («Ya hemos demostrado que tanto los judíos como los gentiles están bajo el pecado»); y 3:10-23 reiteradamente afirma la conclusión de Pablo de que todos son pecadores que necesitan la redención de Cristo.

25. Romanos 1:20, 32.

26. Las religiones que más se aproximan a la enseñanza de la gracia son el budismo Amida y las formas Ramanuja y Madhva del hinduismo. El primero otorga un escape a la «tierra pura» a cualquiera que confíe en Buda, en tanto que el último a veces sugiere que los creyentes son salvos por Dios del mismo modo en que la madre de los gatitos lleva en su boca a sus pequeños de modo pasivo. Sin embargo, dado que ninguna de estas religiones enseña nuestra necesidad de expiación (un sustituto que muera en nuestro lugar), parecen carecer de una apreciación completa de la severidad del pecado. Esta comprensión superficial del pecado, o de nuestra necesidad de liberación, debe también producir una correspondiente apreciación superficial de la gracia que nos salva. Por lo tanto, a pesar de que estas religiones pueden hablar de gracia, no tienen la robusta visión cristiana del Dios que soportó nuestro castigo por el pecado.

Más aún, ni el budismo ni el hinduismo ofrecen salvación. En cambio, esperan la finalización de la existencia personal, en la cual los individuos se disuelven en la unicidad del universo. Su oferta gratuita de extinción personal suena más a muerte que a algo que pueda parecerse a la gracia.

27. Romanos 1:18.

28. Introducciones útiles al islam incluyen a Meter G. Riddell y Peter Cotterell, *Islam in Context* (Grand Rapids, Baker, 2003); Anees Zaka y Diane Coleman, *The Truth About Islam* (Phillipsburg, N. J., Presbyterian & Reformed, 2004); George Braswell, *Islam* (Nashville, Broadman & Holman, 1996); George Braswell, *What You Need to Know about Islam and Muslims* (Nashville, Broadman & Holman, 2000).

29. Los exclusivistas también sostienen que su posición es necesaria para alentar la obra misionera. Si los no evangelizados probablemente ya estén aceptados por Dios, entonces ¿por qué deberíamos sacrificarnos para predicarles el evangelio, en especial dada la posibilidad de que rechacen nuestra luz y terminen condenados? Parecería sabio dejarlos tal como están.

Los inclusivistas responden que su motivación para misionar es más elevada que salvar individuos del infierno. Quieren que las personas prosperen ahora al avanzar en su conocimiento de Dios y unirse a su reino. Estas buenas nuevas son dignas de ser anunciadas, sin importar el riesgo del rechazo y la condenación final. Véanse Pinnock, «Inclusivist View», p. 120, y Sanders, «Inclusivism», pp. 53-54.

30. Romanos 10:17. Los exclusivistas citan los siguientes versículos para su posición: Juan 3:16-18; 14:6; Hechos 4:12; Romanos 10:9-15.

31. Los diversos grados de exclusivismo se discuten en Okholm y Phillips, eds., *More Than One Way?*, pp. 19-24.

32. Algunos exclusivistas creen, según informan, que quizás Dios también acepte, como suficiente para otorgar la salvación, la fe de un individuo pre-cristiano. Esto parece indistinguible del inclusivismo, siendo la única diferencia que mientras los inclusivistas sugieren que esto es un acontecimiento rutinario y amplio, los exclusivistan limitan la aceptación de Dios de la fe en la revelación general a unas pocas «circunstancias muy especiales». Véase Geivett y Phillips, «A Particular View», en *More Than One Way?*, p. 214.

33. Compárese con el diálogo entre Alistair McGrath, Clark Pinnock, R. Douglas Geivett, y W. Gary Phillips en Okholm y Phillips, eds., *More Than One Way?*, pp. 178-80, 187-88, 197.

34. David VanDrunen, «The Two Kingdoms», *Calvin Theological Journal* 40 (2005), pp. 248-66; Michael Horton, «How the Kingdom Comes», *Christianity Today*, enero 2006, pp. 42-46; y «How to Discover Your Calling», *Modern Reformation*, mayo-junio 1999, pp. 8-13. Estos autores prefieren usar el término «reino de Dios» para referirse al reinado de Dios sobre su iglesia y los términos «providencia» y «gracia común» para referirse a su gobierno sobre nuestro trabajo en el mundo.

35. Stanley J. Grenz y Roger E. Olson, *Twentieth-Century Theology* (Downers Grove, Ill., InterVarsity, 1997), pp. 51-62; James C. Livingston, *Modern Christian Thought*, 2da. ed. (1997, reimp. Minneapolis, Fortress, 2006), 1:270-98; y Walter Rauschenbusch, *A Theology for the Social Gospel* (1945, reimp., Nashville, Abingdon, 1978), pp. 95-109.

36. George Eldon Ladd, *The Presence of the Future*, New York, Harper & Row, 1964, Grands Rapids, Eerdmans, 1974, reimp. 1996, p. 144: El reino es «el reinado o gobierno de Dios».

37. Colosense 1:15-20; Hechos 3:21; y Efesios 1:10. Véase Michael E. Wittmer, *Heaven Is a Place on Earth*, Grand Rapids, Zondervan, 2004.

38. En la primera venida de Jesús: «El reino de Dios está cerca. ¡Arrepiéntanse y crean las buenas nuevas!» (Mr 1:15; compárense con Mt 3:2; 4:17; 12:28; Lc 11:20; 17:21). En la segunda venida de Cristo: «El reino del mundo ha pasado a ser de nuestro Señor y de su Cristo, y él reinará por los siglos de los siglos» (Ap 11:15). Ahora a través de la iglesia: «Yo te digo que tú eres Pedro, y sobre esta piedra edificaré mi iglesia, y las puertas del reino de la muerte no prevalecerán contra ella» (Mt 16:18; compárese con Hch 1:6-8).

39. Mateo 16:18 (RVR 1960).

40. Mateo 4:23-25; 8:28-34; 9:1-8; 10:1-8; 11:2-6; 12:28. Véase Cornelio Platinga, *Engaging God's World* (Grand Rapids, Eerdmans, 2002), pp. 108-10, 113-14; y Albert Wolters, *Creation Regained*, 2da. ed. (Grand

Rapids, Eerdmans, 2005), pp. 71, 73-74, 76.

41. Hasta donde sé, ninguno de estos sostiene ser seguidor de Jesús en el sentido tradicional evangélico. Por favor, acepte esta premisa por el bien del argumento, o siéntase libre de reemplazarla por otros ejemplos de personas no cristianas haciendo buenas obras.

42. Platinga, *Engaging God's World*, pp. 111-12.

43. Harry S. Stout, *The Divine Dramatist*, Grand Rapids, Eerdmans, 1991, p. 228.

44. Agustín, *Confessions*, 7.15, trad. Henry Chadwick (New York, Oxford University Press, 1991), p. 123, y «On Christian Doctrine», libro 2, cap. 40, en *The Nicene and Post-Nicene Fathers*, primera serie, vol. 2, ed. Philip Schaff (Edimburgo, T. & T. Clark, reimp. Grand Rapids, Eerdmans, 1993), p. 554. Compárense con Éxodo 3:21-22; 11:2-3; 12:35-36; 35:20-29.

Capítulo 9: ¿El infierno es real y para siempre?

1. Rick Warren, *Una vida con propósito*, ed. Vida, Miami, Fl, 2003, p. 35. Una alternativa a esta cosmovisión platónica se encuentra en Michael Wittmer, *Heaven is a Place on Earth*, Grand Rapids, Zondervan, 2004.

2. Brian McLaren, *A generous Orthodoxy*, Grand Rapids, Zondervan, 2004, p. 100.

3. Brian McLaren, *The Last Word and the Word after That*, San Francisco, Jossey-Bass, 2005, p. 166 (énfasis de McLaren). Compárense con pp. 83-84, 94, 149-50, 165, 169, 191-92.

4. McLaren, *Last Word*, xii. Para saber más acerca de las actuales controversias que rodean la cuestión del infierno, léanse Edgard Fudge y Robert Peterson, *Two Views of Hell: A Biblical and Theological Dialogue* (Downers Grove, Ill., InterVarsity, 2000); y William Crockett, ed., *Four Views on Hell* (Grand Rapids, Zondervan, 1992). La discusión entre los evangélicos en Gran Bretaña se encuentra en su informe official, *The Nature of Hell*, (Londres, Evangelical Alliance Comission on Unity and Truth among Evangelicals [ACUTE], 2000).

   Algunas defensas de la postura tradicional de tormento infinito incluyen a Christopher W. Morgan y Robert A. Peterson, ed., *Hell Under Fire* (Grand Rapids, Zondervan, 2004); Robert A. Peterson, *Hell on Trial: The Case for Eternal Punishment* (Phillipsburg, N.J., Presbyterian & Reformed, 1995); Peter Toon, *Heaven and Hell* (Nashville, Nelson, 1986); y Anthony A. Hoekema, *The Bible and the Future* (Grand Rapids, Eerdmans, 1979), pp. 265-73. La mejor explicación de lo que creían los santos del Antiguo Testamento acerca de la vida eterna es Philip S. Johnston, *Shades of Sheol: Death and Afterlife in the Old Testament* (Downers Grove, Ill., InterVarsity, 2002). Para una revisión filosófica del infierno, véase Jonathan L. Kvanvig, *The Problem of Hell* (New York, Oxford University Press, 1993).

5. McLaren, *Last Word* xii (énfasis de McLaren), Compárese con el comentario de Neil (el protagonista de la historia de McLaren): la posición tradicional respecto del infierno convierte a Dios en un «ser humano insignificante, lleno de ira y venganza», quien nos ordena perdonar a nuestros enemigos, pero es «incapaz de hacer lo mismo» (40); y «… nuestro modo de hablar acerca del infierno suena absolutamente absurda. "Dios te ama y tiene un plan maravilloso para tu vida", decimos, "y freirá tu trasero en el infierno por siempre, a menos que hagas o creas lo correcto". "Dios es un padre amoroso", decimos, "pero te tratará con una crueldad que ningún padre humano ha tenido jamás: una tortura consciente eterna"» (75).

6. Ibíd., pp. 45-47.

7. Ibíd., pp. 59-60. En sus notas finales McLaren reconoce que una resurrección física no está totalmente ausente del Antiguo Testamento, de manera que «la idea de una vida eterna en el antiguo mundo judío… es un poco más compleja de lo que suponen Dan y Neil» (189). Cita a Isaías 26:19 y a Daniel 12:2, los cuales sugieren una resurrección de individuos, y el último incluso insinúa el cielo y el infierno (190). Los lectores que salten las notas finales de McLaren y solo leen la historia pueden quedarse con la falsa creencia de que la idea del infierno provino en su totalidad de religiones paganas y no tiene fundamento en las escrituras hebreas.

8. Ibíd., pp. 61-62.

9. Ibíd., p. 63. Compárense con pp. 62, 71-74, 121, 136.

10. Ibíd., p. 74.

11. Ibíd., p. 163. Compárense con pp. 64, 74.

12. Ibíd., p. 71. Neil exclama, «El punto no es el infierno, ¡el punto es la justicia! ¡El punto es la voluntad de Dios! Como hemos dicho una y otra vez: Jesús no inventó la idea del infierno. Se desarrolló … con el tiempo. Es una construcción, como toda idea humana, mediante la interacción de religiones y culturas, como dijimos anteriormente. El punto no es si hay un infierno, ¡el punto es la justicia de Dios! El punto no es si Jesús (usando el lenguaje de la construcción) lo confirma. El punto es, ¿con qué propósito usa ese lenguaje?»

Compárese con pp. 80-81: «Mi punto es que el infierno en sí mismo no es el punto. El punto es el propósito por el que Jesús usa el lenguaje del infierno, o de cualquier otra imaginería que use para transmitir las consecuencias negativas de rechazar el camino de Dios».

13. Lucas 16:24. Véanse también Mateo 3:12; 5:22, 29-30; 8:12; 10:28; 13:40-42, 47-50; 17:1-2. Stephen Travis ofrece una mirada diferente. Sostiene que la historia del hombre rico y Lázaro era «un cuento popular judío, por lo que sería precipitado forzar los detalles de la historia». Stephen Travis, *I Believe in the Second Coming of Christ*, Grand Rapids, Eerdmans, 1982, p. 197.

14. Mateo 7:13-14. McLaren, *Last Word*, p. 77. McLaren debería ser más crítico de la interpretación ideosincrática de Neil en este párrafo. Si bien la interpretación de Neil en teoría es posible, cualquiera que proponga refutar dos mil años de exégesis sobre un pasaje particular debe ofrecer algún argumento que sostenga su idea.

15. Apocalipsis 20:15.

16. 2 Reyes 16:3; 23:10; 2 Crónicas 28:3; 33:6; Jeremías 7:31-33.

17. Isaías 66:24; compárese con 30:33; Jeremías 7:31-32. Véase Timothy R. Phillips, «Hell», en *Evangelical Dictionary of Biblical Theology*, ed. Walter Elwell, Grand Rapids, Baker, 1996, p. 338.

18. Mateo 5:29-30; 8:11-12; 18:6-9; Marcos 9:42-48; Lucas 13:27-28.

19. McLaren, *Last Word*, p. 78.

20. Ibíd., p. 79.

21. Ibíd., p. 80.

22. Juan Calvino, *Institución de la Religión Cristiana* 3.25.12, trad. y ed. Cipriano de Valera, 1597: «Como quiera que ninguna descripción bastaría para dar a entender bien el horror de la venganza que Dios tomará de los incrédulos, los tormentos que han de padecer se nos presentan bajo la figura de cosas corporales, como tinieblas, llanto, crujir de dientes, fuego inextinguible, gusano que sin cesar roe el corazón». Compárese con Sinclair B. Ferguson, «Pastoral Theology: The Preacher and Hell», en *God under Fire*, ed. Douglas S. Huffman y Eric L. Johnson, Grand Rapids, Zondervan, 2002, pp. 226-27.

23. Mateo 5:29-30; 18:8-9.

24. Clark Pinnock, «The Condicional View», en Crockett, *Four Views of Hell*, pp. 135-66; John R. W. Stott, en el libro que escribió junto a David Edwards, *Essentials: A Liberal-Evangelical Dialogue* (Londres, Hodder & Stoughton, 1988), pp. 313-20; Edward Fudge, *The Fire That Consumes* (Huston, Providential, 1982); David J. Powys, *Hell: A Hard Look at a Hard Question* (Carlisle, Cumbria, Paternoster, 1998); Philip E. Hughes, *The True Image: The Origin and Destiny of Man in Christ* (Grand Rapids, Eerdmans, 1989), pp. 389-407; Travis, *I Believe in the Second Coming*, pp. 196-99; Michael Green, *Evangelism through the Local Church* (Londres, Hodder & Stoughton, 1990), p. 70.

    Brian McLaren insinúa algo al respecto cuando pone a Markus a decir, «Sabes, si Dios juzga, perdona y elimina todo lo malo, no debe quedar mucho de ti, quizás no lo suficiente como para disfrutar el cielo ni para sentir demasiado en el infierno tampoco» (McLaren, *Last Word*, p.137).

25. Pinnock, «Condicional View», pp. 140, 149, 151-52.

26. Isaías 66:24; Marcos 9:48. Pinnock, «Condicional View», pp. 155-56.

27. Pinnock, «Conditional View», p. 157. Fudge, *Fire That Consumes*, pp. 44-50, 195; y Travis, *I Believe in the Second Coming*, p. 199, sostienen que fuego eterno, juicio, destrucción y castigo no significa que hay

fuego, juicio, destrucción y castigo continuos, sino que los efectos de estas acciones permanecen para siempre.

28. Pinnock, «Condicional View», pp. 147-49; Fudge, *Fire That Consumes*, pp. 65-76.

29. Fudge, *Fire That Consumes*, pp. 51-76. El tratamiento de Fudge de la creencia tradicional en la inmortalidad del alma es más justa y precisa que el de Pinnock (véase «Conditional View», pp. 147-49). Para la postura de la iglesia primitiva sobre la duración del sufrimiento en el infierno, compárese William Crockett, «The Metaphorical View», en Crockett, *Four Views on Hell*, pp. 65-68, y Fudge, *Fire That Consumes*, pp. 313-42.

30. Crockett, «Metaphorical View», pp. 69, 71; y «Response to Clark H. Pinnock», en Crockett, *Four Views on Hell*, p. 172. Fudge, *Fire That Consumes*, p. 304, de forma contundente reconoce que «no hay una solución fácil» para reconciliar esta postura aniquilacionista con el tormento eterno de Satanás. Resueltamente menciona que Satanás sigue siendo distinto al ser humano, y Apocalipsis 20:10 no «dice que todos los de la raza de Adán son atormentados por los siglos de los siglos».

31. Stanley J. Grenz, *Theology for the Community of God* (Nashville, Broadman & Holman, 1994, Grand Rapids, Eerdmans, 2000), pp. 639-40, agrega otras objeciones al aniquilacionismo. (1) Las Escrituras usan el término «eterno» para describir tanto el destino de los justos como de los injustos. Si vida eterna significa que los justos vivirán por siempre, ¿no debería la muerte eterna significar que los injustos sufrirán por siempre? (2) El aniquilacionismo elimina la posibilidad de grados de castigo en el infierno. Si todos simplemente son aniquilados, entonces todos, desde Satanás y Hitler hasta paganos semi-decentes, tienen el mismo final. (3) El aniquilacionismo no parece tomar nuestro pecado con la suficiente seriedad. ¿Los pecadores pueden escapar de su castigo con tanta facilidad? (4) El aniquilacionismo no resuelve completamente el problema del amor de Dios, porque aniquilar a los pecadores es aun peor que no salvarlos.

32. Romanos 9:20; 11:33. La caída y la brecha ontológica entre Dios y la creación son dos razones por las cuales nuestros interrogantes teológicos siempre terminarán en misterio. Pablo combina ambas en Romanos 9-11, declarando que la razón de Dios para no elegir a Esaú (caída) yace en su trascendencia inconmensurable y divina (brecha ontológica).

33. Dallas Willard, *Renovation of the Heart*, Colorado Springs, NavPress, 2002, p. 57: «De este modo, en lo abstracto nadie elige ir al infierno ni ser la clase de persona que pertenece allí. Pero su orientación a sí mismos los lleva a convertirse en la clase de personas para quienes *lejos de Dios* es el único lugar en el que cuadran. Es un lugar que, en definitiva, eligen por sí mismos, en vez de humillarse delante de Dios y aceptar quien es Él. Ya sea que la voluntad de Dios sea infinitamente flexible, o no, la voluntad humana no lo es. Hay límites más allá de los cuales se puede

retroceder, no puede volverse o arrepentirse ... Se han convertido en personas tan encerradas en su propia auto-adoración y negación de Dios que *no pueden querer a Dios*» (énfasis de Williard).

34. C. S. Lewis, *El gran divorcio*, ed. Carlos Lohlé, Buenos Aires, 1956, p. 67. Compárese con C. S. Lewis, *The Problem of Pain*, New York, Macmillan, 1962, p. 127. Si el amor respeta al otro, entonces Dios muestra su amor cuando respeta a los portadores de su imagen lo suficiente como para permitir que permanezca su desacertado rechazo hacia él. De este modo, permitir que las personas elijan el infierno es un acto de amor de Dios.

35. Mateo 27:46.

36. Apocalipsis 6:10; 11:15-18; 14:14–15:4; y 19:1-8 sostienen que los santos adorarán a Dios por su justicia soberana cuando regrese a corregir lo equivocado de nuestro mundo caído. Estos pasajes no dicen que los santos se deleitarán en el tormento del infierno.

37. Martín Lutero, «The Freedom of a Christian», in *Martin Luther's Basic Theological Writtings*, 2da. ed., ed. Timothy F. Lull, Minneapolis, Fortress, 2005, p. 406.

38. Efesios 1:3.

Capítulo 10: ¿Es posible saber algo?

1. Dejo asentado que creo que hay un modo correcto de interpretar la Palabra de Dios en estos asuntos controversiales, y que mi interpretación es mejor que posturas alternativas. Aún así, es un golpe bajo e ingenuo decir que quienes leen la Biblia de otro modo simplemente no creen en la Biblia.

2. Kristen Bell, citada en Andy Crouch, «The Emergent Mystique», *Christianity Today*, noviembre 2004, p. 38.

3. Para saber más acerca del modo en que los cristianos están procesando el impacto posmoderno sobre el conocimiento, comenzar con el diálogo iluminador entre seis profesores en Myron B. Pender, ed., *Christianity and the Posmodern Turn* (Grand Rapids, Brazos, 2005). Libros que defienden una aproximación más tradicional al conocimiento incluyen a Douglas Groothuis, *Truth Decay: Defending Christianity against Challenges of Postmodernism* (Downers Grove, Ill., InterVarsity, 2000); R. Scott Smith, *Truth and the New Kind of Christian* (Wheaton, Crossway, 2005); Andreas Köstemberg, *Whatever Happened to Truth?* (Wheaton, Crossway, 2005); D. A. Carson, *The Gagging of God* (Grand Rapids, Zondervan, 1996); y D. A. Carson, *Becoming Conversant with the Emerging Church* (Grand Rapids, Zondervan, 2005). Libros importantes que incorporan elementos del posmodernismo a su fe cristiana son James K. A. Smith, *Who's Afraid of Postmodernism?* (Grand Rapids, Brazos, 2006); Stanley J. Grenz y John R. Franke, *Beyond Foundamentalism* (Louisville, John Knox, 2001); y John R. Franke, *The Character of Theology* (Grand Rapids, Baker, 2005).

4. Una excelente introducción a la epistemología moderna, dónde se equivocó y cómo solucionarlo, es Nelly James Clark, *Return to Reason*, Grand Rapids, Eerdmans, 1990.
5. Friedrich Schleiermacher, *The Christian Faith*, ed. H. R. Mackintosh y J. S. Stewart (2da. ed. en alemán, 1830, New Cork, Harper & Row, 1963), 1:12-18; e ídem, *On Religion, Speeches to Its Cultured Despisers*, trad. John Oman (New York, Harper & Row, 1958), pp. 218-19, 224-27, 239-44.
6. Charles Hodge, *Systematic Theology* (New York, Scribner, 1871; reimp. Grand Rapids, Eerdmans, 1946), 1:10-11, 50-60, 129; Benjamin B. Warfield, «Apologetics», en *The Works of Benjamín B. Warfield* (New York, Oxford University Press, 1932, reimp. Grand Rapids, Baker, 1981), 9:3-15; y Benjamin B. Warfield, «Introductory Note», en Francis Beattie, *Apologetics* (Richmond, Va., The Presbyterian Committee of Publication, 1903), 1:19-32. Hodges y Warfield no escribieron sobre este asunto de modo consistente. Sostuvieron que razón y evidencia deben establecer la autoridad de las Escrituras, pero también escribieron que las Escrituras contienen una autoridad inherente que se verifica a sí misma. Véase Mark A. Noll, ed., *The Princeton Theology*, 1812-1921 (1983, reimp. Grand Rapids, Baker, 2001), pp. 26-27, 132-34, 302-7.

   El método racional y empírico de Hodge y Warfield continúa siendo el modo en que la mayoría de los evangélicos defienden su fe. Ejemplos de esta aproximación a la apologética son Josh McDowell, *The New Evidence That Demands a Verdict: Fully Updated to Answer the Questions Challenging Christians Today* (Nashville, Nelson, 1999); y R. C. Sproul, John Gerstner, y Arthur Linsdsley, *Classical Apologetics* (Grand Rapids, Zondervan, 1984).
7. Algunos innovadores posmodernos también objetan la noción moderna de que la indiferencia lógica solo va en una dirección, de creencias fundacionales a menos ciertas. Prefieren pensar las creencias como una red interrelacionada más que como una estructura ordenada en la que una creencia se construye sobre otra. Véanse Grenz y Franke, *Beyond Foundationalism*, pp. 38-54; y John R. Franke, «Christian Faith and Postmodern Theory: Theology and the Nonfoundationalism Turn», en Penner, *Christianity and the Postmodern Turn*, pp. 105-21.
8. Smith, *Who's Afraid of Postmodernism?* pp. 34-42; Franke, «Christian Faith and Postmodern Theology», p. 108; Dave Tomlinson, *The Post-Evangelical*, Grand Rapids, Zondervan, 2003, pp. 102-4; y Brian McLaren y Duane Litfin, «Emergent Evangelism», *Christianity Today*, noviembre 2004, pp. 42-43.
9. El planteo posmoderno va más profundo que mi ejemplo, porque declara que aun el acto de observar el casquete de hielo derritiéndose, en tanto sea vista desde la única perspectiva del sujeto conocedor, es un acto que requiere interpretación. Cualquier par de personas observando el mismo

acto, seguramente no coincidan en algún punto de los hechos. Para un contra-argumento de que algunos actos de conocimiento no requieren interpretación, ver Smith, *Truth and the New Kind of Christian*, pp. 95-104; y R. Scott Smith, «Christian Postmodernism and the Linguistic Turn», en Penner, *Christianity and the Postmodern Turn*, pp. 53-69.

10. Kevin Vanhoozer, «Pilgrim's Digress: Christian Thinking on and about the Post/Modern Way», en Penner, *Christianity and the Postmodern Turn*, pp. 83-85, y Smith, *Who's Afraid of Postmodernism?* pp. 81-107.

11. Smith, *Who's Afraid of Postmodernism?* pp. 117-21; Merold Westphal, «Ontotheology, Metanarrative, Perspectivism, and the Gospel», en Penner, *Christianity and the Postmodern Turn*, p. 152; Esther Lightcap Meek, *Longing to Know* (Grand Rapids, Brazos, 2003), pp. 33-35; D. A. Carson, *Becoming Conversant with the Emerging Church*, pp. 105-15; and D. A. Carson, «Domesticating the Gospel: A Review of Grenz's Renewing the Center», en *Reclaiming the Center*, ed. Millard J. Erickson, Paul Kjoss Helseth, y Justin Taylor (Wheaton, Crossway, 2004), p. 46.

12. John D. Caputo, *On Religion*, New York, Routledge, 2001, p. 22: «Eso significa que quienes creen en ese Libro deben atenuar sus reclamos acerca de la Revelación que (creen que) han recibido, ya que es su interpretación que recibieron una revelación, en la que no todos concuerdan. Una revelación es una interpretación de lo que los creyentes creen que es una revelación, lo que significa que es una entrada rival más en el conflicto de las interpretaciones. Los creyentes, por consiguiente deben resistir el ser triunfalistas acerca de lo que creen, ya sea de modo personal o en su comunidad particular».

Ya sea que John Caputo quepa o no en la definición de innovador posmoderno, él y sus ideas son aceptados con entusiasmo por los líderes de este movimiento. Obsérvese cómo Brian McLaren, Tony Jones, y John Franke elogian su último libro escrito para una editorial evangélica, un libro en el cual Caputo declara que la Biblia se equivoca en lo que respecta a la homosexualidad, esclavitud y el trato a las mujeres. Véase John Caputo, *What Would Jesus Deconstruct?*, Grand Rapids, Baker, 2007, pp. 108-11.

13. John Franke, «The Nature of Theology: Culture, Language and Truth», en Penner, *Christianity and the Postmodern Turn*, p. 209. Compárese con Franke, *Character of Theology*, p. 75.

14. Merold Westphal, «Of Stories and Languages», en Penner, *Christianity and the Postmodern Turn*, p. 235 (énfasis mío). Si bien Westphal no es un innovador posmoderno, Franke utilizó su ilustración en su sermón titulado «Verdad» en la convención Emergent YS en Nashville, el 19 de mayo de 2005. Compárese con Caputo, *On Religion*, pp. 99-100.

La postura de Franke no es clara. En tanto declara justamente que «Dios se revela verdaderamente a través de los seres vivos que ha creado» («The Nature of Theology», p. 209, y *The Character of Theology*,

p. 75), también cita, aprobándola, la ilustración de Westphal de que la revelación se resume en desinformación. Más aun, la autodescripta «transición [de Franke] de una mirada de la verdad y el mundo realista a otra constructivista», de modo que «ninguna relación simple, de uno a uno, existe entre el lenguaje y el mundo, y por lo tanto, ninguna descripción lingüística puede servir para proveer una concepción objetiva del "mundo real"», implica lo mismo (Franke, «Christian Faith and Postmodern Theory», en *Christianity and the Postmodern Turn*, p. 108). Kevin Vanhoozer, «Disputing About Words», en *Christianity and the Postmodern Turn*, p. 198, declara que «Las implicaciones del construccionismo de Franke para el proyecto de interpretación bíblica, si se persiguen de modo consistente, son en mi opinión devastadoras de la autoridad bíblica».

La declaración de Franke y la ilustración de Westphal me recuerdan a la postura expresada por Cornelius Van Til, quien escribió en su introducción a *The Inspiration and Authority of the Bible*, por Benjamín B. Warfield (Filadelfia, Presbyterian and Reformed, 1948), p. 33: «Los protestantes también sostienen que las Escrituras son inteligibles. Esto no significa que pueden ser penetradas de modo exhaustivo por los hombres. Cuando el cristiano reformula el contenido de una revelación escritural en la forma de un "sistema", tal sistema se basa en, y por lo tanto es análogo al "sistema existencial" que Dios mismo posee. Estar basado en la revelación de Dios es, por un lado, totalmente cierto y, por otro lado, de ningún modo idéntico al contenido de la mente de Dios».

Gordon H. Clark correctamente responde en «Apologetics», en *Contemporary Evangelical Thought*, ed. Carl H. Henry (New York, Harper Channel, 1957), p. 159: «Ahora, si Dios conoce todas las verdades y sabe el significado correcto de cada proposición, y si ninguna preposición significa para los hombres lo que significa para Dios, de modo tal que el conocimiento de Dios y el del hombre no coinciden en la mínima conclusión, sigue por rigurosa necesidad que el hombre no puede tener ninguna verdad. Esta conclusión … socava todo el cristianismo».

15. Peter Rollins, *How (Not) to Speak of God*, Brewster, Mass., Paraclete, 2006, 32, 26 (énfasis suyo).
16. Ibíd., p. 44.
17. Samir Selmanovic, «The Sweet Problem of Inclusiveness», en Doug Pagitt y Tony Jones, eds., *An Emergent Manifesto of Hope*, Grand Rapids, Baker, 2007, p. 194. Compárese con Caputo, *On Religion*, pp. 110-14.
18. Para más detalles de los que tengo espacio para desarrollar aquí, véanse mis dos capítulos extra en *Heaven is a Place on Earth* en www.heavenisaplaceonearth.com.
19. Smith, *Who's Afraid of Postmodernism?* pp. 117-21.
20. C. S. Lewis, *Miracles: A Preliminary Study* (New York, Macmillan, 1978), pp. 12-24; C. S. Lewis, *Christian Reflections*, ed. Walter Hooper (1967,

reimp. Grand Rapids, Eerdmans, 1989), pp. 63-71; Victor Reppert, *C. S. Lewis's Dangerous Idea* (Downers Grove, Ill., InterVarsity, 2003); y la edición temática de *Philosophia Christi* 5, Nº 1 (2003): 8-184.

21. Alvin Platinga, «Justification and Theism», *Faith and Philosophy* 4 (1987), pp. 403-26; *Warrant and Proper Function* (New York, Oxford University Press, 1993) pp. 216-37; y *Warranted Christian Belief* (New York, Oxford, 2000), pp. 227-40. En «Justification and Theism», pp. 408-9, Platinga explica en detalle lo que quiere decir con «ambiente propicio». Expresa que si estamos en un ambiente no propicio para nuestras facultades cognitivas, como por ejemplo un planeta cerca de Alfa Centauri, entonces quizás lo que en ese mundo es un elefante, puede ser interpretado por nosotros como una trompeta sonando. En ese caso, estamos malinterpretando lo que en realidad está ocurriendo, no porque nuestras mentes funcionen mal, sino sencillamente porque no estamos operando en un ambiente propicio.

22. Esta aproximación no funcionará en todas las ocasiones. Algunas personas se enojarán al decirles que ya creen en Dios. Esto es esperable, porque Romanos 1:18 dice que las personas «obstruyen la verdad» acerca de Dios, y llamarles la atención sobre esta obstrucción puede incomodarlos. Por esto es mejor preguntar en lugar de decir a otros que creen en Dios. Haz la pregunta y observa si el Espíritu Santo les da la capacidad de superar su ceguera y aceptar lo que ya saben.

23. Juan Calvino, *Institución de la Religión Cristiana* 1.7.5, trad. y ed. Cipriano de Valera, 1597. Calvino incorporó esta definición de autoautentificación en su traducción francesa de Institución. No aparece en las ediciones en inglés, ya que fueron traducidas de la versión en latín de Institución. La versión francesa puede encontrarse en *Corpus Reformatorum*, en *Opera Quae Supersunt Omnia* vol. 59, ed. Guilielmus Baum, Eduardus Cunitz [et] Eduardus Reuss, Brunsvigae, C. A. Schwetschke et Filium, 1863-1900, reimp. New York, Johnson Reprint Corporation, 1964: 3:96.

24. Calvino, *Institución*, 1.7.2. Compárese con Platinga, *Warranted Christian Belief*, pp. 258-66; y James M. Grier, «The Apologetical value of the Self-Witness of Scripture», *Grace Theological Journal* 1, Primavera 1980, pp. 71-76.

25. Calvino, *Institución*, 1.7.4.

26. El fracaso de la búsqueda moderna de un método objetivo de conocimiento no elimina mi creencia en las Escrituras como una fuente y contenido de conocimiento objetivos. En otras palabras, de modo subjetivo pero verdadero sé que las Escrituras son una revelación objetiva de Dios (por ejemplo, se origina más allá de mí y de mi comunidad finita).

El hecho de que no necesito probar que la Biblia es la Palabra de Dios no significa que carezco de evidencias a su favor. Inmediatamente después de declarar que solo el testimonio del Espíritu Santo puede autenticar las Escrituras, Calvino cita una lista de razones por las que la Biblia es un libro único. En tanto ninguna cantidad de evidencia puede probar que la Biblia proviene de Dios, Calvino sostiene que los argumentos humanos son «ayudas muy útiles» para confirmar el estatus especial de las Escrituras (Calvino, *Institución* 1.8.1-13).

Puede que otras religiones también argumenten escuchar la voz de Dios en sus escrituras. Pero así como el conocer a alguien con un código ético diferente no me obliga a descartar mi propio criterio moral, de igual modo, el hecho de que otros argumenten poseer otros textos sagrados no invalida mi creencia en la Biblia.

27. Calvino, *Institución*, 1.13.1: «Pues, ¿qué hombre con un poco de entendimiento no comprende que Dios, por así decirlo, balbucea al hablar con nosotros, como las nodrizas con sus niños para igualarse a ellos? Por lo tanto, tales maneras de hablar no manifiestan en absoluto cómo es Dios en sí, sino que se acomodan a nuestra rudeza, para darnos algún conocimiento de Él; y esto la Escritura no puede hacerlo sin ponerse a nuestro nivel y, por lo tanto, muy por debajo de la majestad de Dios».

28. Vanhoozer, «Pilgrim´s Disgress», 88: «*El mundo está allí, con su carácter independiente y diferenciado, aunque indescriptiblemente apartado de las construcciones humanas, y solo accesible en forma parcial a cualquier teoría. Los realistas moderados insisten en que a pesar de que nuestro conocimiento del mundo es parcial, aun puede ser verdadero*» (énfasis de Vanhoozer).

Capítulo 11: ¿La Biblia es la verdadera Palabra de Dios?

1. Este argumento es similar al argumento en Nicholas Wolterstorff, *Divine Discourse*, Cambridge, Reino Unido, Cambridge University Press, 1995, pp. 51-54. En este importante y útil libro, Wolterstorff argumenta que gran parte de las Escrituras se reduce a «discurso humano divinamente apropiado». En lugar de iniciar la revelación, es probable que Dios solo haya aprobado lo que autores humanos ya habían escrito. Él reconoció que sus palabras expresaron lo que estaba en su corazón, y diciendo en efecto, «esto habla por mí», eligió incluir el trabajo de estos autores en su canon. Si bien esto provee una manera útil de pensar sobre la canonicidad (el porqué algunos libros y no otros están a la altura de las Escrituras), no le hace justicia al acto de la inspiración. Pablo declara que las Escrituras no solo son aprobadas por Dios, sino «inspiradas por Dios» (2 Ti. 3:16). Además, los cristianos conservadores creen que Dios escribió cartas y documentos con y a través de autores humanos (algo que Wolterstorff permite, pero no cree necesario), muchos de los cuales luego recogió y preservó para nosotros en el canon de las Escrituras.

2. Kart Barth negó que las Escrituras «en sí mismas y como tales» fueran revelación porque temía que las personas luego controlaran el hablar de Dios, abriendo la Biblia cuando quisieran escuchar a Dios y cerrándola cuando hubieran escuchado lo suficiente. Por lo tanto, para proteger la

libertad soberana de Dios, Barth insistió en que la Biblia solo deviene revelación para nosotros cuando Dios elige encontrarnos allí, en un encuentro subjetivo y personal. Véase Kart Barth, *Church Dogmatics* 1/1, cap. 1, §4.2-3, pp. 109-20. Si bien aprecio el énfasis de Barth en la trascendencia divina, considero que confunde revelación con iluminación. La Biblia continúa siendo revelación de Dios ya sea que nosotros la entendamos y encontremos a Dios allí, o no. Necesitamos la iluminación del Espíritu Santo para responder de modo correcto a las Escrituras, pero siguen siendo la revelación de Dios aunque esto no suceda.

3. Los cristianos conservadores creen que los autógrafos originales de las Escrituras estaban compuestos sin error y que nuestras copias actuales, a pesar de no ser perfectas, son los manuscritos mejor preservados en la historia del mundo.

4. John R. Franke, «Christian Faith and Postmodern Theory: Theology and the Nonfundationalist Turn», en Myron B. Penner, ed., *Christianity and the Postmodern Turn*, Grand Rapids, Brazos, 2005, pp. 108-12; Stanley J. Grenz y John R. Franke, *Beyond Foundationalism*, Louisville, John Knox, 2001, pp. 23-25, 29-54.

5. Grenz y Franke, *Beyond Foundationalism*, p. 65; compárense con pp. 24-25, 69, 114-15.

6. Ibíd., pp. 74-75 (énfasis suyo).

7. Ibíd., pp. 65, 68. Compárese con John Perry, «Dissolving the Inerrancy Debate: How Modern Philosophy Shaped the Evangelical View of Scripture», *Journal for Christian Theological Research* 6, Nº 3 (2001), §47: «En mucha de la filosofía moderna la autoridad de la Biblia descansa en el reconocimiento de la iglesia de que la Biblia es inspirada, y por lo tanto fidedigna». §48: «En breve, ¿cómo asegura uno (sin un fundamento indubitable) que la Biblia es interpretada fielmente? ... La iglesia evangélica debe estar dispuesta a reconocer que su lectura de las Escrituras es una actividad basada en la comunidad que encarna la historia en curso de una tradición de la iglesia». Online: http://apu.edu./~CTRF/articles/2001_articles/perry.html.

8. Grenz y Franke, *Beyond Foundationalism*, pp. 53-54.

9. John R. Franke, *The Character of Theology*, Grand Rapids, Baker, 2005, p. 78 (énfasis mío).

10. Grenz y Franke, *Beyond Foundationalism*, pp. 114-15. Compárese con Brian McLaren, *A New Kind of Christian*, San Francisco, Jossey-Bass, 2001, pp. 50-51.

11. Karl Raschke, *The Next Reformation: Why Evangelicals Must Embrace Postmodernity* (Grand Rapids, Baker, 2004), p. 135. Compárese con John Caputo, *What Would Jesus Deconstruct?* (Grand Rapids, Baker, 2007), p. 110: «No soy un idólatra. En la deconstrucción, las Escrituras son un archivo, no un principio fundamental (lo que quiere decir que no son Dios). Tomo el segundo mandamiento muy en serio y no establezco

dioses falsos, como libros (inerrancia bíblica) o el Vaticano (infalibilidad papal) antes que a Dios, quien es el "totalmente otro"».

12. Raschke, *Next Reformation*, pp. 121-43.

13. John Franke, «Generous Orthodoxy and a Changing World», en Brian McLaren, *A Generous Orthodoxy* (Grand Rapids, Zondervan, 2004), p. 11; McLaren, *A Generous Orthodoxy*, pp. 139, 164; Grenz y Franke, *Beyond Foundationalism*, pp. 32-35; Raschke, *Next Reformation*, pp. 140-41; Nancey Murphy, *Beyond Liberalism and Foundationalism: How Modern and Postmodern Philosophy Set the Theological Agenda* (Valley Forge, Pa., Trinity, 1996), pp. 1-35; y Perry «Dissolving the Inerrancy Debate», §10-12.

14. McLaren, *A New Kind of Christian*, p.53.

15. McLaren, *Generous Orthodoxy*, p. 164 (énfasis de McLaren).

16. Dave Tomlinson, *The Post-Evangelical*, Grand Rapids, Zondervan, 2003, p. 110.

17. Ibíd., p. 77.

18. Perry, «Dissolving the Inerrancy Debate», §10.

19. Lucas 6:17; Mateo 5:1.

20. Lucas 18:35-43; Mateo 20:29-34; Marcos 10:46-52.

21. Marcos 14:30, 72; Mateo 26:34, 74-75; Lucas 22:34, 60-62.

22. Norman L. Geisler y Thomas Howe, *When Critics Ask: A Popular Handbook on Bible Difficulties* (Grand Rapids, Baker, 1999), p. 388; Harold Lindsell, *The Battle for the Bible* (Grand Rapids, Zondervan, 1976), p. 175.

23. R. Albert Mohler Jr., «Truth and Contemporary Culture», en Andreas Köstenberg, *Whatever Happened to Truth?*, Wheaton, Crossway, 2005, p. 71; Kevin J. Vanhoozer, «Lost in Interpretation? Truth, Scripture, and Hermeneutics», en Köstenberg, *Whatever Happened to Truth?*, pp. 111-12, 119, 122-24.

24. Los historiadores conservadores argumentan de forma persuasiva que si bien los primeros cristianos no usaban las mismas palabras que los conservadores modernos (porque no luchaban con asuntos modernos), aun así creían que la Biblia es sin error. Por ejemplo, véanse Carl F. H. Henry, *God, Revelation and Authority* (Waco, Tex., Word, 1979), 4:368-84; y los ensayos en John D. Hannah, ed., *Inerrancy and the Church* (Chicago, Moody, 1984).

25. Segunda Confesión Bautista de Londres (1677, 1689), cap. 1.1. Véase William L. Lumpkin, *Baptist Confessions of Faith* (Chicago, Judson, 1959), p. 248.

26. «A Short Statement of the Chicago Statement on Biblical Inerrancy», 4, en Norman L. Geiler, ed., *Inerrancy* (Grand Rapids, Zondervan, 1979), p. 494.

27. Alvin Platinga, «Reason and Belief in God», en *Faith and Rationality*, ed. Alvin Platinga y Nicholas Woltersdorff (Notre Dame, University

of Notre Dame Press, 1983), pp. 16-93; y Alvin Platinga, *Warranted Christian Belief* (New York, Oxford University Press, 2000), pp. 81-85, 93-99, 167-98, 241-323; Kelly James Clark, *Return to Reason* (Grand Rapids, Eerdmans, 1990), pp. 132-58; Grenz y Granke, *Beyond Foundationalism*, pp. 47-49; y R. Scott Smith, «Postmodernism and the Priority of the Language-World Relation», en Penner, *Christianity and the Postmodern Turn*, p. 175.

28. El fundacionalismo débil es la postura sostenida por la epistemología reformada, un método popular de apologética entre los cristianos posmodernos. Véanse Platinga y Wolterstorff, eds., *Faith and Rationality*; Platinga, *Warranted Christian Belief*; y Clark, *Return to Reason*.

29. David Wells, *Above All Earthly Powers*, Grand Rapids, Eerdmans, 2005, p. 83, discute la propuesta de Grenz y Franke: «La autoridad, por lo tanto, yace con el Espíritu que habla en lugar de con la Palabra bíblica que inspira; este es el viejo pietismo cuyo tendón de Aquiles lo hizo vulnerable al viejo liberalismo. En hermenéutica, esto es protestantismo orientándose hacia el catolicismo. De todos modos, dado su marco posmoderno, con su referencia más particular que las verdades universales del catolicismo tradicional, este trabajo hermenéutico puede ser vulnerable al relativismo de comunidades locales en tanto definen la verdad por sí mismos ... Dudo que esta dirección pueda sostenerse sin costo para la ortodoxia histórica». Compárense con Kevin J. Vanhoozer, *The Drama of Doctrine* (Louisville, Westminster John Knox, 2005), pp. 182, 294; y Kevin J. Vanhoozer, «Disputing about Words? Of Fallible Foundations and Modest Metanarratives», en Penner, *Christianity and the Postmodern Turn*, pp. 197-99.

30. Grenz y Franke, *Beyond Foundationalism*, p. 162. Compárese con Franke, «Christian Faith and Postmodern Theory», pp. 114-15.

31. Kevin Vanhoozer objeta que más allá de carecer de respaldo bíblico, la idea de que el Espíritu habla de modo fidedigno a través de la cultura humana causa una confusión teológica. El trabajo de revelación del Espíritu está atado de modo inextricable a Jesús y las Escrituras (Juan 14:26; 16:13). Él escribe, «El Espíritu ministra la Palabra (la cual es verdad y vida), nada más. Como tal, el Espíritu es ejecutor de la Palabra viviente y la palabra escrita». Véase Vanhoozer, «Disputing About Words?», pp. 198-99.

Roger Olson, *Reformed and Always Reforming* (Grand Rapids, Baker, 2007), pp. 113-14, reconoce que la creencia de Franke de que el Espíritu habla de modo fidedigno a través de la cultura, abre la puerta «a un nuevo tipo de relativismo». De todos modos, Olson dice que Franke, «no camina a través de la puerta» por su énfasis en la continuidad con la tradición de la iglesia.

32. Contra McLaren, *Generous Orthodoxy*, pp. 133-34, que implica que nuestras interpretaciones falibles socavan la autoridad de las Escrituras.

Respondo que las Escrituras permanecen como la Palabra fidedigna de Dios, ya sea que las entienda de modo correcto, o no.

33. Efesios 2:20.

34. John Perry, «Dissolving the Inerrancy Debate», §26-28; Robert C. Creer, *Mapping Postmodernism*, Downers Grove, Ill., InterVarsity, 2003, pp. 38, 81-85.

35. McLaren, *The Last Word and the Word after That* (San Francisco, Jossey-Bass, 2005), p. 111: El pastor Dan dice, «Creo que la Palabra de Dios es inerrante, pero no creo que la Biblia sea absolutamente equivalente a la frase "la Palabra de Dios" como se usa en la Biblia … Preferiría usar el término *inherencia* para describir mi visión de las Escrituras: La Palabra *inerrante* de Dios es *inherente* a la Biblia». Kart Barth dijo que las Escrituras son parte de la triple Palabra de Dios (Jesús, las Escrituras y la proclamación), pero solo en tanto testifica de la Palabra primaria de Dios en Jesucristo. Él sostuvo que las Escrituras en sí mismas y como tales no son la Palabra de Dios, pero se convierten en ella solo cuando Dios nos encuentra allí, en un encuentro subjetivo de revelación. Barth escribió: «La Biblia es la Palabra de Dios hasta el punto en que Dios la hace ser su Palabra, hasta el punto en que habla a través de ella» y «La Biblia, entonces, se convierte en la Palabra de Dios en este hecho, y en la afirmación de que la Biblia es la Palabra de Dios, la pequeña palabra "es" se refiere a su ser en este convertirse. No se convierte en la Palabra de Dios porque lo concedamos por fe, sino en el hecho de que se convierte en revelación para nosotros» (*Church Dogmatics*, 1/1, §2, pp. 109, 110).

36. Van A. Harvey, *The Historian and the Believer*, New York, Macmillan, 1966, pp. 4, 169. Estos estándares modernos aún son aplicables a nuestro mundo posmoderno, como lo evidencia el escándalo que surge cuando resulta que pretendidas historias incluyen falsedades (por ej., note las controversias que rodean el informe inventado de Jayson Blair para el *New York Times* y la biografía revisionista de James Frey, *A Million Little Pieces*).

37. Lucas 5:27-32; Mateo 9:9-13.

38. Lucas 4:9-13; Mateo 4:8-11.

39. Mateo 28:18.

40. El corazón de Lucas (caps. 10-19) registra el viaje de Jesús a Jerusalén. El viaje comienza cuando «Jesús se hizo el firme propósito de ir a Jerusalén» (Lucas 9:51), y culmina con su muerte y resurrección.

41. «De Dios» y las demás expresiones aparecen en otras partes de los escritos de Lucas (Lc 2:26; 23:35; Hch 3:18; 4:26), e «Hijo de Dios», suele encontrarse en el Evangelio de Mateo (Mt 3:17; 4:3; 14:33; 27:54).

42. Daniel P. Fuller, «The Nature of Biblical Inerrancy», *Journal of the American Scientific Affiliation* (junio 1972), pp. 47-51; y «Benjamin B. Warfield's View of Faith and History», *Bulletin of the Evangelical Theological Society* 11, Nº 2 (primavera 1968), pp. 75-83. Compárese con George Marsden, *Reforming Fundamentalism*, Grand Rapids,

Eerdmans, 1987, pp. 211-19.

43. Josué 10:12-14. La gente moderna aún habla en tales términos fenome-nológicos, como los meteorólogos se refieren a la salida y la puesta del sol aunque nadie cree que el sol salga y se ponga.

44. Mateo 13:31-32; Marcos 4:31-32.

45. Mateo 24:2. La profecía bíblica suele usar la hipérbola y las denuncias estereotípicas para advertir acerca del juicio inminente. Las profecías que prometen una hambruna total, infertilidad, y desolación no quieren decir que no sobrevivirá absolutamente ninguna cosecha, niño o riqueza. Al corroborar la precisión de una profecía bíblica, debemos preguntarnos qué quiso decir el profeta. Si no tenía intenciones de ser tomado literalmente hasta el último detalle, entonces su profecía no es falsa aunque algunos de sus detalles no se hagan realidad. Véase D. Brent Sandy, *Plowshares and Pruning Hooks* (Downers Grove, Ill., InterVarsity, 2002), y D. Brent Sandy, «The Inerrancy of Illocution», presentado en la reunión anual de la Sociedad Teológica Evangélica (San Antonio, noviembre 2004).

46. El hecho de que Génesis 1-2:3 no sea necesariamente un informe cien-tífico es aparente en su estructura literaria. Génesis 1:2 provee la oración del tema cuando declara que «la tierra era un caos total». El resto del capítulo explica cómo soluciona Dios este problema, creando formas en los tres primeros días y luego llenando esos espacios en los tres últimos días. Esto explica por qué la luz precede al sol, porque la luz del día 1 es el espacio llenado por el sol, la luna y las estrellas en el día 4.

47. Debo esta comprensión a mi colega David Kennedy.

48. 2 Timoteo 3:16; 2 Pedro 1:21.

49. Benjamin B. Warfield, «The Biblical Idea of Revelation», en *The Inspiration and Authority of the Bible*, ed. Samuel G. Craig, Philipsburg, N.J., Presbyterian & Reformed, 1948, pp. 155-56. Compárese con p. 91: «Lo que los profetas están solícitos de que entiendan sus lectores es de que bajo ningún concepto son co-autores con Dios de sus mensajes. Sus mensajes les son dados, les son dados enteros, y del modo preciso en que son anunciados por ellos. Dios habla a través de ellos: ellos no son simplemente sus mensajeros, sino "su boca"».

50. Lucas 1:3; Romanos 16:3-16.

51. 1 Corintios 10:31; Mateo 22:36; 14:30; Salmo 106:2.

52. David K. Clark, «Beyond Inerrancy: Speech Acts and an Evangelical View of Scripture», en *For Faith and Clarity: Philosophical Contributions to Christian Theology*, ed. James K. Beilby (Grand Rapids, Baker, 2006), pp. 113-31; Nicholas Wolterstorff, «True Words», y Stephen T. Davis, «What Do We Mean When We Say "The Bible Is True"», en *But Is It All True?* ed. Alan G. Padgett y Patrick R. Keifert (Grand Rapids, Eerdmans, 2006), pp. 34-43, 86-103.

53. Leslie Newbigin, *Proper Confidence*, Grand Rapids, Eerdmans, 1995, pp. 54-55, 71-78, 98-100; Greer, Mapping Postmodernism, pp. 82-85.

54. Muchos cristianos se las arreglan para tener fe en Dios sin sostener la inerrancia. Sugieren que cualquier libro escrito por seres humanos caídos está destinado a contener errores y que las equivocaciones en un área no evitan que otras partes sean verdaderas. Es justo. Pero descartan con demasiada facilidad el argumento de que incluso un error en las Escrituras indicaría que la Biblia no fue escrita por Dios, lo que luego arroja dudas sobre su estatus como revelación y la fiabilidad de sus promesas.

Capítulo 12: El futuro supera al pasado

1. Diana Butler Bass, «Believing the Resurrection», en God's Politics: A Blog by Jim Wallis and Friends, abril 4, 2007 (énfasis mío), www.beliefnet.com/blogs/godpolitics/2007/04/diana-butler-bass-believing.html.
2. Alfred H. Ackley, *He lives*. © Homer A. Rodeheaver, 1933; renovada por The Rodeheaver Co., 1961.
3. Brian McLaren, *A Generous Orthodoxy* (Grand Rapids, Zondervan, 2004), p. 131. Compárense con p. 140; y Brian McLaren, *A New Kind of Christian* (San Francisco, Jossey-Bass, 2001), ix-x; Stanley J. Grenz, *Renewing the Center* (Grand Rapids, Baker, 2000), pp. 325-31; John R. Franke, *The Character of Theology* (Grand Rapids, Baker, 2005), pp. 38-40; y «Generous Orthodoxy and a Changing World», en McLaren, *Generous Orthodoxy*, pp. 10-11; y Nancey Murphy, *Beyond Liberalism and Fundamentalism* (Filadelfia, Trinity Press International, 1996), p. 1.
4. H. Richard Niebuhr sostenía esta postura. Véase Michael Wittmer, «Analysis and Critique of "Christ the Transformer of Culture" in the Thought of H. Richard Niebhur» (tésis para optar al grado de Ph. D., Seminario teológico Calvin, 2000), pp. 158-69.
5. Immanuel Kant, *La religión dentro de los límites de la mera razón*, trad. Theodore M. Greene y Hoyt H. Hudson (New York, Harper Torchbooks, 1960), pp. 54-57, 66-68, 97-107, 182-88 (de esta edición en inglés).
6. James C. Livingston, *Modern Christian Thought*, 2da. ed., 1997; reimp. Minneapolis, Fortress, 2006, 1:270-98.
7. Walter Rauschenbusch, *A Theology for the Social Gospel*, 1945; reimp. Nashville, Abingdon, 1978, pp. 1-5, 34-36, 96-108, 119, 131, 220-38, 245-74.
8. J. Gresham Machen, *Christianity and Liberalism*, 1923, reimp. Grand Rapids, Eerdmans, 1994, p. 7.
9. Ibíd., p. 160.
10. Ibíd., p. 1: «Hay muchos que prefieren pelear sus batallas intelectuales en lo que el Dr. Francis L. Patton bien ha denominado una "condición de baja visibilidad". Esta definición clara de términos en asuntos religiosos, que enfrenta de modo audaz las implicaciones lógicas de posturas religiosas, muchas personas la consideran como un procedimiento impío».
11. Martin Gardner, *The Flight of Peter Fromm*, 1973, reimp. Amherst, N.Y.,

Prometheus, 1994, p. 204. Compárese con Machen, *Christianity and Liberalism*, pp. 111-12, 165.

12. Edward Dobson, *In Search of Unity*, Nashville, Nelson, 1985, pp. 37-40. Véase *The Fundamentals*, 12 volúmenes, ed. R. A. Torrey, A. C. Dixon, et al., 1910-15, reimp., Grand Rapids, Eerdmans, 1991, 1.

13. George W. Dollar, *A History of Fundamentalism in America*, Greenville, S.C., Bob Jones University Press, 1973, 2da. ed., publicada por el autor, 1983, vi (énfasis mío).

14. Joel A. Carpenter, *Revive Us Again* (New York, Oxford University Press, 1997), p. 66; George Marsden, *Understanding Fundamentalism and Evangelicalism* (Grand Rapids, Eerdmans, 1991), p. 1.

15. Carpenter, *Revive Us Again*; Marsden, *Understanding Fundamentalism and Evangelicalism*, *Reforming Fundamentalism*, y *Fundamentalism and American Culture* (New York, Oxford University Press, 1980).

16. Cal Thomas y Ed Dobson, *Blinded by Might: Can the Religious Right Save America?*, Grand Rapids, Zondervan, 1999; y Jim Wallis, *God's Politics: Why the Right Gets it Wrong and the Left Doesn't Get It*, San Francisco, HarperSanFrancisco, 2005.

17. Conozca más acerca del posliberalismo en George Hunsinger, «Postliberal Theology», en *The Cambridge Companion to Postmodern Theology*, ed. Kevin J. Vanhoozer (New York, Cambridge University Press, 2003), pp. 42-57; Timothy R. Phillips y Dennis L. Okholm, ed., *The Nature of Confession* (Downers Grove, Ill., InterVarsity, 1996); George A. Lindbeck, *The Nature of Doctrine* (Filadelfia, Westminster, 1984); Franke, *Character of Theology*, pp. 28-40.

18. Lindbeck, *Nature of Doctrine*, pp. 33, 80. La principal analogía de Lindbeck es el lenguaje, las reglas del cual son reconocidas de modo intuitivo por los hablantes nativos. Prefiero su menos usada analogía del deporte, porque comunica con más facilidad su idea central.

19. Ibíd., pp. 47-52: Lindbeck sostiene que las mejores religiones son aquellas cuyas doctrinas o reglas de juego son las más adecuadas en darle sentido al mundo.

20. Ibíd., p. 54; compárese con pp. 40-42, 46-69.

21. Hans Frei, «Response to "Narrative Theology: An Evangelical Proposal"», en *Theology and Narrative: Selected Essays*, ed. George Hunsinger y William C. Placher, New York, Oxford University Press, 1993, pp. 207-8. Frei escribió que «necesitamos un tipo de ortodoxia generosa que debería contener un elemento de liberalismo (una voz como la de the Christian Century), y un elemento del evangelismo (la voz de Christianity Today)». Compárense con Franke, *Character of Theology*, p. 9 y McLaren, *Generous Orthodoxy*, pp. 131-43, para ejemplos de posconservadores encontrando terreno común con posliberales.

Se discute la cuestión del relativismo en el posliberalismo en Phillips y Okholm, *Nature of Confesión*, pp. 35-41, 71-80, 110-14. Lindbeck no quiere comprometerse con ninguna de estas dos posturas sobre este asunto. Escribe en *Nature of Doctrine*, pp. 68-69, que «No hay nada en la aproximación cultural-lingüística [su postura] que requiera el rechazo (o la aceptación) del realismo epistemológico y la correspondiente teoría de la verdad...» De todos modos, agrega que las doctrinas son «preposiciones de segundo orden más que de primer orden y no afirman nada acerca de la realidad extra-lingüística o extra-humana. Para una teoría de las reglas, en síntesis, las doctrinas como doctrinas no son preposiciones de primer orden, pero son para ser construidas como de segundo orden: hacen reclamos de la verdad... intrasistemáticos más que ontológicos» (80).

22. La descripción más comprensiva de la teología posmoderna es Roger Olson, *Reformed and Always Reforming*, Grand Rapids, Baker, 2007. Olson declara que el posconservadurismo incluye a Brian McLaren, John Franke, Stanley Grenz, y Leron Shults (pp. 17, 28, 155). Compárese con Franke, *Character of Theology*, pp. 28-40.

23. Mi crítica lleva a cabo la predicción de Franke, «Irónicamente, una de las críticas generales de los liberales a los posliberales sería que han devenido demasiado conservadores, en tanto los conservadores acusarán a los posmodernos de ser demasiado liberales» (Franke, *Character of Theology*, p. 39).

24. Mateo 10:37; compárese con Lucas 14:26.

25. Samir Selmanovic, «The Sweet Problem of Inclusiveness», en Doug Pagitt y Tony Jones, eds., *An Emergent Manifesto of Hope*, Grand Rapids, Baker, 2007, pp. 190-92 (énfasis mío). Para otros autores que sugieren, en menor grado, que importa más que vivamos como Jesús a que creamos en él, véanse pp. 43-45, 56, 100-102.

26. Digo «la mayoría» de los innovadores posmodernos porque, además de las conversaciones privadas con otros innovadores posmodernos que no divulgaré, John Caputo tiene reservas respecto de la revelación y las Escrituras y Spencer Burke es un panteísta profeso, lo que lógicamente disminuirá la deidad de Jesús y su poder de obrar milagros. Véanse John Caputo, *On Religion* (New York, Routledge, 2001), p. 22, y John Caputo, *What World Jesus Deconstruct?* (Grand Rapids, Baker, 2007), pp. 104-12; Spencer Burke y Barry Taylor, *A Heretic's Guide to Eternity* (San Francisco, Jossey-Bass, 2006), p. 195.

27. Machen, *Christianity and Liberalism*, pp. 19, 160.

28. Ibíd., pp. 160, 81 (el primer énfasis es mío, el segundo es de Machen).

29. Ibíd., pp. 64, 66, 68 (énfasis mío)

30. Ibíd., pp. 125, 129-32.

31. Ibíd., pp. 129, 131, 132 (énfasis de Machen).

32. Ibíd., pp. 157-58.

33. Ibíd., pp. 122-23.

34. Ibíd., pp. 147-48, 149.

35. Ibíd., pp. 151, 152 (énfasis de Machen).

36. Ibíd., p. 155.

37. Olson, *Reformed and Always Reforming*, p. 12: «Los posconservadores de modo enfático no se consideran parte de la "izquierda evangélica". Para ellos, tanto la "izquierda" como la "derecha" en teología son definidas por el iluminismo y la modernidad, los cuales son cada vez más desafiados y marginados por la posmodernidad». Véanse también John Franke, «Generous Orthodoxy and a Changing World», en McLaren, *Generous Orthodoxy*, p. 11; y Tony Jones, *The New Christians* (San Francisco, Jossey-Bass, 2008), pp. 18-22.

38. 1 Corintios 15:32.

39. Gardner, *Flight of Peter Fromm*, pp. 18-27, 36-41, 96-104, 208, 225, 243-53, 273, y 278. El autor dice en el epílogo que el libro es semi-autobiográfico y que muchos lectores iniciales creyeron que era una historia verídica. Además, lejos de ser una calumnia conservadora, esta es una historia realista escrita desde una perspectiva comprensiva y liberal.

40. Véanse pp. 56-58.

41. Jonathan Edwards, *The Religious Affections*, 1746, reimp. Carlisle, Pa., Banner of Truth Trust, 1997, p. 332.

42. Santiago 2:17-26.

43. Romanos 4:2.

44. 1 Juan 3:23.

Epílogo

1. Josué 24:14.

2. 2 Corintios 10:5.

3. Hechos 17:23, 30-31.

PREGUNTAS PARA LA DISCUSIÓN

Capítulo 1: Un nuevo tipo de cristiano

1. ¿De qué manera aumentaron tu comprensión de Dios y del evangelio los recientes cambios sociales y mundiales?

2. ¿Qué cambios mundiales y sociales recientes presentan desafíos para el evangelio? ¿En qué circunstancias los cristianos se ven tentados a comprometer su fe para poder integrarse con otros?

3. ¿Te describirías a ti mismo como moderno o posmoderno? ¿Y a nuestra cultura? ¿Hay aspectos de tu vida y nuestro mundo más posmodernos que otros?

Capítulo 2: ¿Debes creer algo para ser salvo?

1. ¿Qué consideras que debe creer una persona para ser salva? ¿Qué no debe rechazar? ¿Qué más debería creer todo cristiano?

2. ¿Cuál es la relación entre creencia y ética? ¿Nuestras creencias determinan como vivimos o nuestro modo de vivir determina lo que creemos?

3. Explica el significado de Juan 6:28-29 en lo referido al rol de las creencias y la ética:

   —¿Qué tenemos que hacer para realizar las obras que Dios exige? —le preguntaron.

   —Ésta es la obra de Dios: que crean en aquel a quien él envió —les respondió Jesús».

4. Explica el significado de Santiago 2:14-26 en lo referido al rol de las creencias y la ética: «Pues como el cuerpo sin el espíritu está muerto, así también la fe sin obras está muerta» (v. 26).

Capítulo 3: ¿Las creencias correctas obstaculizan las buenas obras?

1. ¿Cómo explicarías que Jesús es el único camino a Dios sin parecer arrogante o crítico?

2. Todos marcan límites en algún lugar. Más allá de su deseo de ser inclusivos, ¿qué fronteras establecen los innovadores posmodernos?

3. ¿Por qué el matrimonio (Gn 1:27) y la iglesia (Jn 17:20-23) deberían proveer las mejores oportunidades para imitar el amor de auto-entrega de la Trinidad?

Capítulo 4: ¿La gente es por lo general buena o básicamente mala?

1. ¿Dónde te ubicarías, en una escala del uno al diez, siendo uno maldad pura y diez completa bondad? ¿Un solo número puede expresar tu estatus de criatura caída? ¿Por qué sí o por qué no?

2. ¿Crees que es posible hacer un acto enteramente bueno? De ser así, ¿cuáles son algunos de los tuyos? Si no, ¿cuándo estuviste más cerca?

3. Este capítulo describe la moralidad en términos negativos: somos simplemente morales cuando no dañamos a otros. ¿Pero la moralidad requiere que a veces también hagamos algo por alguien? Pista: piensa en el rol de los padres, presidentes, y otros líderes. Observa que estas acciones positivas también pueden expresarse en términos negativos. Por ejemplo, los padres están moralmente obligados a… porque si no lo hacen, están violando el derecho de su hijo a…

Capítulo 5: ¿Quiénes son peores: los homosexuales o los intolerantes que los persiguen?

1. ¿Hay pecados peores que otros? ¿Con qué criterio juzgarías eso?

2. ¿Cómo puedes amar a las personas sin aprobar lo que hacen? ¿Qué pasos prácticos puede dar la iglesia para alcanzar a los homosexuales?

3. ¿Debería permitírsele el casamiento a los homosexuales? ¿Y la unión civil? ¿Por qué sí o por qué no?

Capítulo 6: ¿La cruz es abuso divino del Hijo?

1. ¿Puede alguien ser salvo sin un entendimiento básico de que Jesús sufrió en la cruz el castigo de sus pecados?

2. ¿Cuál es el aspecto más importante de la expiación de Cristo: que satisfizo la ira de su Padre; que venció al pecado, la muerte y al diablo; o que nos dejó un ejemplo de amor? ¿Qué perdemos si olvidamos algo de esto?

3. ¿En qué contribuyen a nuestra expiación la vida terrenal de Jesús y su resurrección corporal? ¿Qué tan esencial es que sea tanto Dios como hombre?

Capítulo 7: ¿Puedes pertenecer antes de creer?

1. ¿Cómo debería una iglesia mantener una distinción entre cristianos y no cristianos, al mismo tiempo que acoge con agrado a estos últimos?
2. ¿Deberíamos bautizar a los nuevos conversos inmediatamente después de su profesión de fe, o esperar hasta que hayan aprendido más acerca de la religión a la que desean unirse?
3. ¿Los no cristianos se están dirigiendo en la dirección correcta, o necesitan convertirse? ¿Están buscando a Dios o reprimiendo su conocimiento de él (Ro. 1:18-23)? ¿Hasta qué punto varía la respuesta entre una persona y otra?

Capítulo 8: ¿El reino de Dios incluye a no cristianos?

1. ¿Dónde te ubicarías, en una escala del uno al diez, siendo el uno exclusivismo duro, el cinco significando inclusivismo y el diez representando universalismo? Defiende tu posición.
2. ¿Los musulmanes, judíos y cristianos adoran al mismo Dios?
3. ¿Qué impacto concreto (para bien o para mal) sobre el evangelismo y las misiones debería tener el creer en un evangelio inclusivo?

Capítulo 9: ¿El infierno es real y para siempre?

1. ¿Tu iglesia habla mucho o poco acerca del infierno? ¿Por qué crees que es eso?
2. ¿Crees que hay diversos grados de castigo en el infierno? ¿Por qué sí o por qué no?
3. ¿El conocimiento del infierno, y saber que tus seres queridos están sufriendo allí, arruinaría los placeres del cielo?

Capítulo 10: ¿Es posible saber algo?

1. ¿Cuál es tu creencia o creencias fundacionales? ¿Cómo justificas comenzar por ellas?
2. ¿Qué pasaría si alguien te dice que no cree en Dios o la Biblia?

¿Es posible alcanzar un terreno común para continuar la conversación, o simplemente debemos estar de acuerdo en no estar de acuerdo?

3. ¿Argumentarías que el intento moderno de fundamentar el conocimiento en la razón y la experiencia es en realidad un salto de fe más amplio que fundar nuestras creencias en la existencia de Dios y su revelación en las Escrituras? De ser así, ¿cómo?

Capítulo 11: ¿La Biblia es la verdadera Palabra de Dios?

1. ¿Es importante atribuirle igual autoridad a la Palabra y al Espíritu? ¿Por qué sí o por qué no? ¿Qué problemas surgen si elevamos uno por sobre el otro?

2. ¿Dios nos habla también fuera de las Escrituras (por ej.: mediante sueños, consejos de otros, dictados de conciencia o sensaciones)? ¿Cuáles son los beneficios y riesgos de alegar que lo hace de estas formas?

3. A pesar de que parece necesario insistir en la inerrancia de la Biblia, ¿cómo podría nuestra preocupación por proteger su veracidad distraernos de su objetivo más amplio de transformación espiritual? ¿Cómo podemos defender las doctrinas fundacionales que necesitan protección sin perder de vista la escena mayor?

Capítulo 12: El futuro supera al pasado

1. En lugar de cantar «él vive en mi corazón», ¿cómo podríamos respaldar mejor nuestro alegato de que Jesús está vivo?

2. Si bien no queremos estar en ningún extremo, ¿es peor ser un fundamentalista combativo o un liberal amoroso?

3. ¿Cómo podemos trascender mejor la controversia liberal-conservadora del mundo moderno y lograr una auténtica fe cristiana posmoderna?

ESTUDIO DE CASOS

Capítulo 1: Un nuevo tipo de cristiano

1. Entablas una conversación con tu compañero de asiento en un vuelo transatlántico. Cuando el diálogo deriva en los acontecimientos mundiales, tu nuevo amigo afirma que la religión es la principal causa de la mayoría de las guerras mundiales. Él afirma que si solo reconociéramos que ninguna religión es necesariamente mejor que otra, entonces podríamos estar de acuerdo en disentir, y así vivir en paz. ¿Cómo le responderías?

2. Durante una reunión de la comisión de evangelización de tu iglesia, uno de sus miembros más conservadores declara con entusiasmo que dado que el significado de la Biblia nunca cambia, nuestro único trabajo es encontrar el mejor método para comunicar ese mensaje inalterable a nuestra cultura contemporánea. Tras haber leído el capítulo 1, ¿cómo matizarías esa declaración?

Capítulo 2: ¿Debes creer algo para ser salvo?

1. Conoces a una mujer llamada Carla en una fiesta, y luego de diez minutos de conversación le preguntas si usa su collar con una cruz porque es cristiana. Carla te responde que prefiere no catalogar a la gente, pero que sí cree que Jesús murió por los pecados del mundo y que si da lo mejor de sí para obedecerle, irá al cielo. ¿Qué preguntas de seguimiento le harías para saber si Carla es cristiana?

2. Rick es un líder de tu iglesia y propietario de un negocio. Recientemente, algunos de sus empleados han reclamado que Rick rompió su promesa de aumentarles los sueldos conforme a los estándares de la industria. Al preguntarle a Rick si esto era cierto, te insultó y recomendó meterte en tus propios asuntos. ¿Qué acciones de seguimiento harías para discernir si Rick es cristiano?

3. ¿Qué persona, Rick o Carla, es menos probable que sea un cristiano genuino? ¿Qué persona recibiría la reprimenda más severa de parte de Jesús?

Capítulo 3: ¿Las creencias correctas obstaculizan las buenas obras?

1. Ann Coulter provocó un revuelo nacional cuando en un programa de televisión le dijo a un anfitrión que los cristianos creen ser «judíos perfeccionados». ¿Es esta la mejor manera de expresar públicamente la actitud cristiana frente a otra religión? ¿Cómo le explicarías de modo exacto pero amoroso la diferencia entre judaísmo y cristianismo?

2. Se te ha pedido liderar un pequeño grupo de estudio bíblico que incluye un gran número de conservadores modernos y unos pocos innovadores posmodernos más jóvenes. ¿Qué temas o asuntos enfatizarías en este grupo mixto la reunión de apertura? ¿Qué dos o tres puntos aclararías al comenzar tu estudio?

Capítulo 4: ¿La gente es por lo general buena o básicamente mala?

1. Una postura sostiene que un hombre que abusó y luego asesinó a un niño debería morir por su crimen. Otra, declara que es un ser humano cuya valiosa vida debería estar protegida. ¿De qué modo el contenido de este capítulo ayuda a resolver estos dos puntos de vista? ¿Hay algún modo de argumentar a favor o en contra de la pena capital que honre la verdad de que somos a la vez creados y caídos?

2. Tu tienes una amiga budista inmigrante de Tailandia. Cuando le preguntas si está interesada en aprender más acerca de tu fe cristiana, te responde que ya tiene una familia amorosa y una buena vida. No cree que tú o tus otros amigos cristianos tengan algo que ella no tenga, por lo cual no encuentra motivos para convertirse al cristianismo. ¿Qué le dirías?

Capítulo 5: ¿Quiénes son peores: los homosexuales o los intolerantes que los persiguen?

1. Un viejo amigo de tu grupo de jóvenes de la iglesia envía un correo electrónico con copia a varios destinatarios anunciando que es homosexual. ¿Cómo responderías?

2. Una persona golpea la puerta de tu casa para pedir tu firma en apoyo de una propuesta para prohibir la discriminación contra

los homosexuales. Cuando le preguntas a que tipo de discriminación se refiere, te contesta «lo usual: vivienda, empleo, cobertura médica, matrimonio y demás». ¿Firmarías?

Capítulo 6: ¿La cruz es abuso divino del Hijo?

1. Una de las alumnas del primer ciclo de secundaria de tu programa extracurricular menciona que cree ser cristiana y que le gustaría bautizarse. Cuando le preguntas acerca de su fe, descubres que no puede explicar con claridad el modo en que Jesús cargó con la pena por sus pecados, pero se muestra entusiasta en unirse a la batalla de Jesús contra el pecado y Satanás. ¿La bautizarías?

2. El musulmán que estás entrevistando para tu clase de religiones del mundo te informa que dado que Dios no puede morir, es imposible creer que Jesús (si es Dios, como tú afirmas) haya muerto realmente en la cruz. Él concluye que la postura musulmana de que los judíos crucificaron a Judas por error honra más a Jesús que la creencia cristiana. ¿Tú qué dirías?

Capítulo 7: ¿Puedes pertenecer antes de creer?

1. Un grupo de la iglesia, formado por algunos amigos tuyos, ha decidido no participar durante el verano del tradicional servicio de adoración de los domingos, para tratar de hacerse amigo de los muchachos que no asisten a la iglesia, quienes juegan en las ligas de fútbol los domingos por la mañana. ¿Te unirías a ellos?

2. Tú eres pastor, y parejas no cristianas que quieren casarse por iglesia suelen preguntarte si pueden casarse en tu iglesia. También te preguntan si tú podrías oficiar la ceremonia. ¿Cuál es tu política y por qué?

Capítulo 8: ¿El reino de Dios incluye a no cristianos?

1. En el funeral del padre de tu amigo musulmán, tu amigo te pregunta a dónde crees que esté su padre en ese momento. ¿Qué le dirías?

2. Tu profesor de la universidad compara a los cristianos conservadores con los extremistas musulmanes, porque ambos grupos

afirman poseer el único camino a Dios. Él sostiene que tales cristianos tienen más en común con los talibanes que con sus compatriotas norteamericanos. Él sabe que tú eres cristiano, y con sus ojos clavados en los tuyos te pregunta si tienes algo para decir. ¿Cómo responderías?

Capítulo 9: ¿El infierno es real y para siempre?

1. Un guardia alemán mata a un judío practicante en una cámara de gas nazi. Si el guardia se arrepiente y busca el perdón de Cristo, ¿es verdad que irá al cielo en tanto que su víctima no cristiana irá al infierno? De ser así, ¿cómo puede ser esto justo?

2. Conoces a una persona perteneciente a un organismo cristiano de ayuda humanitaria, que aprovecha un desastre natural en un país (antes cerrado al evangelio) para hacer trabajo misionero allí. Cuando le preguntas a esta persona acerca de sus intenciones, te responde con orgullo que emplean el 80 por ciento de sus recursos en evangelismo y solo un 20 por ciento en ayuda humanitaria. Después de todo es más importante para las personas salvarse del infierno, que tener agua potable o un techo sobre sus cabezas. ¿Qué le responderías?

Capítulo 10: ¿Es posible saber algo?

1. La película *Matrix* plantea el siguiente supuesto: tanto nosotros como nuestro mundo, existimos meramente como un programa de software dentro de la computadora de alguien. Esta idea parece absurda, ¿pero cómo probarías que no es cierta? ¿Cómo sabes que nosotros y nuestro mundo somos reales?

2. Tu amigo científico declara que no hay evidencia suficiente para creer en Dios. Él nunca ha visto u oído a Dios, y argumenta que la cantidad de maldad en el mundo hace improbable la existencia de un ser totalmente bueno y todopoderoso. ¿Qué podrías decir que le haga repensar algunos de sus supuestos?

Capítulo 11: ¿La Biblia es la verdadera Palabra de Dios?

1. Tu amiga es especialista en filosofía y a ella no le impresionan tus conocimientos de la Biblia. «Dios es más grande que lo que cualquier libro puede explicar», dice. «Hablar de Dios es como tratar de pintar un ave volando. Dios siempre está

en movimiento, por lo tanto nuestras palabras y conceptos nunca pueden captarlo totalmente». ¿Qué es verdad y qué está potencialmente errado en el punto de vista de tu amiga?

2. Tu compañero se ríe cuando ve una Biblia en tu pila de libros. Dice que no puede creer que aún existan personas que creen que la Biblia es la palabra de Dios. Él te pregunta: «¿Cómo puede una persona inteligente como tú creer que las historias de los milagros fantásticos de la Biblia son verdad?» ¿Qué le responderías?

Capítulo 12: El futuro supera al pasado

1. Un sujeto que asiste a tu iglesia cree que todas las personas buenas van al cielo. Cuando le informas que esa es una opinión liberal, declara que el liberalismo es una categorización moderna no aplicable a su fe posmoderna (al ser posmoderno, él puede trascender las categorizaciones liberales y conservadoras de la modernidad). ¿Está en lo correcto? ¿Por qué sí o no?

2. Tus amigos más inclusivos sugieren que tus opiniones conservadoras son divisivas. Ellos te preguntan: «¿Por qué no puedes vivir y dejar vivir? Puedes creer que el cristianismo es la única religión verdadera y que las personas deben creer en Jesús para ser salvas, ¿pero por qué debes tratar de forzar esta postura en otros?» ¿Qué les responderías?

Aprecio tus pensamientos acerca de lo que acabas de leer. Por favor compártelos conmigo. Encontrarás información de contacto al final de este libro.

Nos agradaría recibir noticias suyas.
Por favor, envíe sus comentarios sobre este libro
a la dirección que aparece a continuación.
Muchas gracias.

Vida@zondervan.com
www.editorialvida.com